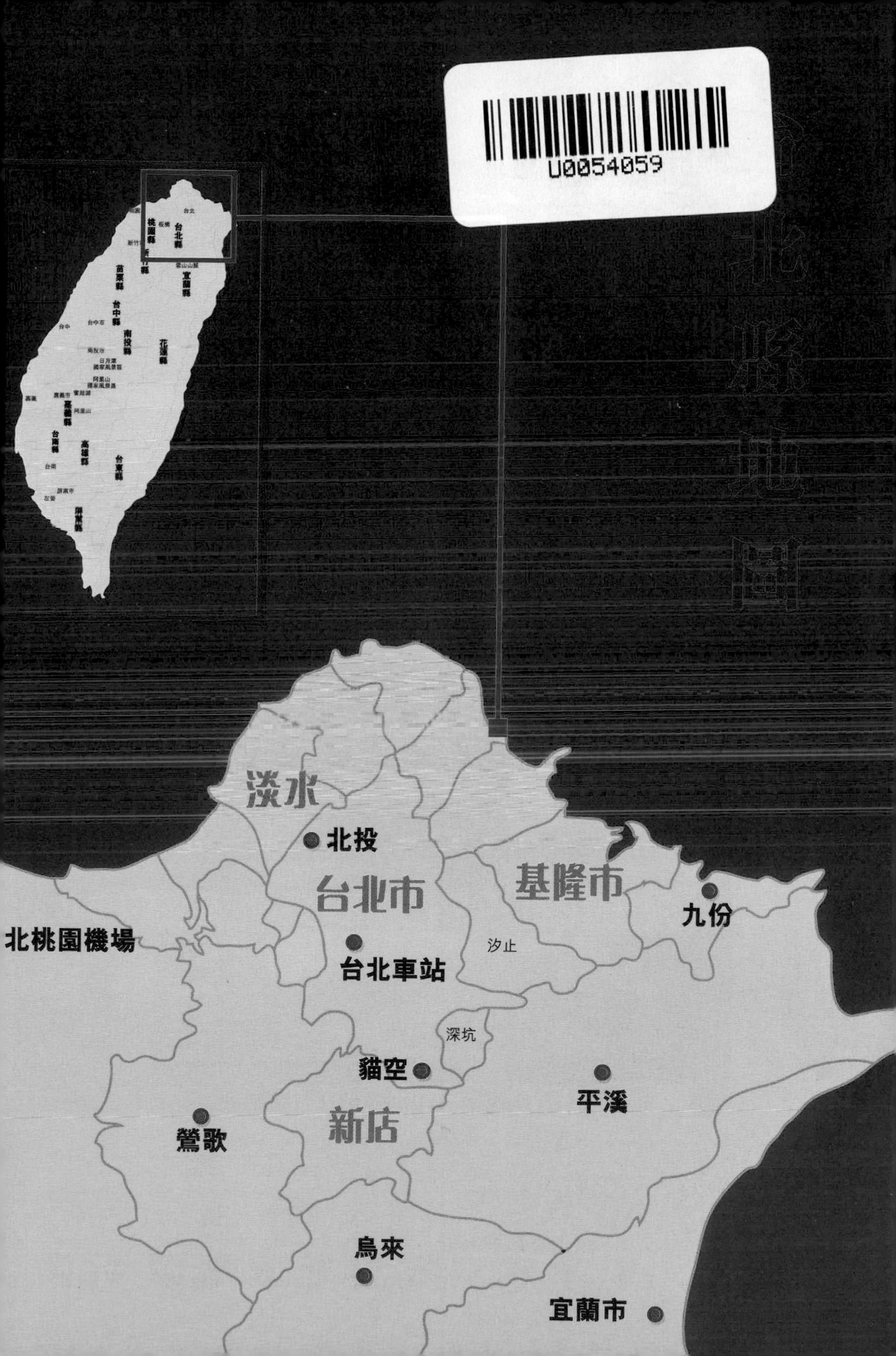
台北縣地圖
台北縣
桃園縣
新竹縣
苗栗縣
宜蘭縣
台中縣
南投縣
花蓮縣
嘉義縣
台南縣
高雄縣
台東縣
屏東縣
淡水
北投
台北市
基隆市
九份
北桃園機場
汐止
台北車站
深坑
貓空
平溪
新店
鶯歌
烏來
宜蘭市

目錄

景點標誌索引：

書內將景點分類，一眼分辨食、買、玩等類別，方便讀者尋找景點。

餐廳 / 小吃

購物 / 手信

玩樂 / 體驗

遊覽 / 景觀
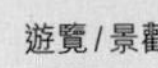
動物園 / 水族館 / 動物 Cafe
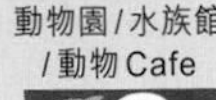
博物館 / 美術館 / 藝術
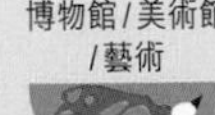
酒店 / 旅館 / 民宿

溫泉 / 溫泉旅館

交通工具

寺廟

教堂

神社

九份 金瓜石

12-0

烏來

14-1

鶯歌 三峽

鶯歌 15-1
三峽 15-7

淡水 八里

淡水 16-2
八里 16-22

基隆

17-1

桃園

18-0

平溪

猴硐 13-5
十分 13-12
平溪 13-17
菁桐 13-23

台北

台北夜市 19-6
忠孝敦化 20-1
忠孝復興/新生 21-0
西門 22-1
台北車站 23-0
東門 24-1
市政府 25-0

旅遊須知

info-0

宜蘭縣幅員廣大，景點五花八門，所以旅遊的彈性亦極大。你可以選擇以遊台北為重點，只以一天遊覽宜蘭，並安排即晚返回台北。當然如果你對蜻蜓點水式旅遊不感興趣，也可以選擇在宜蘭逗留一晚(最起碼！)、兩晚、甚至三晚，保證節目也可以多采多姿，大人細路都歡樂滿FUN！

宜蘭行程懶人包

行程01：宜蘭市羅東鎮美食懷舊之旅

上午 由台北乘火車或巴士至宜蘭火車站
幾米廣場→丟丟噹森林廣場→
Le Temps 食光 1998（午餐）

下午 羅東文化工場→ Amy's Cafe（下午茶）→林業文化園區

晚上 羅東夜市（晚餐）
由羅東火車站乘火車或巴士回台北

行程02：宜蘭歷史文化之旅

上午 由台北乘火車或巴士至羅東火車站
國立傳統藝術中心（乘 621 巴士）
→虎牌米粉產業文化館→
紅樓（午餐）

下午 宜蘭設治紀念館→宜蘭酒廠→鄂王社區

晚上 茶水巴黎（晚餐）
由宜蘭火車站乘火車或巴士回台北

行程03：宜蘭親子活力之旅

DAY01

上午 由台北乘火車或巴士至礁溪火車站
喜拉朵美式早餐→龍潭湖風景區
→四圍堡車站（午餐）

下午 礁溪温泉公園→礁溪戶政事務所
→南方澳豆腐岬

晚上 東門夜市（晚餐）

住宿 聖荷緹度假城堡（五結鄉）

DAY02

上午 可達休閒羊場→勝洋水草→
香草菲菲芳香植物博物館（午餐）

下午 毛蟹冒泡→莎貝莉娜 DIY 創意工坊→
窯烤山寨村

晚上 A.maze 兔子迷宮（晚餐）
由宜蘭火車站乘火車或巴士回台北

桃園【2022年12月】

桃園市立圖書館

高鐵桃園站乘 302、707A 公車，至「南平中正路口」站即達

桃園市立圖書館是桃園市最大的公共圖書館，也是全台最大的地區性公共圖書館，它於2022年12月開始營運。圖書館樓高8層及地下2層，佔地約1.5公頃，總建築面積約3.6萬平方公尺，藏書一百萬冊。它的建築設計以「生命樹」為主題，象徵桃園市的多元文化與活力。除了地方寬敞，圖書館還提供嶄新的設施及服務，包括VR沉浸式英語情境互動學習、以3D列印、雷射雕刻及智慧機器人為主軸的創客基地，甚至與桃園市的超商合作，市民不用到圖書館也能借還圖書。香港的圖書館，真的要急起直追了！

地址：桃園市桃園區南平路 303 號
時間：8:30am-9:00pm，
周日至 5:00pm，周一休息
網址：https://www.typl.gov.tw/zh-tw

了了礁溪

宜蘭【2022年12月】

礁溪轉運站旅遊服務中心步行 5 分鐘

了了礁溪是了了生活集團旗下第一個溫泉旅宿，位於宜蘭礁溪。它的建築設計以「樹洞」為主題，象徵心靈的歸屬與安寧。它的外觀以不規則的圓弧形竹圍籠罩，與周圍的竹林相呼應，創造出一個隱密而舒適的小天地。酒店提供七種房型，分別為「樹洞」、「樹屋」、「樹林」、「樹影」、「樹海」、「樹頂」和「樹幹」，每種房型都有不同的特色和風格，並且都備有私人溫泉池，讓旅客能在房內享受泡湯的樂趣。這裡除了提供細緻的料理，更設有藝廊SUNIS，透過定期策劃展覽及安排課程，讓住客身心都得到滋養。

地址：宜蘭縣礁溪鄉公園路 70 巷 30 號
電話：03 987 1111
房價：雙人房 NT9,600/ 晚
網址：https://www.vivir.com.tw/

宜蘭
【2023年5月】

Mist Gallery 小雨林

礁溪轉運站旅遊服務中心步行 5 分鐘

Mist Gallery是一個結合自然、藝術與療癒的旅宿空間。旅館由一幢有六十多年歷史的老穀倉改建，共花了5年功夫才改建完成。Mist Gallery設計以「洞穴」為主題，提供五個房間，分別為一間「閣樓樹屋」及四間「冥想洞穴」。「閣樓樹屋」是最大的房型，有26.8坪的雙層空間，鄰近大樟樹旁，臥室安排在閣樓，營造出樹屋的住宿體驗。房間內還有精釀啤酒機、手沖咖啡，浴室有通透的天窗，在泡澡時可以欣賞戶外的天空與綠意。「冥想洞穴」是以穴居為概念，8坪的池畔房型，圓弧形狀的設計，帶出空間的溫潤感。

地址：宜蘭礁溪
（詳細地址於訂房後提供）
房價：雙人住宿連早餐 NT8,300
訂房電郵：yuamour@gmail.com
FB：https://www.facebook.com/cerineforest/

閣樓樹屋。

冥想洞穴。

九湯町拉麵博物館

宜蘭
【2023年5月】

台鐵礁溪站乘的士前往約 5 分鐘

九湯屋是台灣本土的日式拉麵店，以「用台灣人能接受的價格，享用日本精神做出的拉麵」。九湯屋不但分店遍佈台灣、香港及美國，旗下全台唯一的拉麵博物館「九湯町」亦於2023年5月在宜蘭礁溪正式開幕。九湯町匯聚了5大品牌，館內外占地400坪，不僅能吃到「九湯屋」的獨家限定松葉蟹拉麵、北海道生蠔拉麵，還可以吃到台南「十二太極」的鍋燒意麵、台中「鴻仁制麵所」的特色炒麵。九湯町的鳥居入口設計和充滿日式氛圍的火紅燈籠，也成為遊客打卡的新地標。

拉麵博物館限定松葉蟹拉麵，套餐價NT298。

地址：宜蘭縣礁溪鄉礁溪路七段 72 號
電話：09-7607-5765 **時間**：12:00nn-8:00pm
網址：https://www.cturamen.com.tw/

凱源廣場酒店

宜蘭
【2023年3月】

凱源廣場酒店位於宜蘭頭城烏石港，是一家耗資30億新台幣打造的豪華海景飯店。酒店佔地6.7公頃，擁有獨特的郵輪建築造型，以最貼近龜山島、270度環抱海岸視角，成為東北角度假新地標。酒店擁有海景溫泉、健身房、400坪親子遊樂室，為不分年齡都能樂遊的度假天堂。酒店共有285間客房，以「寬廣」為標配，客房空間皆15坪以上，並配置陽台、浴缸與加大床鋪，再搭配藍色地毯，讓住客彷彿躺在船上甲板望向大海。

地址：宜蘭縣頭城鎮烏石港路 300 號　**電話**：03-977-1166
房價：雙人房 NT8,400/ 晚　**網址**：https://www.archipelago.com.tw/

Loopland Camp Resort

宜蘭
【2023年3月】

台鐵冬山站乘的士車程約 10 分鐘

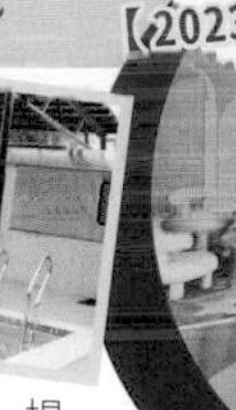

Loopland Camp Resort是一個位於宜蘭冬山河林間的森林系隱奢露營度假村。該度假村以「圈」為概念，規劃出每座風格露營車的獨立空間，並以北歐風生活感為主軸，提供獨具品味的森林系旅行。度假村全區僅有八間房型，每台露營車兩人入住，每日僅約接待24人入住，每週入住日僅開放五、六、日、一，務求以最充裕的資源接待客人。入住風格露營車即可享受私人泳池、一泊四食等服務。露營車內配備Queen Size雙人床，55吋液晶智慧電視、甚至免費收看Netflix頻道，讓客人雖置身郊野仍享受頂級服務。

地址：宜蘭縣冬山鄉寶修路 86 號
收費：雙人露營車 NT18,500/ 晚（一泊四食）
網址：https://www.facebook.com/LoopLandCampResort/

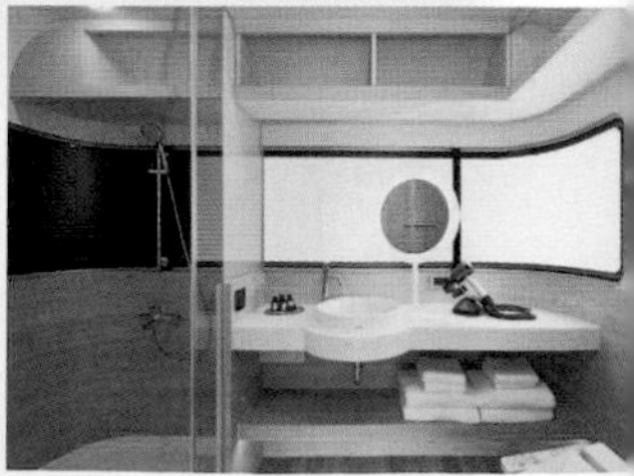

基隆
【2022年6月】

潮境智能海洋館

台鐵平溪線至海科館站步行 10 分鐘

潮境智能海洋館是基隆海洋科技博物館的新場館，於2022年6月開幕。該館運用得天獨厚的資源，融入山海之間，結合新興展示科技，打造潮境海灣5G沉浸式體驗與AR、VR海底隧道冒險體驗。潮境智能海洋館全區分為A主展區、B互動體驗休憩區、C海洋中心、及D商店區四大區域，展示有320種海洋生物。這裡是北北基（台北、新北及基隆）首座結合海洋生物與科技發展的虛實整合實境水族館及海洋生物的復育基地。

地址：基隆市中正區北寧路 367 號　**電話**：02-24696000 轉 9
時間：9:00am-5:00pm　**網址**：https://iocean.nmmst.gov.tw/
收費：成人 NT300，學生 / 兒童（6 歲以上）NT250

水灣餐廳榕堤店

淡水
【2021年】

水灣餐廳位於新北市淡水區中正路，該餐廳擁有淡水河岸第一排的位置，提供美麗的河岸景色和優雅的用餐環境。餐廳內部裝潢精美，採用大量草木造景，營造出峇里島度假的氛圍。餐廳提供室內和室外座位，還有精心設計的打卡位，照顧客人胃口也餵飽相機。水灣餐廳提供印尼爪哇料理，菜單豐富，包括印尼沙嗲串燒、海鮮火鍋、炒粿條、椰漿飯等。最有人氣的首推Bali三層下午茶套餐，不但造型吸睛，份量亦足夠兩個女生share，呃like又醫肚。

地址：新北市淡水區中正路 229-9 號
電話：02-2629-0052　**時間**：12:00nn-7:00pm
網址：http://www.waterfront.com.tw/

宜蘭親子遊

超萌小鹿
斑比山丘 Bambi Land

台鐵羅東站乘的士車程約 15 分鐘

斑比山丘是一個梅花鹿生態園區，主角是約200隻的梅花鹿，牠們都很親人和乖巧。除了梅花鹿外，斑比山丘還飼養其他動物，包括河豚和驢子。牠們可愛的萌樣，把每個遊人的目光都深深吸引。

INFO

地址：冬山鄉下湖路 285 號
營業時間：10:00am-5:00pm，周六日 9:00am 開始
費用：門票 NT200，包一份飼料，6-12 歲 NT50，6 歲以下免費
網頁：https://www.bambiland.com.tw/
※ 須預約入場，每次最多預約 6 人

盡覽中西積木名畫
積木方舟博物館

宜蘭火車站乘的士約 20 分鐘／宜蘭火車站前搭乘 1766 於縣政府站下車步行約 2 分鐘

這裡據說是亞洲第一座積木博物館，全館超過百萬顆積木，逾千件館藏，展出數百件國內外大師級鉅作。當中館藏全球最長的積木名畫（14公尺長）《清明上河圖》，把著名國畫cross-over繽紛積木，令人大開眼界。館內亦展出大量西方名畫的「積木版本」，與及星球大戰及迷你兵團等膾炙人口的電影角色及場景，絕對雅俗共賞。

INFO

地址：宜蘭市縣政北路 2 號
電話：039-256-180
營業時間：10:00am-5:00pm，星期三休息
費用：NT250，可憑票製作 3 項 DIY 與兌換一份飲料
網頁：http://www.brickark.com/
**** 展覽區內部進行大整修及展件更新中**

圖片來源：積木方舟博物館FB

車天車地
301 親子會館

羅東火車站乘的士約 20 分鐘

以賽車為主題的親子民宿301親子會館，房間全部可容納四至六人，並分為火焰賽車、藍寶賽車、公主馬車及閃電賽車等六大主題。民宿面積不算大，但配備各類「戰車」與「跑道」供小朋友隨時隨地「鏈車」，已足夠他們樂半天。而民宿位置離冬山河公園不遠，暑假入住記得參加公園一年一度舉行的國際童玩節，肯定你家的「小老闆」都能盡興而回。

INFO

地址：五結鄉大吉三路 301 號　**電話**：0939-808-577
房價：NT4,980-8,800　**網頁**：http://www.fone.tw/

公主馬車，粉紅色的馬車床，令賽車不再是男生的專利。

珍珠奶茶的秘密
奇麗灣珍珠奶茶文化館

冬山火車站乘的士約 20 分鐘 / 冬山火車站搭乘冬山 1 冬山線於國聖廟下車步行 17 分鐘

珍珠奶茶可算是台灣瘋魔全世界的名物，奇麗灣珍珠奶茶文化館是由珍珠奶茶原料生產商開設的博物館，旨在推廣珍珠奶茶的文化。文化館標榜綠建築，強調簡約、美觀、環保、節能、實用，共花了六年時間才建成。文化館既介紹珍珠奶茶的源流，亦有DIY班讓遊客體驗自己動手製作珍珠奶茶的樂趣。文化館還設寬敞的餐飲空間、戶外生態花園及觀光步道，讓遊人參觀展覽之餘，順道欣賞一望無際的奇麗灣神秘優美的峽灣美景。

燈泡珍奶是每位訪客必然之選。

大人小朋友都可參與的DIY班。

文化館內之餐廳不但地方寬敞，選擇也多。

地址：蘇澳鎮頂強路 23 號
營業時間：10:00am-5:00pm，
星期六、日及假日 10:00am-5:30pm
電話：039-909-966　**收費**：免費
網頁：https://www.kilibay.net/

★ INFO

暑假狂歡
宜蘭國際童玩節

羅東火車站 (後站)/ 羅東轉運站乘市區客運 241 或台灣好行冬山河線至親水公園站

國際童玩節是宜蘭的盛會，自1996年起每年7至8月在宜蘭冬山河公園舉行，為期約50天。在童玩節期間，冬山河公園為化身成水上樂園，為遊人消暑降溫。除了玩樂，大會每年都會邀請台灣本土及國際的機構及藝術家，在公園舉辦不同的展覽及表演，推廣各地與兒童有關的文化，所以童玩節亦是聯合國教科文組織在亞洲唯一獲認證的藝術節活動。

地址：宜蘭縣五結鄉親河路 2 段 2 號
電話：03-960-0322　**網頁**：http://www.yicfff.tw/
營業時間：9:00am-9:00pm

★ INFO

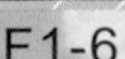

觀光工廠巡禮

近年來台灣旅遊界吹起了體驗之風，由農場至工廠，遊客們除了參觀，也希望落手落腳體驗生產的過程。宜蘭縣內也有多間這類型的觀光工廠，部分更是由耳熟能詳的品牌開設，有得玩有得食兼可開眼界，是非常受歡迎的親子活動。

芝士大晒冷**超品起司烘焙工坊**

台鐵宜蘭車站下車，於宜蘭轉運站乘 755、772、1783 或 1784 等公車至大坡站下車，步行 2 分鐘

樓高兩層的觀光工廠，空間很寬廣，挑高的原木牆櫃配搭黑白棋盤格紋地板，成為宜蘭的打卡亮點。工廠品牌源自1979年創立的超品麵包店，在台經營已有40多年，父傳子承，二代繼承人將老招牌帶返家鄉設工廠，並加入新元素和創意，引進德國WACHTEL爐具以穩定品質。櫃檯上有各種鳳梨酥、綠豆糕、芝士蛋糕，豪爽大方地整塊讓人試吃，旁邊更有熱茶招待解膩，嘴巴有好幾分鐘停不下來；其中必試項目有「起司綠豆冰糕」，中間的內餡是芝士塊，口感綿密微甜、入口即化。

展售區旁邊有大片的書牆，添加文青風。

地址：宜蘭市大坡路二段 255 號
電話：03-928-7098 #112
營業時間：周一至五 9:00am-6:00pm
費用：免費入場
網頁：https://www.cp1979.com.tw/

★ INFO

半熟芝士蛋糕，包覆舌尖的綿密感超吸引。

嚴選宜蘭大同鄉玉蘭茶園品種，以低溫研磨茶葉一同拌入內餡。

麻糬DIY 一米特創藝美食館

台鐵蘇澳新站下車，步行約 15 分鐘；或於台鐵羅東站下車，於羅東轉運站乘 241 號公車至文化國中下車，步行約 5 分鐘

宜蘭米與台東、花蓮一樣出名品質好，「一米特創藝美食館」就是一間以米為主題的觀光工廠，創辦人是土生土長的宜蘭蘇澳人，以製造麻糬起家逾30年，在外地經營麻糬生意有成後返家鄉開設觀光工廠，並將宜蘭兩大地方特色─米食文化及蘇澳冷泉等元素結合，館內同樣有商品試吃及麻糬 DIY 等項目。跟一般的觀光工廠不一樣的地方是戶外有大片綠意空間，冷泉區是其中一大亮點，大小朋友見到一個個馬賽克彩色泉池，都會搶先來玩一下手壓水泵，感受古時農村人泵水的勞苦。

這些冷泉水放掉之後會再經過循環，源源不絕。

人造小溪裡面流得是蘇澳的冷泉。

INFO

地址：蘇澳鎮祥和路 199 號
電話：039-907-779
營業時間：8:30am-5:30pm
費用：免費入場
網頁：http://www.onemit.com.tw/

夢幻3D海底世界 祝大漁物產文創館

台鐵蘇澳車站下車，轉乘宜蘭縣公車 121 至進安宮站下車

360度3D海底隧道，相當逼真！

魚群吊燈由600多隻陶製鯖魚做成。

位於蘇澳南方澳海大橋旁，是目前台灣唯一的360度3D海底隧道，長約12公尺，由3D幻視藝術家操刀利用螢光油漆塗料繪製，配合藍色燈光，站在隧道前猶如在深海中幾可亂真；館內還有其他打卡點，例如牆壁上的彩繪、挑高的魚群吊燈等，大家也是手機閃不停。二樓提供親子DIY貝殼小物製作及珊瑚珍珠展示區，一樓是宜蘭海產販售區，現場販售魚罐頭及宜蘭海產；跳過農特產區，可直接到海產加工區，全天候供應新鮮直送的漁獲，刺身價錢超抵、不可錯過。

地址：蘇澳鎮江夏路 52-2 號
電話：0800-801-268
營業時間：9:00am-5:00pm　**費用**：免費入場
網頁：http://zhudayu522.com/Page/Home/Index.aspx

INFO

海鮮丼鋪滿新鮮刺身，物超所值。

釀柑之旅**橘之鄉蜜餞形象館**

由宜蘭火車站轉乘的士約 15 分鐘即達 / 由宜蘭火車站前轉乘勁好行黃 1 公車，於大坡站下車步行 7 分鐘

宜蘭一向盛產柑橘，以前的人不知柑橘有潤肺養生的保養療效，放任它埋在滿山遍野之中。後來當橘之鄉的林阿嬤發現，把酸中帶甜的果肉加工製成蜜餞後，保存期限便能更推久遠，蘭陽特產之一的柑橘蜜餞便漸漸成型並盛行起來。

蜜餞形象館內設計採用簡約Loft風，為DIY的學徒們提供明亮舒適的製作環境。旅客還可到館內的商品區選購其他的柑橘相關製品，又或在AGRIOZ咖啡館嘆返杯香桔茶和餅乾，坐在落地大玻璃欣賞外面的綠蔭園景，放鬆一下。

地址：宜蘭市梅洲二路 33 號
電話：03-928-5758
營業時間：8:30am-5:30pm，全年無休
費用：免費參觀
網頁：www.agrioz.com.tw

★INFO

【橘之鄉金棗蜜餞 DIY】

人數：15 人以上可預約報名，15 人以下採現場報名即可
費用：每人 NT200
時間：20 分鐘即可完成，每隔 20 分鐘開課

透過專人的指導，讓你完成蜜餞的製程外，更可將自己製作的蜜餞帶回家。

誤闖宜蘭妖怪之城 窯烤山寨村

由宜蘭火車站轉乘的士約 15 分鐘即達 / 由宜蘭火車站前轉乘勁好行 755 公車，於亞典蛋糕站下車步行 1 分鐘

走進店這座神秘的山寨村，便有大巨人赤魁來迎接旅客，非常逗趣呢！這裡其實是一間以妖怪村做主題的購物餐廳。餐廳菜色琳瑯滿目，除了創意Pizza與意粉外，還有新鮮出爐的窯烤麵包，例如滿嘴蔥、氣死歐巴馬、嚴禁桶鼻蛋捲等，菜名都改得相當玩味。店內有很多飾品都是妖怪的造型，例如郵筒、人偶與繪畫等，真真是「妖怪出沒注意」呢！

INFO

地址：宜蘭縣宜蘭市梅洲二路 140 號 **電話**：039-289-933 **營業時間**：9:00am-6:00pm
費用：免費參觀 **FB**: https://www.facebook.com/VillageChurrasco/

甜食小確幸 亞典蛋糕密碼館

由宜蘭火車站轉乘的士約 15 分鐘即達 (窯烤山寨村旁) / 由宜蘭火車站前轉乘勁好行黃 1 或 772 公車，於大坡站下車步行 12 分鐘

被喻為「烘焙達人」的老闆阿典，秉持五星級烘焙的原則，「以幸福為圓心，甜蜜為半徑」，製造出人氣滿分的年輪蛋糕。旅客能夠在館內觀看現場製作蛋糕的流程，又可隨意試食亞典菓子工場推出的各款產品；口渴時還有蜂蜜茶或熱咖啡提供，確實賓至如歸得令人流連忘返。

由專業的指導老師帶你成為合格的一日烘焙達人。

【烘焙特訓班】

時間：30-40 分鐘
收費：烘焙特訓班開課時間為周一至周五，採團體預約制，僅接受 20 人以上團體報名，需 5 天前預約並繳交訂金 (總額的一半)

手工餅乾 DIY 製作 (約 10 片)
NT180，需 7 個工作天前預約並繳交訂金，僅接受 20 人以上團體報名

手工蛋黃酥 DIY 製作 (約 4 顆)
NT250，20 人以上團體報名需 7 個工作天前預約並繳交訂金，個人需一天前預約接受

地址：宜蘭縣宜蘭市梅洲二路 122 號
電話：886-039-286-777
營業時間：9:30am-6:00pm
費用：免費參觀
網站：www.rden.com.tw

INFO

國寶級微生物主題館
菌寶貝博物館暨觀光工廠

由宜蘭火車站轉乘的士約 15 分鐘即達 / 宜蘭勁好行 755 路線接駁車至菌寶貝博物館

「菌寶貝」在台語諧音中有「很寶貝」或「寶藏」的意思，是全台唯一一家以微生物為主題的教育博物館。工廠內設有黃金蟲草接菌DIY和菌類保養品DIY體驗等，寓教育於娛樂。到菌寶貝記得要跟已有3,500年歷史的牛樟樹雕刻——百鳥朝鳳合照，還有找出「國寶級」真菌類的牛樟芝，它們可都是鎮館之寶呢！

牛樟樹雕刻百鳥朝鳳

地址：宜蘭縣宜蘭市梅洲一路 22 號
電話：03-9281168
營業時間：9:00am-5:00pm
費用：免費參觀
網站：www.bio-nin.com.tw

INFO

【健康種子北蟲草接菌DIY】

收費：NT350
（需 15 天前預約，25 人以上）

親自培植珍貴無比的北蟲草。

美吉樂印章DIY
莎貝莉娜手作體驗館

由宜蘭火車站轉乘的士約 15 分鐘即達（菌寶貝博物館旁）

莎貝莉娜可是全台唯一外銷到歐美及日本的印章品牌。他們的印台系列產品已經發展到可用紙、布、木、陶瓷等材質製作，還能配上各種精緻細膩的圖案，為客人開創更多選擇。既然來到手作體驗館，當然要參加館內提供的水晶印章DIY工作坊，在導師的指導下發揮創意去繪製印章，送禮自用兩相宜！

【星座印章鑰匙圈 工作坊】

設計不同印章圖案，並印上不同禮品之上。

時間：每天 6 場，每場約 40-60 分鐘，必需預約
收費：印於不同禮品有不同收費，價錢 NT200 不等

地址：宜蘭市梅洲一路 16-3 號
電話：039-285-563
營業時間：9:00am-5:00pm
費用：入場券 NT250，可抵 DIY 課程費用或購物消費
網站：www.sabelina.com.tw

INFO

窯烤山寨村
超品起司烘焙工坊
亞典蛋糕密碼館
橘之鄉
龍潭村
菌寶貝博物館
莎貝莉娜
宜蘭火車站

觀光工廠分布圖

宜蘭縣其他觀光工廠		
01 玉兔鉛筆學校(五結鄉)	成立於1948年，生產台灣第一支原子筆的老工廠	www.rabbit1.com.tw
02 蜡藝彩繪館(蘇澳鎮)	以蜡筆、粉蜡筆、彩色筆、傢俱修補筆、道路記號筆為主，近年開發出多種人體彩繪筆及教育用造型蜡筆	http://www.luckyart.com.tw/
03 藏酒休閒農場(頭城鎮)	第一家以綠建築概念為主軸的酒莊，得天獨厚的甘美水質，釀造出金棗酒、梅子酒、紅酒、葡萄酒等佳釀	https://www.cjwine.com/
04 養生文化觀光工廠(羅東鎮)	提供手工豆腐、手工豆花、手炒冰香等八種DIY體驗活動	http://www.loton.com.tw/
05 虎牌米粉產業文化館(五結鄉)	回到1970那個年代，走到懷舊米粉攤試吃虎牌米粉	http://www.tigerfood.com.tw/
06 宜蘭餅發明館(蘇澳鎮)	糕餅DIY、糕餅館導覽、工廠生產線參觀、古今製餅器具展示、傳統糕餅婚嫁禮俗介紹	https://www.i-cake.com.tw/

宜蘭素有「台北人的後花園」之美譽。這裡不但山明水秀，景點多、美食多，更是著名的民宿之鄉。由台北市中心乘巴士到宜蘭，車程僅僅是1小時，是遠離繁囂，回歸田園的首選。
宜
蘭
宜蘭縣廣域圖
礁溪鄉
員山鄉
宜蘭市
壯圍鄉
三星鄉
羅東
冬山鄉
蘇澳
大同鄉
南澳鄉

往返宜蘭交通 從台北出發

台鐵

宜蘭縣內約有20多個台鐵站，通常遊客會在宜蘭站或羅東站下車。車票宜先早一兩天預購，特別是周五、六、日車票十分緊張。

為紓解旅客乘車之需求，於2019年5月2日起開放全線普悠瑪號、太魯閣號等新自強號於乘車當日每列次限量發售120張無座票。可於營業時間內在台鐵局各車站售票窗口購票。

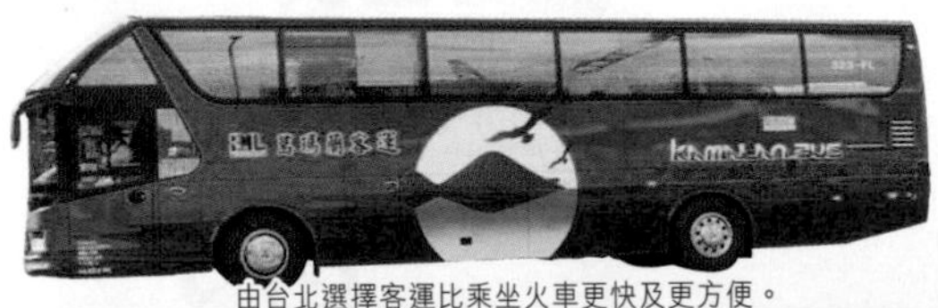

由台北選擇客運比乘坐火車更快及更方便。

客運

從台北乘搭客運有兩個選擇，分別是「葛瑪蘭客運」和「首都客運」。請注意要乘搭「直達羅東」的客車，否則，若登上非直達車，行車時間會很長。葛瑪蘭客運每20分鐘一班車，乘車地點於台北轉運站4樓，從台北火車站步行約10分鐘。首都客運乘車地點於市府轉運站（12-17號月台）同樣每20分鐘一班車。

台北轉運站	市府轉運站
台北市大同區承德路一段1號（捷運台北車站出站步行10分鐘即達）	台北市忠孝東路五段6號（捷運市政府站出站即達）

下車地點：

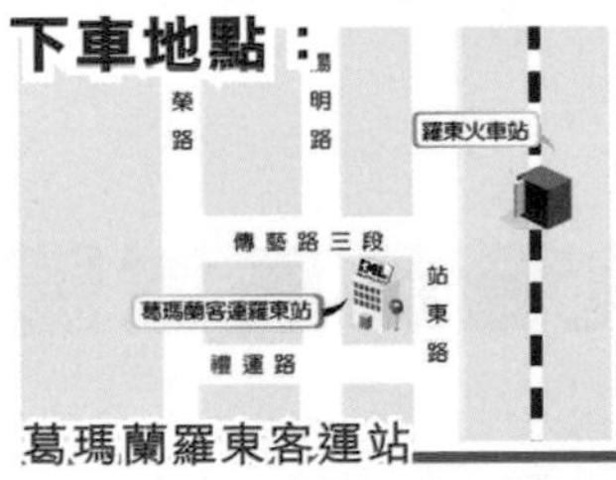

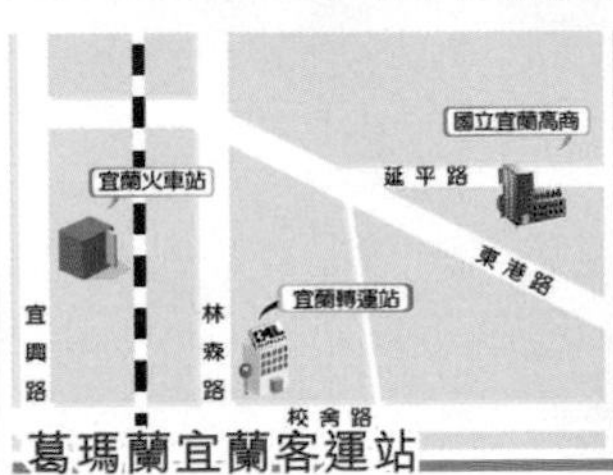

台北往宜蘭交通工具一覽

選乘交通	路線	需時	單程票價 (NT)
台鐵	以最快捷的自強號之太魯閣號為例，台北至羅東中途只有松山和宜蘭站	由1小時10分鐘至2小時13分鐘不等，視乎車種和車次	199-238
葛瑪蘭客運	由台北轉運站出發，注意要搭乘「直達羅東」，否則會途經很多中途站	約60分鐘	112-143
首都客運	由市府轉運站出發，注意要搭乘「直達羅東」，否則會途經很多中途站	約60分鐘	96-131
的士	台北桃園機場至羅東鎮市中心	約60-90分鐘	2,000
包車（9人小巴）	台北桃園機場至羅東鎮市中心	約60-90分鐘	3,000

台鐵：www.railway.gov.tw
葛瑪蘭客運：www.kamalan.com.tw
首都客運：https://www.capital-bus.com.tw/

9人小巴租車公司
超順：https://www.yourun9488.com/ products_detail_37.htm

從花蓮出發

花蓮與宜蘭之間沒有高速公路，所以乘搭台鐵是最快捷的方法。

選乘交通	路線	需時	單程票價(NT)
台鐵	以最快捷的自強號之太魯閣號為例，花蓮站至宜蘭站中途只有羅東站	54分鐘至1小時38分鐘不等，視乎車種和車次	NT143-223，視乎車種和車次

自強號之太魯閣號是最快的車種，車廂內外較光鮮整潔。

縣內交通

公車(巴士)服務

宜蘭幅員廣大，如果只有兩三天時間逗留，強烈建議選用自駕或包車服務。如果一天只去一至兩個景點，也可以選擇當地的公車服務。其中最方便的可算是「台灣好行」的礁溪線及冬山河線，行程如下：

礁溪線(A線)：

臺鐵礁溪站⇔礁溪轉運站⇔礁溪溫泉公園站(礁溪溫泉會館遊客中心)⇔湯圍溝公園站⇔李寶興圳站⇔林美社區遊客中心站⇔林美石磐步道站⇔佛光大學⇔曼陀羅滴水坊⇔佛光大學雲起樓

服務時間：8:50am-6:30pm
票價：單程NT20，全日任坐NT60，在車上購票，可使用悠遊卡
電話：0800-220-899(葛瑪蘭客運)
網頁：http://www.taiwantrip.com.tw/

冬山河線(260線)：

羅東運動公園站⇔北城公園⇔羅東運動公園自行車道站(羅東高中)⇔羅東夜市(公正國小)⇔羅東林業文化園區站⇔羅東後火車站(羅東轉運站)⇔慈濟精舍站⇔五結市中心站⇔冬山河親水公園站⇔青仔地站⇔利澤老街站⇔新水休閒養殖漁業示範區⇔國立傳統藝術中心站

備註：前往國立傳統藝術中心的遊客，需在羅東後火車站轉車才可到達。回程皆相同，回返羅東運動公園站的遊客，也需在羅東後火車站轉車才可到達。

服務時間：8:10am-7:30pm
票價：單程NT20，全日任坐NT60，在車上購票，可使用悠遊卡
電話：0800-000-866(首都客運)
網頁：http://www.taiwantrip.com.tw/

除了以上兩條路線，當地政府也把多條市區路線包裝為「宜蘭勁好行」網絡，方便遊客乘坐。不過班次並不頻密，車站相距也很遠，所以乘坐的士比較安全及安心。

網頁：http://e-landbus.tw/eLandBus/

宜蘭計程車不多，收費亦比台北市貴，起錶NT120(首1.5公里)，之後每0.3公里續跳NT5，凌晨至早上6時之後每200公尺續跳NT5。

美琪計程車行
電話：0800-31-32-33　**網頁**：https://039332200.tw66.com.tw/

自駕

宜蘭租車公司林立，一般都設在羅東或宜蘭車站這些交通樞紐附近，方便汽車交收。租車可以日租或時租計算，以豐田的日本7人車為例，日租約NT2,700，時租約NT250。車輛都配備GPS導航，租車公司更會借出地圖免司機迷路。租車通常要提預早3天預訂，並要預付50%按金，護照與國際駕照更是必備。(注意台灣是左軚駕駛的！)

宜蘭租車網：http://www.17168.com.tw/

包車

如果沒有海外駕駛信心和經驗，包車也是遊宜蘭的極佳方法。以7人計程車為例，半天(約5小時)車資約台幣2至3千，整天(約8小時)車資約台幣3至4千，如果住較偏遠的山區如太平山或明池，車資或會稍高。包車的收費都是明碼實價，司機非常樂意為乘客提供景點意見，也甚少刻意介紹「坑客」的景點以博收佣金。如果沒有特別心水，民宿一般都能介紹一些可靠的包車司機。

安哥宜蘭包車旅遊：0933-771538 安哥(李先生)
網頁：http://www.yilantourcar.com/

宜蘭手信精選

蜜餞 A

喜歡吃零食的人萬萬不能錯過宜蘭出產的蜜餞，多款口味中以金棗最出名，價錢實惠又輕便。

羊羹 A

羊羹乃宜蘭蘇澳名產，口感香甜Q滑，若怕太甜，可把它冷藏來減輕甜味。除紅豆味外，還有烏龍茶、金柑等多種口味。

鴨賞 B

阿萬之家的鴨賞以蜜棗醋、米酒、香蒜、香油煙燻入味，葱味香濃。還有膽肝、蜜腿都非常有名，常溫可保鮮3天。

YQ餅 C

宜蘭的兩間糕餅店以「奕順軒」和「宜蘭餅」最有名，前者為宜蘭限定，較受當地人愛戴；後者名氣較大，於台灣其他地方有分店。當中「奕順軒」的YQ餅被選為宜蘭十大伴手禮，口感Q軟有嚼勁。

葱明麵、三星葱醬 D

三星鄉有好山好水，氣候溫潤，出產的青葱清脆多汁。在青葱文化館有多款葱製品，「葱明麵」是宜蘭十大伴手禮之一，葱醬可作為沾醬或調味料。

A 高連登蜜餞

地：宜蘭市健康路一段115號
時：8:00am-6:00pm
電：886-3-932-3334
網：039323334.emmm.tw

B 阿萬之家

地：宜蘭縣五結鄉利成路二段60巷20號（巷仔內50公尺）
時：8:00am-5:00pm
電：886-3-950-3511
網：www.a-wann.idv.tw

C 奕順軒

地：宜蘭縣羅東鎮民權路160號
時：9:30am-9:30pm
電：886-3-955-0216
網：www.pon.com.tw

D 青葱文化館

地：宜蘭縣三星鄉義德村中山路31號
時：8:30am-5:00pm（星期一至五）、9:00am-6:00pm（星期六、日）
電：886-3-989-3170

花生糖 E

經歷五代傳承的金少爺的花生糖，吃起來不黏牙是其特色；花生糖大小剛好，不會太大難咬；四種口味有芝麻、海苔、三星蔥及原味。NT120

三星蔥酥 F

曾獲「宜蘭2014拾在好禮」十大伴手禮，方塊酥加入三星蔥，帶點鹹香、口感很酥脆，一盒有5小包，很容易吃上癮。NT250

冰肌淨白冷泉面膜 H

蘭陽技術學院參與研發的產品，提取蘇澳碳酸冷泉的精華，塗上面後會自然冒出泡沫，敷後皮膚維持半小時清涼感，能潔淨肌膚及長效保濕。

溪和海饌 G

宜蘭捕獲的新鮮水產加工品，包括鮪魚XO醬、鮪魚XO醬辣味、杏仁櫻花蝦、杏仁小魚乾，全部漁獲都在5小時內加工煮熟完畢，以保證質量和新鮮度。NT1,180/四罐禮盒

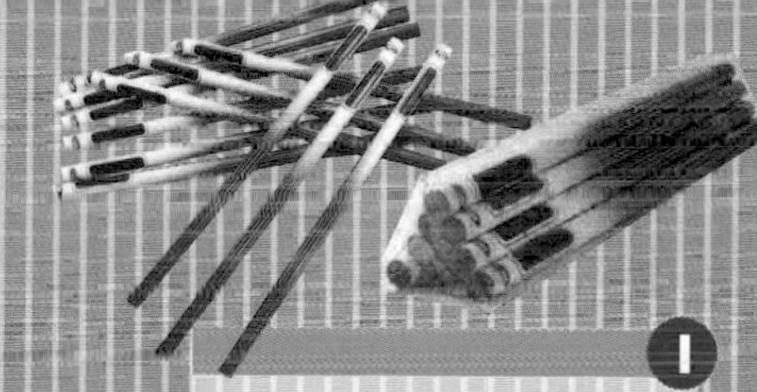

I

另一個宜蘭「拾在好禮」獲獎商品，「蔥」諧音「聰」，是送給考生的最佳幸運物。

E 金少爺

地：宜蘭縣羅東鎮中正南路151號
時：8:00am-9:00pm
電：03-954-0301
網：jin-shau-ya.com/

F 康成食品

地：宜蘭縣羅東鎮光榮路336號
時：周一至六8:00am-5:30pm
電：03-950-2911
網：https://www.kangcheng.tw/zh-TW

G 溪和食品觀光工廠

地：宜蘭縣五結鄉利澤工業區利興二路11號
時：9:00am-4:30pm
電：03-990-7998
網：https://siho.com.tw/

H 宜然純萃

地：宜蘭縣宜蘭市神農路一段1號
宜蘭大學（代售點）
電：03-935-7400
網：yilanatw.com/products

I 玉兔鉛筆學校

地：中興路三段330號
時：8:30am-5:00pm
電：03-965-3670
網：www.rabbit1.com.tw

A
B
C
D
宜蘭民宿分佈
01.卡布雷莊園 1-7
02.芯園 1-7
03.閒雲居 1-8
04.水岸楓林民宿 1-8
05.蓮春園 1-9
06.湖漾189風格旅店 1-9
07.天使星夢渡假村 1-10
08.天ㄟ露營車 1-10
09.真水蘭陽白鷺鷥民宿 1-11
10.自然捲北歐風格旅店 1-11
11.聖荷緹渡假城堡 1-12
12.傳遞幸福-爵士館 1-12
13.奧羅拉風格民宿 1-13
14.海田行館 1-13
15.小巷弄5號 1-14
16.熙緹歐風民宿 1-14
17.調色盤 1-15
18.雀客童媽吉親子旅館 1-15
19.村却國際溫泉酒店 1-16
20.蝸牛漫步 1-16
21.Candy民宿 1-17
22.好漾民宿youngstay 1-17
23.Outside旅店 1-18
24.幸福 • 星空精品旅店 1-18
25.晶泉丰旅 1-19
26.筑玥溫泉會館 1-19
27.長榮鳳凰 1-20
28.倆仙沐田莊園 1-20
29.天空島 1-21
30.綠動湯泉 1-21
31.蝶古巴特 1-22
32.艾德堡 1-22
33.安農溪右岸民宿 1-23
34.和煦人野 純白小屋 1-23
35.仙朵拉城堡 1-24
36.幸福方舟 1-24
37.麗野渡假別墅 1-25
38.天外天海洋會館 1-25
Google Map 下載
頭城鎮
白雲村
頭城交流道
礁溪鄉
二龍村
三民村
白鵝村
玉田村
吳沙村
宜蘭交流道
新社
古亭
新店仔
七張
宜蘭市
狀圍鄉
員山鄉
下壯五
公館
凱旋
七賢
二結
羅東交流道
錦草
大洲
五結鄉
羅東鎮
廣興
三星鄉
順安
區界
冬山鄉
龍德
馬賽
新城
蘇澳鎮
北
1
2
3
4
5
MAP 1-6

MAP 1-6 C4 01

歐陸夢幻童話世界
卡布雷莊園

台鐵羅東火車站下車乘的士約 10 分鐘

一棟歐陸古典風的民宿，隱藏冬山鄉的草綠田野中，四周被稻田環繞，民宿後花園的南瓜車更是住客打卡點。室內歐陸風格裝潢，是民宿主人從外國運回來，房間如童話世界般夢幻，每個角落都佈置得雍容華貴，部分房間設有陽台，打開落地窗即能欣賞大自然絕佳景色。

地址：宜蘭縣冬山鄉東五路 81 號
電話：0988-621-351
房價：三人房：平日 NT3,800 起 / 晚、假日 NT4,800 起 / 晚
網頁：http://www.cabremanor.tw/

INFO

維多利亞四人房非常寬敞。

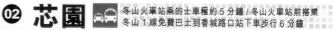

MAP 1-6 C4

民宿巨無霸
02 芯園

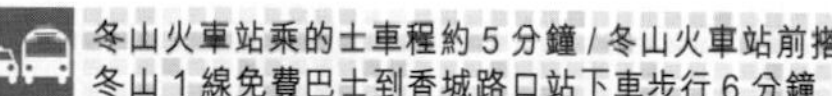
冬山火車站乘的士車程約 5 分鐘 / 冬山火車站前搭乘冬山 1 線免費巴士到香城路口站下車步行 6 分鐘

走進芯園，感覺帶華麗夢幻風格，讓人彷彿置身於歐洲古堡中。女孩子的公主夢，在這裡都能夢幻成真！民宿內12間不同童話主題的房型，每間浪漫可愛，加上精緻的花園造景，把民宿稱為度假村也不為過。

一輛女生專用的粉色南瓜馬車是公主情懷的最好演譯。

地址：冬山鄉珍珠村富農路一段 312 巷 120 號
電話：0966-660565
房價：2-4 人房 NT6,500-18,800（暑假），NT4,500-16,800（非暑假）
網頁：http://www.xin-yuan.tw/index.htm

INFO

MAP 1-6 C4 03

大導演題名 閒雲居

冬山火車站乘的士車程約 5 分鐘

原來閒雲居是由大導演吳念真所題名的，左右分別為一二館。民宿坐擁絕佳的地理位置，能眺望整個冬山河畔風光。不同房間有不同的主題，以不同的色調區分。房間之中又以四樓的天際四人房最寬敞，更設有私家陽台，青蔥田園盡收眼底，甚至能遠眺冬山火車站。而民宿亦設有升降機，盡量減輕住客搬行李的勞累。

地址：冬山鄉上河路一段 26 號
電話：0960-151969 游先生
房價：雙人房 NT2,400(平日)，NT2,900(假日)
網頁：http://www.xianyunjuvilla.com.tw/

INFO

民宿設置升降機算甚罕有。

MAP 1-6 C4 04

峇里風情 水岸楓林民宿

羅東火車站乘的士車程約 10 分鐘

水岸楓林門外四周稻田，加上高大的椰子樹，瞬間便予人感受到濃濃的峇里熱帶風情。民宿以白色為主調，室內的布置充滿南洋格調。

民宿樓高三層，總共有六種主題房型，每個房型都有獨立陽台，以及蛋形吊椅。峇里風格的床組、床頂上擺設的草葉、四角落的窗簾，以及品味質感的地毯，帶了些許公主風以及現代混搭風格的設計，令人彷似置身峇里六星級 Resort 之中。

房間充滿峇里風情。

超大型浴缸，伴著園林美景，擔心走光也有拉簾可以遮掩。

INFO

地址：冬山鄉八仙一路 22 號
電話：03-9508333
房價：雙人房 NT4,700 (平日)，NT5,200 起 (假日)
網頁：http://www.maplehouse.com.tw/

民宿精選

室內數星星 05 MAP 1-6 D4
蓮春園 - 花間雅舍

羅東火車站乘的士車程約 15 分鐘

設有天窗的小閣樓。

民宿分為蓮春園及花間雅舍兩幢營舍。蓮春園的房型簡單舒適，房價較平；花間雅舍走的是主題式套房、空間大而夢幻，價位上相對高了一些。「花間雅舍」分為四種不同房型：峇里島、夏卡爾、愛伊堡及箱根漫波。房間設地下與閣樓兩層，閣樓更設有天窗，天朗氣清的晚上，大可與至愛一起數星星數天光，想起也覺得浪漫。

充滿希臘地中海情調的峇里島套房。

INFO

地址：冬山鄉武淵村東八路 123 號
電話：03-9605423，0932-224669
房價：雙人房 NT2,700 起

MAP 1-6 B4 06 梅花湖旁的浪漫玻璃屋
湖漾189風格旅店

羅東火車站乘的士車程約 20 分鐘

只要前往梅花湖路途，都會對湖漾189充滿深刻印象。尤其在夜晚，民宿內打亮了五彩斑斕的燈光更加吸引人。民宿整體設計都是經由老闆之手，巧妙的運用裝飾擺設，讓空間更活潑逗趣。例如在Lobby中間設置一個沙發凹槽，成為小朋友玩樂的小天地。房間設計簡約時尚大方，大片落地窗成了房間的最大賣點，窗外風景可說是民宿最大魅力所在。

房間設計時尚，配備 55 吋電視及室外無敵靚景。

簡單的沙發凹槽卻是小朋友的天地。

INFO

地址：冬山鄉梅湖路 189 號 **電話**：0958-059569
房價：雙人房 NT3,800(平日)，NT4,300(假日)
網頁：www.facebook.com/ 湖漾 189 風格旅店 -928312587195897

民宿精選

MAP 1-6 B4 07

超可愛水豚君
天使星夢渡假村

台鐵羅東站乘的士車程約 15 分鐘

天使星夢渡假村是一家親子友善的度假村，該度假村分為天使館及星夢館，提供雙人房與連通四人家庭房共20間。雙人房規劃波希米雅、峇里島、地中海、摩洛哥多種風格主題房，客房空間從29平方米起跳，室內佈置按命名地區而顯示異國風情，非常有心思。度假村規劃一個天鵝造型的大型淺水戲水池，設置沙坑、溜滑梯、翹翹板、盪鞦韆等兒童遊戲區，以及飼養梅花鹿、羊駝、水豚君的可愛動物區，加上燒烤區、室外咖啡區等空間，更會無限供應零食點心及咖啡飲料。

摩洛哥主題房充滿北非及阿拉伯風情。

水豚君是這裡的明星。

巨龜也大受歡迎。

地址：冬山鄉境安二路 321 號
電話：03-910-8399
房價：雙人房 NT3,900 起
網頁：http://stardeco.i-sharehotel.com.tw/zh-tw

INFO

露營新體驗
MAP 1-6 B4

天ㄟ露營車 08

台鐵冬山站乘的士車程約 15 分鐘

天ㄟ露營車坐落在梅花湖畔、落雨松林間，剛於2023年六月中重新開幕。營地提供全新裝潢的新穎露營車，對喜愛大自然但又未能忍受郊野不方便環境的朋友，絕對是嶄新的體驗。露營車內寵寬敞，有齊客廳、寢室和專屬衛浴，車外更有自己的小露台及懶人沙發，可以悠閒欣賞湖景，或在晚上觀看滿天星斗。營地設有餐廳及大片草原，可以讓小孩跑跳放電。營地提供一泊三食的服務，包括下午茶、晚餐和早餐。還提供了許多活動設施，包括吹泡泡、復古小童玩、滑步車、踩高蹺等，讓住客能輕鬆地投入大自然之中。

地址：冬山鄉大埤二路 75 巷 1 號　**電話**：0956-699-666
房價：雙人露營車 NT6,880（一泊三食）
網頁：https://www.meihualake.com/

INFO

MAP 1-6 D4 09

台式東南亞風情

真水蘭陽 白鷺鷥民宿

羅東火車站乘的士車程約 15 分鐘

在充滿樟木芳香的客房之中，悠閒地坐在陽台上的柚木躺椅，靜靜地欣賞屋外的一畝畝稻田，看盡冬山的鄉間美景，都是這間民宿的迷人之處。民宿設有五種房型，從二人至四人房皆可選擇，大堂與房間一律以木色作主題，糅合了台灣風味與東南亞風情。

地址：冬山鄉武淵村東八路 130 號
電話：03-960-6869
房價：雙人房 NT2,880(平日)，NT3,680(假日)
網頁：www.beautiful-ilan.com.tw

INFO

MAP 1-6 D3 10

一次過到訪北歐六國

自然捲北歐風格旅店

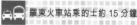

羅東火車站乘的士約 15 分鐘

這是一家以自然北歐風作為設計主調的旅店，由於選用白色來粉飾空間，所以室內相當明亮舒適。房間以北歐地方來做主題，例如淡藍調子的「丹麥天空」、仲夏色彩的「繽紛瑞典」、灰黑有型的「冰島之戀」、神秘浪漫的「驚艷芬蘭」和親子家庭房的「挪威森林」，個個都充滿幻想感，可惜旅店僅提供六個房間，要租就要快了。

地址：冬山鄉水井一路 250 巷 12 號
電話：0956-169-558
房價：雙人房 NT3,600(平日)，NT4,600(假日)
網頁：http://nature-house-yilan.com/

INFO

五結鄉

MAP 1-6 C3 11

室內室外玩到盡
聖荷緹親子城堡

二結火車站乘的士車程約 10 分鐘

城堡有着極佳地理位置，想帶小朋友DIY體驗玩樂，國立傳統藝術中心是很棒的選擇，想悠閒放鬆可到羅東運動公園；夏天想玩水，冬山河親水公園就在附近，城堡還提供親子單車給住客。但就算在房內孩子也能玩得盡興，因房內有滑梯、鞦韆、木馬等玩意，連浴室也超大，對幼童來說是一個迷你版的水上樂園。

陶斯安妮 VIP 親子房，粉色系漂亮雙層房間，配備盪鞦韆、溜滑梯、翹翹板搖搖馬，簡直就是歡樂天地。

地址：五結鄉大吉村大吉一路 316 號 (五結國中後方)
電話：0918-163-665 (陳小姐)，0953-163665(袁先生)；
電話訂房時間 10:00am-10:00pm
房價：四人房 NT4,500 起
網頁：http://saint.goodoks.com/

INFO

傳遞幸福 12
MAP 1-6 D3
爵士館

羅東火車站乘的士車程約 15 分鐘

採用歐洲式庭院建築設計，鮮黃色的外牆，配上城堡的石材，充滿異國色彩。四周擺設了很多各國小飾物，全是老闆娘花了不少心思找回來，就是為了讓住客有入住公爵城堡般的享受，能感受到幸福，再傳遞給身邊的人。

地址：五結鄉孝威路 169 號
電話：0975-159-156 (陳小姐)
房價：雙人房 NT3,600(平日)，
NT4,200-4,500(假日)
網頁：http://www.passhappinesson.tw/

INFO

MAP 1-6 D4 13

貴族式享受
奧羅拉風格民宿

羅東火車站乘的士車程約 15 分鐘

外觀充滿了歐洲宮廷古堡風格的奧羅拉風格民宿，店內的裝潢也與貴族風格的外觀相呼應著——典雅的落地窗簾、高貴的沙發座椅、華麗的水晶吊燈、拋光的大理石磚，看起來有如五星級飯店的氣派與華麗。民宿崇尚環保，特別設計了一套綠色硬幣，凡住房客不使用一次性即丟的盥洗用品，或是續住不換床單，民宿將依節省的項目，每項捐助NT1-10不等的金額，給予民間非營利組織推廣相關的環保計劃，非常有意義。

地址：五結鄉親河路二段 58 巷 79 號（親水公園入口處旁）
電話：0952-565858、0935735835(簡小姐)
房價：雙人房NT2,200(平日);NT2,800(假日)
網頁：http://www.s-aurora.com.tw/

INFO

除了一般的雙人房，也設有雙層的六人家庭房。

地址：五結鄉公園二路 27 巷 36 號
電話：0972-778 -198
房價：雙人房 NT5,000(平日)，NT5,800(假日)
網頁：hi-ten.yilanbnb.tw

INFO

MAP 1-6 D4 14

親親大自然
海田行館

羅東火車站乘的士車程約 15 分鐘

如果喜歡近田、親水、看海，喜歡感受在地風情的話，五結鄉的海田行館是不錯的選擇。民宿前有一大塊綠油油的稻田，曾有不少台灣偶像劇到此取景！大堂及餐廳設計豪華貴氣，房內空間偌大寬敞，而且盥洗用品更有如五星級酒店般實用齊備。雖然為了提供家的感覺，所以沒有設置接待處，但房內設備及細節上仍是一絲不苟。

民宿精選

MAP 1-6 D4 15

懷舊氛圍 小巷弄5號

羅東火車站乘的士車程約 15 分鐘

宜蘭有許多特色民宿，什麼主題風格幾乎都可以找得到。但小巷弄5號以懷舊作賣點，在宜蘭就較為罕見。民宿的屋舍不但古老，老闆在屋內收藏的舊物更令人眼前一亮。這棟兩層樓高的老屋，每天只招待一組客人，為的就是要賦予客人有個優質的使用空間。屋內最特別的是以燈泡內養殖小魚兒——利用燈光的溫度和水中植物創造一個循環系統，既實用又有觀賞性，一舉數得。

樓上有兩個房間，招待 6-8 人入住綽綽有餘。

屋舍雖古老，但裝潢卻簡約舒適。

老闆很有心思，收藏了不少舊物。

原來老闆在宜蘭知名景點「勝洋水草」擔任導覽員，對燈泡內的循環生態系統非常了解。

INFO

地址：五結鄉親河路 1 段 119 巷 1 弄 5 號
電話：0922-022-255
房價：雙人房包棟 (2 人入住):NT2,800(平日)；NT3,400(假日)
網頁：http://dearbnb.com/bnb/little-alley-5

MAP 1-6 C4

童話式生活 16 熙緹歐風民宿

羅東火車站乘的士車程約 10 分鐘

醒目的黃色歐風式建築，體驗歐洲童話式生活，是民宿予人最深刻的印象。步入民宿，寬敞的大廳一面牆利用紅磚頭堆砌成的造型設計，形成一道立體視覺美感，有著濃濃的原樸鄉村質感。周邊放置許多可愛的法國兔娃娃，特別易獲取小朋友的歡心。事實上這棟充滿童真氛圍的民宿，房間內竟闢有兒童天地，小朋友可以自成一國，聊聊天玩玩具，輕鬆程度絕不比大人們遜色。

鄉村閣樓四人套房，閣樓竟闢作兒童天地。

充滿田園風味又洋溢童真的大廳。

地址：五結鄉親河路二段 291 巷 51 弄 8 號
電話：0930-857591
房價：雙人房 NT2,500(平日)，NT3,000(假日)
FB：熙緹歐風民宿

INFO

好色之徒 17 MAP 1-6 C4

La Palette調色盤築夢會館

羅東火車站乘的士車程約 10 分鐘

會館位於羅東鎮上，由小巷弄進入，附近都是住家，很難讓人發現這小巷弄中有這麼一間，光看到外觀女生就會瘋狂尖叫的夢幻繽紛彩色民宿。民宿主人是用色高手，無論是公用空間或房間，都大膽採用不同的色彩配搭，感覺新鮮之餘卻不會庸俗，令人印象難忘。

最殺食的天窗，晚上與情人一起來欣賞滿天浪漫的星宿。

地址：羅東鎮復興路二段 261 巷 75 弄 26 號
電話：0913-006-559
房價：雙人房 NT3,900(平日)，NT4,800(假日)

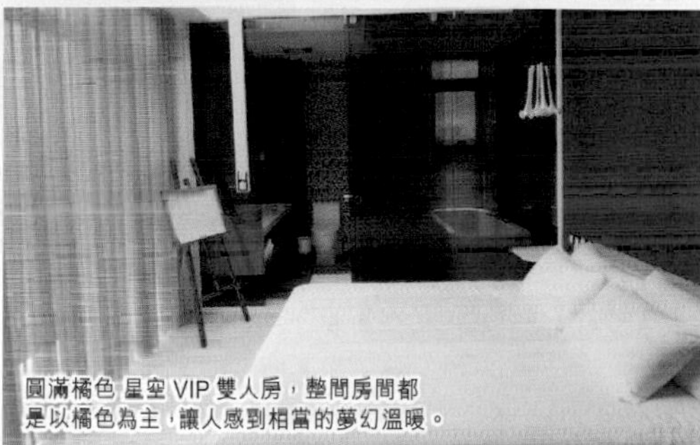

圓滿橘色 星空 VIP 雙人房，整間房間都是以橘色為主，讓人感到相當的夢幻溫暖。

親子樂園 MAP 1-6 C4

雀客童媽吉親子旅館 18

台鐵羅東站步行 5 分鐘

雀客童媽吉親子旅館樓高10層，遠遠望見它不規則又鮮豔的外型，已感到進入童話的世界。旅館共有43間客房，提供5種房型。館內擁有350坪遊戲空間，設置2層樓高溜滑梯、3D互動投影球池、50部電動汽車與120米電動車道、電競遊戲室與嬰幼兒遊戲室等遊樂空間。一家大小就算足不出戶，已經可以玩足一天。旅館的位置亦非常便利，從旅館步行5分鐘就可抵達羅東車站，鄰近羅東觀光夜市、羅東林業文化園區等景點，是親子渡假的首選。

地址：羅東鎮安平路 16 號 **房價**：標準四人房 NT7,700/ 晚起
電話：0639-562788 **網頁**：http://www.magikids.com.tw/

INFO

民宿精選

羅東最高飯店
村却國際溫泉酒店 19

MAP 1-6 C4

台鐵羅東站步行 5 分鐘

村却國際溫泉酒店距離羅東火車站僅需步行5分鐘，該酒店擁有天然溫泉，所有房型皆擁有「碳酸氫鈉泉」和「寶石精鹽浴」雙湯池，溫泉屬於碳酸氫鈉泉，對皮膚有很好的保養作用。每戶更設有露台，不但可以居高臨下遠眺羅東市，天氣好的時候甚至能望至龜山島。此外，酒店又設有室外游泳池、室內溫泉游泳池，與及兒童遊樂區。酒店距離羅東中山公園步行約9分鐘，距離羅東夜市800公尺，地利相當優越，到羅東任何地方都很方便。

地址：羅東鎮站東路 190 號
電話：0639-057-988
房價：雙人房 NT7,530/ 晚起
網頁：https://www.cuncyue.com/

INFO

MAP 1-6 C3

歸園田居
20 蝸牛漫步

台鐵羅東站乘的士約 8 分鐘

蝸牛漫步這家民宿的名字來自於蝸牛的緩慢步伐，象徵著放慢腳步，享受生活中的美好時光。民宿距離羅東火車站約3.1公里，乘車到羅東夜市大約8分鐘左右，雖然不算就腳，但又遠離鬧市，享有田園的寧靜。民宿的設計帶點英式貴族風格，有濃濃的文青味道。全幢民宿只有7個房間，既寬敞又有升降機上落。民宿由一對年輕夫婦經營，貼心之餘又與住客保持一定距離。這裡每天都會供應自助早餐，款式雖然不多但用料新鮮，而且面向一片綠油油的田園，味道立即加分。

地址：羅東鎮復興路三段 388 巷 49 號
電話：0933-727-886
房價：雙人房 NT3,000/ 晚起
網頁：https://www.ramblingsnail.tw/

INFO

童趣糖果屋 MAP 1-6 C4

羅東 Candy 民宿 21

台鐵羅東車站下車，在羅東轉運站轉乘 241 線公車於鼎檤社站下車，沿富農路三段步行約 5 分鐘

這間超夢幻糖果屋造型的民宿，坐落於羅東鎮的田野間，鄰近冬山河親水公園，不少本地人當它是打卡景點，特地前來影相留念。民宿內共有8種主題房型，每間房都有瀡滑梯及主題卡通的布置，例如「消防車親子房」就有迷你兵大哥助陣；一樓的公共空間有很大的遊戲室及積木牆，足夠讓小朋友消耗體力、整天忙過不停。在這裡不只小朋友玩得開心，相信也勾起不少大人們的童年回憶。

民宿精選

宛如糖果屋造型的民宿。

魔法菇菇 4-8 人房

飛天馬車親子 4 人房

消房車親子 3-5 人房

地址：羅東鎮富農路三段 60 巷 31 號
電話：0912-441-951(林小姐)
房價：4 人房：假日 NT5,500 起、平日 NT4,200 起
網頁：http://www.candyhouse.tw/

INFO

簡約之風 MAP 1-6 C3 22

好漾民宿 Young Stay

台鐵羅東站乘的士約 8 分鐘

「Young Stay」，意謂著永遠年輕的心境。據説民宿主人兼設計師為了圓母親的夢，從舊金山專程飛回台灣，將多年留學異鄉設計美學精髓，打造母親心中的美好藍圖。民宿內裝採用簡約風格，溫軟的木作或深或淺，散發出令人安心的氛圍。全幢民宿共5個房間，分別以不同地方命名，內裡佈置亦切合該地的風格，如卡梅爾是美國加州的海邊小鎮，房間便以藍白色系搭配，非常有心思。部分房間更設有專屬大露臺，讓住客更自在地親近大自然。

地址：羅東鎮復興路二段 307 巷 83 號
電話：0919-553-210　**房價**：雙人房 NT3,000/ 晚起
網頁：https://www.youngstay.com/rooms

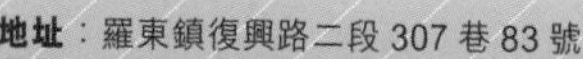

INFO

民宿精選

羅東溫馨小宅 Outside旅店 ㉓

MAP 1-6 C3

羅東火車站乘的士車程約 20 分鐘

Outside原是黃瑜和小民一起建構的甜蜜小屋，屋內每一角落都是他倆親自設計、親手裝修的，也難怪Outside旅店會有家的感覺。房間類型有三種，包括名為「第43次日落」的二人房、「驕傲的玫瑰」的三人房及「夜間飛行」的四人房，連名字都搞怪過人。大部份房間都附設小露台及閱讀空間，還有3D液晶電視，即使留在房中也不會無聊。

INFO

地址：羅東鎮復興路三段 75 巷 152 號
電話：0963-382-820 **網頁**：www.outsideinn.com.tw
訂房白天：0963-382-820（黃小姐）
訂房晚上：0912-297-971（王先生）
房價：雙人房 NT3,000(平日)，NT3,800(假日)

交通觀光皆便利 ㉔幸福・星空精品旅店

MAP 1-6 C4

羅東火車站出站即達

這家旅店在羅東火車站對面，地理上可算佔盡便利優勢，徒步到羅東夜市也只需5至10分鐘。雖然沒有民宿的田園景觀，但房間設計風格卻新穎多變，時尚有型，尤其部份房間更能飽覽市內夜色，非常浪漫。

地址：羅東鎮公正路 27 號 9 樓
電話：03-9552877
房價：雙人房 NT1,980(平日)，NT2,280(假日)
網頁：http://www.seasonskyline.com.tw/

INFO

礁溪鄉

民宿精選

頂樓美人湯 MAP 1-6 C1

晶泉丰旅 25

台鐵礁溪火車站及礁溪轉運站，每日 10:00am-6:00pm 提供預約接駁車服務。

酒店主打精緻和風高質路線，全館最注目的地方是頂樓的無邊溫泉池，這裡的泉水屬碳酸氫納泉，含多種礦物質，故有美人湯之稱；由於頂樓是無邊風呂，泉水又無色無臭，驟眼看似浸在泳池中，但又夾雜煙霧瀰漫的感覺。酒店房間內設私人風呂，雖是半露天式設計，但旁邊有遮蔽設計，高私隱度；房內還提供免費面膜、雪櫃內的飲品也是免費供應。

地址：礁溪鄉溫泉路 67 號
電話：039-100-000 / 02-7735-5005
房價：雙人房 NT6,300 起 / 晚（含早餐）
網頁：https://www.silksspring.com/tw/

INFO

宜蘭首個無邊溫泉池

酒店所有房間都有獨立半露天風呂。

MAP 1-6 C1 26

頂樓美人湯

筑玥溫泉會館

礁溪火車站乘的士車程約 15 分鐘

雖隱身於山林中，但離市區不會太遠，置身其中可遠離都市煩囂。會館大廳設計像童話般，瀰漫自然的鄉村風格。為了保持房間質素，只提供三種房型，每間房皆有截然不同的風格，不但空間感十足，更設有戶內及戶外浴區，讓住客在一片翠綠的環境及星光蟲鳴下享受溫泉浴。

地址：礁溪鄉忠孝路 97 巷 48 號
電話：0985-199738、03-9882360（胡先生）
房價：雙人房 NT5,100（平日），NT6,500（假日）
網頁：http://www.juyue48.com.tw/

INFO

民宿精選

MAP 1-6 C1 27

真正四季酒店
礁溪長榮鳳凰酒店

礁溪火車站步行約 10 分鐘

這裡可說是一年四季都適合入住的親子飯店，夏天可玩水、冬季可泡湯，更重要是活動多元化，小朋友可以盡興玩樂，大人也可以享受那悠閒度假氛圍中。酒店的地理位置極佳，離礁溪車站步行只需10多分鐘，飯店也有提供免費的接駁服務。全館的客房皆以日式禪風為設計主軸，總共有9種不同房型。溫泉方面，酒店提供八種主題冷熱水療池，還有烤箱、蒸氣室，甚至是需要付費的岩盤浴，多樣化的選擇供住客體驗。

夏天可玩水、冬季可泡湯，四季入住皆宜。

地址：礁溪鄉健康路 77 號
電話：039-109-988
房價：雙人房 NT9,500(平日)
網頁：http://jiaosi.evergreen-hotels.com/

INFO

MAP 1-6 C2

歐洲古堡式超豪體驗
28 倆仙沐田莊園

礁溪火車站乘的士車程約 15 分鐘

在倆仙沐田莊園首先映入眼簾的是高約3-4層樓的別墅，一半是岩壁造型打造鄉村田園風，一半則是歐洲常看見的面牆設計，兩種對比的風格，意外的搭配。進入房間就更讓人為之驚艷，紅黑色的大對比，設計風格極具現代時尚。旁邊搭起的壁爐造型，加上細緻華麗的裝飾，都會讓人置身於歐洲城堡的感受。

沐浴乳及洗頭水，當然要採用歐舒丹才與民宿格調匹配。

地址：礁溪鄉玉田村茅埔三路 33 號 **電話**：03-9882255
房價：雙人房 NT5,200(平日)，NT6,200(假日)
網頁：http://www.chateauwindmill.com.tw/

INFO

MAP 1-6 C1 29

色彩繽FUN
天空島上的木屋

礁溪火車站乘的士車程約 15 分鐘

天空島上的木屋周圍都無遮蔽物，只有綠油油的稻田，不管從哪個角度看都是這麼的可愛，那樣的迷人。這裡的木工和建築都是由男女主人親自操刀和設計，親手完成的。民宿不只有代表著八間不同色彩的小木屋，就連階梯都是色彩鮮艷的顏色，每個角落都是小巧思，讓人驚喜。房間設計雖然簡單，但空間超大，一家六口入住也不擠迫。

房間共有三張大小不同的床，空間寬濶。

秋冬之際，附近濕地也成為最佳賞鳥地點。

地址：礁溪鄉時潮村堀底路 70 之 12 號
電話：0983-404862
房價：雙人房 NT2,400(平日)，NT2,800 起(假日)
網頁：http://www.skyisland.com.tw

INFO

MAP 1-6 C1 30

洗滌身心靈**綠動湯泉原宿**

礁溪火車站步行約 15 分鐘

綠動湯泉原宿主人李先生與楊小姐，在宜蘭這塊土地上找來設計師，架構自己的夢想，打造一棟現代豪華又溫馨的民宿。三層樓建築，共有十二種不同房型，每間都備有King Size大浴缸，部分甚至設有鴛鴦池(冷熱池)，方便住客一冷一熱交替泡湯。三樓的峇里島四人房型則設有戶外泡湯區，住客可在星光下享受溫泉之樂。

別致的和式房間及風呂。

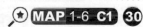

鴛鴦池

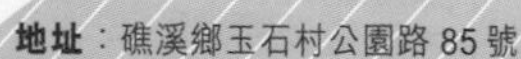

地址：礁溪鄉玉石村公園路 85 號
電話：03-9871158
房價：雙人房
3-10 月:NT3,000(平日)，NT4,000(假日)
11-2 月:NT3,500(平日)，NT4,500(假日)
網頁：http://www.lygreenlife.com
FB：https://www.facebook.com/green.lifespa

INFO

民宿精選

MAP 1-6 C1 31

迷人 Pink Lady
蝶古巴特風情畫手作民宿

礁溪火車站乘的士車程約 10 分鐘

蝶古巴特和古巴無關，這詞是源自法文，意指將美麗的圖畫剪裁拼貼在各式各樣木器以及家具上的手作作品。話說民宿女主人偶然迷上了蝶古巴特這門藝術，加上男主人本身對木製家具相當有興趣，這樣的一搭一唱下共同打造出這棟讓人羨慕的夢幻城堡。民宿無論大廳櫥櫃上、牆壁、家具，處處可見他們的美麗精緻作品，而店主獨愛的粉色系列，亦令民宿充滿少女氣息，人見人愛。

民宿處處可見店主的美麗精緻作品。

地址：礁溪鄉份尾三路 200 巷 36 號
電話：0988-619568、03-987-889
房價：雙人房 NT3,200(平日)，NT4,000(假日)
網頁：http://www.decoupagebnb.com/

★ INFO

MAP 1-6 C1 32

歸園田居
艾德堡德國城堡民宿

礁溪火車站乘的士車程約 15 分鐘

新天鵝堡雙人房，採用簡單的鄉村風格。

民宿老闆 Bernhard Soffner 原是德國人，從小家中附近都是一望無邊的大草原，之後他在台北開德國餐廳，深受食客喜愛，但是老闆卻將餐廳收起來搬到宜蘭，為的是重新找回當初那種在家鄉的心情。民宿由外至內都充滿德國古堡的風情，加上老闆掌廚出身，食物質素更令人喜出望外。

地址：礁溪鄉白鵝村柴圍路 78-5 號
電話：0958-931-708、0955-931-708
房價：雙人房 (包早餐)NT3,800(平日)；NT4,200(假日)
網頁：http://www.soffner.com.tw
FB：https://www.facebook.com/Adler2014

★ INFO

三星鄉

民宿精選

歐式古堡 MAP 1-6 B4

安農溪右岸民宿 33

台鐵羅東站乘的士約 20 分鐘

民宿的外觀是獨棟的歐洲古堡建築，內部則使用高級實木家具和六星級享受的寢具床墊，讓客人感受到舒適和奢華。民宿共有四種房型，當中穿越明清 VIP 雙人房最特別，房內添置大量明式家具，據聞價值不菲，喜愛發思古之幽情者不要錯過。民宿不僅有優雅的住宿環境，還有許多附近的景點可以探索。客人可以沿著安農溪步道或自行車道欣賞河畔的風光，也可以前往鄰近的落雨松秘境、張美阿嬤農場、分洪堰湧泉公園等地欣賞到三星鄉的特色景觀。

INFO

地址：三星鄉大隱十六路 258 號　**電話**：0983-253555
房價：雙人房 NT3,00/ 晚起　**網頁**：https://www.annongright.tw/

純白小屋 MAP 1-6 A4

和煦人野 34

台鐵羅東站乘的士約 25 分鐘

和煦人野由十座歐式風格的純白小屋組成，坐落在一望無際的田野中，讓客人能夠感受到稻田間露營的樂趣和自然的療癒。民宿採用可重複利用的純色鋼材打造小屋，減少對土地的影響，並且具有隔熱隔音的效果，讓客人住得舒適安靜。民宿共有八種房型，每間房間都有私人衛浴和冷氣，部分房間還有陽台或露台。民宿每天提供自助式的早餐，讓客人享用到在地的美食。民宿也提供自行車租借服務，讓客人能夠騎著腳踏車在田野間暢遊，欣賞河畔和山景的美麗風光。

INFO

地址：三星鄉富貴三路 233 巷 12 號
電話：0987-382-150　**房價**：雙人房 NT3,580/ 晚起
網頁：https://booking.owlting.com/sunwildbnb

民宿精選 MAP 1-6 B4 35

走進童話世界
仙朵拉城堡

羅東火車站乘的士車程約 20 分鐘

顧名思義，城堡賣的是童話式浪漫。一道充滿氣派的鐵門大閘，一排純白色的房子，真的猶如進入了城堡的感覺。房間分為四種設計，分別為「峇里時光」、「綠光森林」、「仙朵拉公主房」及「國王城堡」(4-6人房)，每間房都設有私人陽台。最受歡迎的，當然是仙朵拉公主房，房間以粉色系為主調，睡在公主床上，能一圓每位女生心中的公主夢。

置身這粉色的浪漫世界，試問哪個女生可以抗拒？

地址：三星鄉大義二路 242 號
電話：0975-287083
房價：雙人房 NT2,500 (平日)，NT3,500 (假日)
網頁：http://www.cinderellacastle.com.tw/

INFO

員山鄉

卡拉永遠OK MAP 1-6 B3
幸福方舟民宿 36

宜蘭火車站乘的士車程約 20 分鐘

工作退休的民宿主人，結合幾位好朋友，在宜蘭員山鄉打造彼此間的夢想民宿。由於民宿主人非常響應環保，在打造之前，還請來知名設計師規劃建築四周的環境生態，打造「幸福方舟」的生態池，以及池中庭，讓來居住的旅客，除了了解生態環境，又可以讓小朋友來個戶外教學。這裡最特別是設有超大包廂的KTV室，裡面呆上10個人絕對不成問題，是一群好友來包棟舒適歡唱的娛樂空間。

有雙人及 4 人房，8-10 人可以考慮包棟，玩得更盡興。

地址：員山鄉員山路二段 27 巷 11 號
電話：0921-474-786
房價：雙人房 NT3,200(平日)，NT4,000(假日)
網頁：http://www.hav.com.tw/

INFO

宜蘭市

家庭閣樓套房，最多可住6人以上。

開放式的廚房讓人一目了然，也清楚寫著隔天一早供應的早餐時間。

萬綠叢中一點紅 MAP 1-6 C3

麗野度假別墅 37

宜蘭火車站乘的士車程約 15 分鐘

坐落於田野中央的麗野有著萬綠叢中一點紅，特別顯眼。不久前一部偶像劇《偷心大聖-PS男》也是在此拍攝。民宿的房間布置簡單而舒適，特別的是房間都附設閣樓，必要時可以在那裡加床。窗外處處可見綠油油的稻田，也清楚可見高速公路，閒來無事最適合邊喝咖啡邊欣賞風景。

地址：宜蘭市黎明一路 88 號
電話：0912-592789、03-9371478
房價：雙人房 NT3,500(平日)
網頁：http://www.ctnet.com.tw/liya/

INFO

頭城鎮

MAP 1-6 D1 38 峇里型格風

天外天海洋會館

外澳火車站乘的士車程約 10 分鐘

民宿位於外澳的濱海路上旁，遠遠便看到一棟以白色和啡色相間作為設計，無論是外觀和室內都貫徹風格，有點置身峇里感覺。會館分別有雙人及4人房，如8-10人可以考慮包棟，設施有可容納10人的KTV房，玩得更盡興。寬敞明亮的接待大廳，天花板上華麗的水晶吊燈、高貴時尚的黑色吧枱，品味十足，而且無論餐廳或房間，窗外的龜山島和美麗的太平洋海灘盡入眼簾，令人心曠神怡。

地址：頭城鎮濱海路二段 368 號
電話：0933-188-155、03-9777939
房價：雙人房 NT4000 (平日)，NT4,500 (假日)
網頁：http://www.skyofsky.url.tw/

INFO

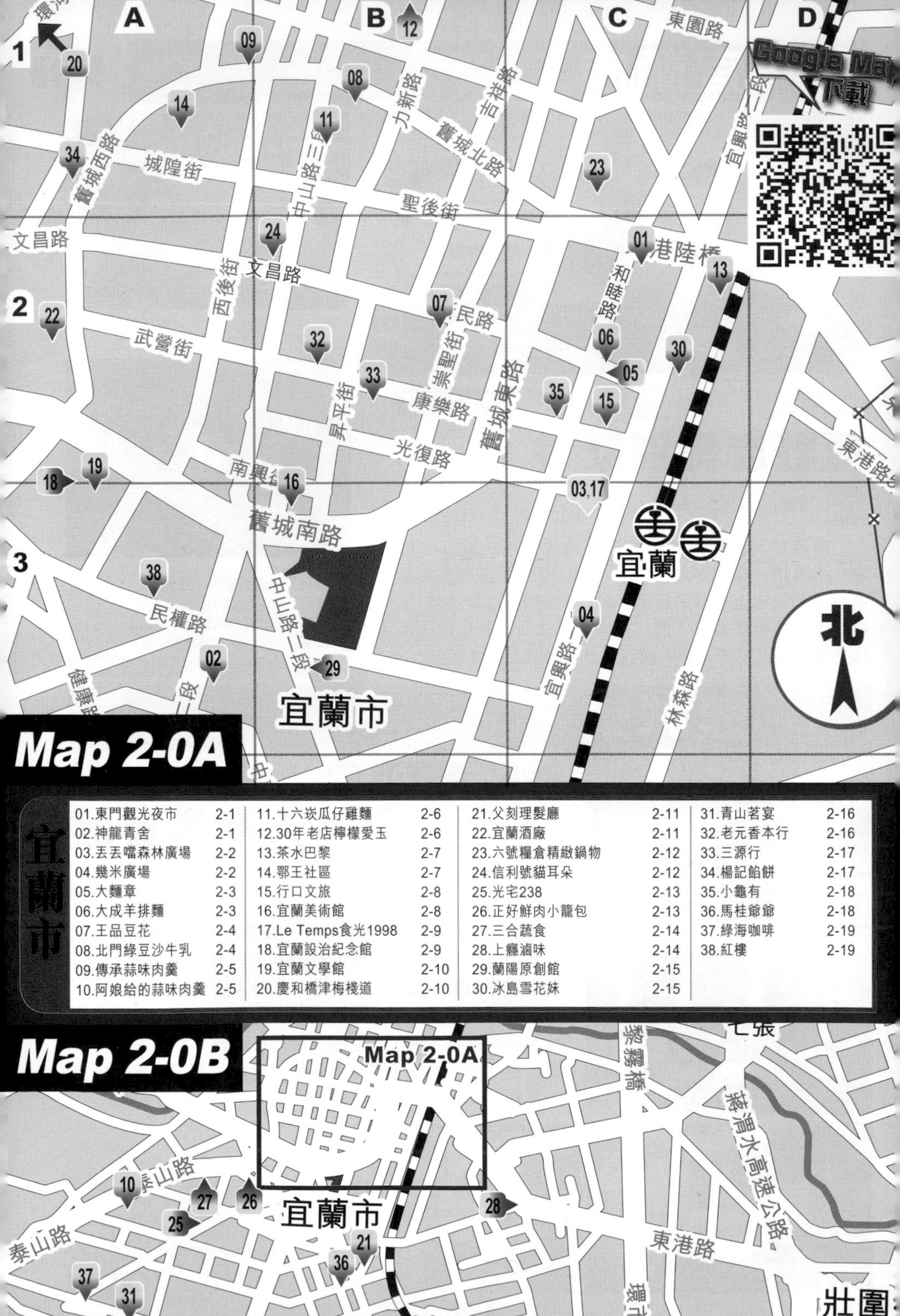

宜蘭市

01.東門觀光夜市	2-1	11.十六崁瓜仔雞麵	2-6	21.父刻理髮廳	2-11	31.青山茗宴	2-16
02.神龍青舍	2-1	12.30年老店檸檬愛玉	2-6	22.宜蘭酒廠	2-11	32.老元香本行	2-16
03.丟丟噹森林廣場	2-2	13.茶水巴黎	2-7	23.六號糧倉精緻鍋物	2-12	33.三源行	2-17
04.幾米廣場	2-2	14.鄂王社區	2-7	24.信利號貓耳朵	2-12	34.楊記餡餅	2-17
05.大麵章	2-3	15.行口文旅	2-8	25.光宅238	2-13	35.小龜有	2-18
06.大成羊排麵	2-3	16.宜蘭美術館	2-8	26.正好鮮肉小籠包	2-13	36.馬桂爺爺	2-18
07.王品豆花	2-4	17.Le Temps食光1998	2-9	27.三合蔬食	2-14	37.綠海咖啡	2-19
08.北門綠豆沙牛乳	2-4	18.宜蘭設治紀念館	2-9	28.上癮滷味	2-14	38.紅樓	2-19
09.傳承蒜味肉羹	2-5	19.宜蘭文學館	2-10	29.蘭陽原創館	2-15		
10.阿娘給的蒜味肉羹	2-5	20.慶和橋津梅棧道	2-10	30.冰島雪花妹	2-15		

MAP 2-0A C2 01

全台美食雲集
東門觀光夜市

宜蘭火車站沿聖後街及和睦路走約10分鐘即達

由三角公園擴建而成的東門觀光夜市，規模頗大，吃、喝、玩、樂都可在這個夜市中找到，到了假日更是市區中最熱鬧的地方。東門夜市可分為兩大區域，以東港陸橋為中心，與橋並行的橫街主要是小食攤，而另一旁則有販賣生活商品的小店。除了宜蘭知名的花生捲冰淇淋、三星蔥餅外，還有來自全台灣的美食，例如士林青蛙下蛋、深坑臭豆腐、台中肉蛋吐司等，總共二百多家美食攤任揀。

INFO

地址：宜蘭市和睦路
營業時間：4:00pm-12:00mn
網頁：https://yegnm.weebly.com/

MAP 2-0A A3

古早味民宿 02
神龍青舍

宜蘭火車站步行15分鐘

去旅行選酒店，有人以豪華舒適為主，亦有人想「貼地」些入住最能感受當地風貌的地方。神龍青舍原身是糧食局的神農宿舍群，是座七連棟磚造洋樓，至今已有50多年歷史。2018年，神龍青舍被活化成一座民宿+餐廳+零售的文創基地。民宿對象以背包客為主，保留老花磚、木屋頂、古家具，簡樸得來卻極有Feel。餐廳選用時令食材，菜式卻出乎意外以西式為主。逢周末這裡更會舉行不同主題的市集，推介宜蘭當地的農產及手工藝品，送禮自奉都是極佳之選。

INFO

地址：神農路二段96號
電話：03-935-2770
費：雙人房NT1,350/晚(平日);NT1500/晚起(假日)
FB：https://www.facebook.com/snvillage/

宜蘭

幾米火車站 03
丟丟噹森林廣場

MAP 2-0A C3

宜蘭火車站旁

丟丟噹森林是宜蘭建築大師黃聲遠的藝術作品，這裡共有九株鐵樹，代表了宜蘭的舊稱「九芎城」。之後隨著旁建造起「幾米廣場」，丟丟噹森林也變成幾米展示作品的場所之一，在鐵株底下建造起幾米火車站。

丟丟噹森林旁有個日治時期的建築，原本是舊米穀檢查所，現在大家又給了它一個可愛的名稱「百果紅磚屋」，屋內可真有株大樹，吊著滿滿裝飾用的水果，以及賣些咖啡與簡餐的餐廳。

地址：宜蘭市宜興路一段 236 號
營業時間：全天開放
收費：免費

INFO

宜蘭市 羅東鎮 礁溪鄉 冬山鄉 員山鄉 頭城鎮 蘇澳 五結鄉 三星鄉 大同鄉 壯圍鄉

幾米場景立體展示
04 幾米廣場

MAP 2-0A C3

宜蘭火車站旁

幾米出過不少大大小小的作品，繪畫功力更不在話下。聽說幾米本人是宜蘭人呢，這也難怪會選擇在宜蘭這個地區設置這「幾米廣場」。幾米廣場有兩大繪本的情境——《地下鐵》和《向左走向右走》，首先看到的到處是各式各樣的手提包、背包與行李箱的立體裝置，可愛的立體作品做的逼真可愛。

地址：宜蘭市光復路 1 號
營業時間：全天開放
收費：免費

INFO

MAP 2-0A C2 05

老闆缺錢才能品嘗的美食
大麵章(賭博麵)

 宜蘭火車站步行約 10 分鐘即達

大麵章在宜蘭經營二三十年，可説是人氣麵攤，更由於老闆獨特的脾氣(只有缺錢的時候才開店)，讓這間有個賭博麵的稱號。如果要説個缺點也不是沒有，就是人潮真的太多。還有因為煮麵產生的熱氣環繞在整個室內，雖然店內擺放許多電扇持續吹著，熱汗還是會稍微流下來，但是這些小小的困難點，還是阻止不了大家來這用餐的決心。

沙茶麵─沙茶的鹹度控制非常適中，裡頭還可以吃到一些小扁形塊狀的魚。

地址：宜蘭市新民路 24 號
營業時間：約 3:30pm-0:00am(不定期開店)

MAP 2-0A C2 06

宜蘭百大小吃第二名
大成羊排麵・牛肉麵

宜蘭火車站步行約 5 分鐘即達

這間宜蘭百大小吃第二名的大成羊排麵就在大麵章對面而已。麵上桌之前，會上一份酸菜，吃起來非常清脆又帶有一點微辣的口感。由於辣酸菜配上羊排十分搭配，非常建議一口羊肉一口酸菜依序的吃。羊排麵每碗約有4塊左右帶骨羊肉，而羊肉上都會帶軟骨，而且不會太過油膩，還有一點爽口，非常推薦給不喜歡吃羊膻味的朋友吃。

INFO

地址：宜蘭市新民路 31 號
營業時間：11:00am-2:00pm、5:00pm-8:00pm
網頁：http://www.dc200602.com.tw/

宜蘭選百大名店 胡天蘭讚不絕口

小店曾被評為宜蘭百大小吃第二名。

吃麵前先吃點辣酸菜會令羊排麵更美味。

口味搭配繁多 07
王品豆花(開水製冰)

MAP 2-0A B2

宜蘭火車站步行約 10 分鐘即達

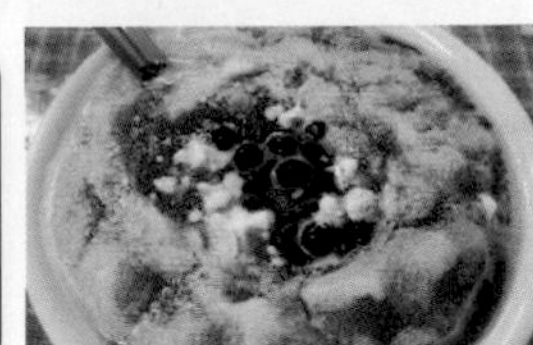

聽說這間店可是宜蘭在地人最愛，重點在於它口味搭配十分多種。更讓人驚訝每碗都是NT35！加冰也只多NT5。小店又名開水製冰，顧名思義他們的冰只用烹過的開水製作，今天看來似是理所當然，但幾十年前卻是重要的衛生承諾。這裡的豆花吃起來非常綿密，糖水也不會讓人感受太過甜膩。在搭配店家的粉圓、花生，一碗吃完，清涼又消暑。

地址：宜蘭市新民路 121 號
電話：039-351-017, 0921-823-837
營業時間：9:00am-9:30pm（星期日休息）
FB: 宜蘭王品豆花

INFO

無論何時總是大排長龍。

MAP 2-0A B1

08 牛乳新配搭
北門綠豆沙牛乳

宜蘭火車站步行約 15 分鐘即達

已經有接近30年歷史的北門綠豆沙牛乳，在宜蘭可算街知巷聞。無論何時，店前總是大排長龍。除了許多新鮮果汁之外，這裡超夯人氣商品就屬於綠豆沙牛奶跟芋頭牛奶。利用長時間熬煮過的稠狀綠豆泥，加入鮮奶跟冰塊，放到果汁機現打，喝上一口，綠豆的口感，搭配牛奶以及碎冰，絕對是消暑極品。

攤上擺上許多新鮮水果，就是新鮮的保證。

地址：宜蘭市中山路三段 208 號
電話：03-932-2852
營業時間：10:00am-5:00pm
（星期日至二休息）
FB: https://www.facebook.com/beimen.milking/

INFO

MAP 2-0A A1 09

肉羹兩生花
傳承蒜味肉羹

宜蘭火車站乘的士車程約 5 分鐘

傳承與宜蘭另一著名食肆北門蒜味肉羹，都同樣開在舊城北路上，兩家店相距不遠。在價位上，兩間價格其實都差不多，而配料也很像，都是新鮮的豬肉肉羹、筍絲咬下去的清脆，濃郁的蒜味湯頭；但二者最大的分別，就是傳承的蒜味較輕，對不太受得「重口味」的食客較適合。除了肉羹外，這裡也有肉燥類、小菜及肉卷等地道美食。因為北門的客人較多，不喜愛排隊到傳承也絕不會失望。

地址：宜蘭市舊城北路 148 號
電話：039-332-428
營業時間：9:00am-7:30pm，星期二、四、六至 7:00pm，星期一至 8:00pm

INFO

MAP 2-0B 10

四十多年老字號
阿娘給的蒜味肉羹

宜蘭後火車站乘 771、752 公車至金六結站下車

廣為人知的北門蒜味肉羹已搬遷到泰山路。原店北門蒜味肉羹創始於1966年，已經有四十多年的歷史了，店面雖然不大約可容納十多人，但肉羹獨特蒜味風味，讓許多饕客回味無窮，每到假日或用餐時間，總是人滿為患大排長龍。

地址：宜蘭市泰山路 239-1 號
電話：039-324-293，03-9333580
營業時間：9:00am-6:00pm（賣完提早打烊）星期日及一休息
網頁：http://mahogahon.com.tw

INFO

宜蘭

宜蘭地道麵食 11
十六崁瓜仔雞麵

MAP 2-0A B1

宜蘭火車站乘的士車程約 9 分鐘

又是一家很不起眼的麵攤，不過它可是在宜蘭算是一家老字號的麵攤，很有名氣。小店著名的瓜仔雞肉麵，顧名思義利用瓜仔和雞肉熬製而成，肉質相當鬆軟，彷彿入口即化。另外餛飩乍看之下小小一個，不過其實它相當紮實，口感鮮美，真的很棒。

架上滿滿的小菜，都套上塑膠袋，事先做好的功夫，節省了外賣的時間。

地址：宜蘭市泰山路 239 之 3 號
電話：039-364-797
營業時間：10:30am-10:30pm (星期二、三休息)

INFO

MAP 2-0A B1

12 平凡中顯出非凡
30年老店檸檬愛玉

宜蘭火車站乘的士車程約 5 分鐘

所謂愛玉，其實是一種果類。台灣人喜愛把愛玉子製成膠質食品愛玉凍，再伴以檸檬成為廣受台灣人歡迎的飲料檸檬愛玉。檸檬愛玉到處皆有售，但這間就在瓜仔雞麵的隔壁的小檔攤卻大受歡迎，長期人頭湧湧。

地址：宜蘭市中山路三段 258 號
電話：039-358-698
營業時間：11:30am-4:30pm (星期二、三休息)

INFO

宜蘭市 羅東鎮 礁溪鄉 冬山鄉 員山鄉 頭城鎮 蘇澳 五結鄉 三星鄉 大同鄉 壯圍鄉

MAP 2-0A C2 13

最豪的晚餐

茶水巴黎

東門觀光夜市對面，宜蘭火車站向右走約 5 分鐘即達

宜蘭的消費和台北沒法比較，更不用説香港了。豪的晚餐，有五星級酒店的環境，同時有最高級的食材，如安格斯牛扒、龍蝦等，但價錢卻是平民價，晚餐只約NT599，已經是宜蘭縣數一數二最貴的餐價了，絕對物超所值，食物味道又好吃，環境又好，宜蘭的消費真令人羨慕。

前菜食物也用心製造，其中酥皮湯的酥皮做得一層層鮮明，入口仍香脆。

主菜大蝦雞扒不油膩，雞肉嫩口。

地址：宜蘭市宜興路一段 366 號
電話：(03) 935-5168　**收費**：約 NT599-799
營業時間：11:30am-2:30pm，5:30pm-10:00pm（星期三休息）
網頁：http://www.tea-paris.oom.tw/

INFO

14 河畔老道逛舊城

MAP 2-0A A1

鄂王社區

宜蘭火車站沿舊城北路走約 20 分鐘即達

宜蘭河東岸在古時是喚作「西門溝」，隨著周邊聚集起鄉民、市集和廟宇等，令舊城西路一帶變得熱鬧起來，更專名為「鄂王社區」。穿梭區內的老舊巷弄之中，不妨細看路上的紅磚牆、舊石道、潘宅、古井等，它們都帶著一個個充滿回憶的民間故事。尤其是採用傳統「燒畫磚」的技術繪製的水文圖壁畫，更是出自大師顏文伯的手筆，是旅客必爭的攝影場景之一。

地址：宜蘭市舊城西路 66 號
收費：免費參觀

INFO

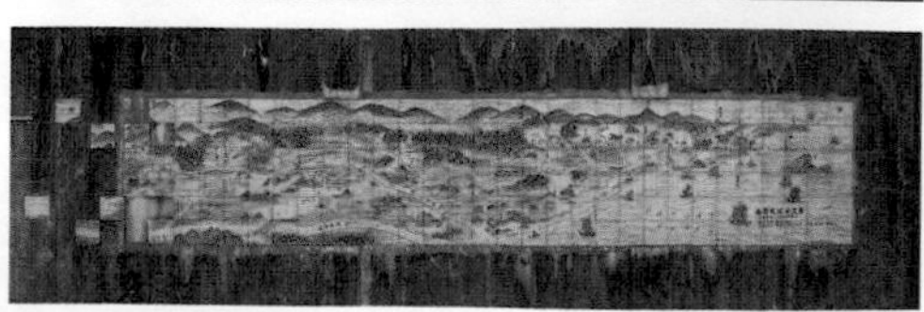

相片提供：黃鼎軒

MAP 2-0A C2

舊倉庫活化
行口文旅 ⑮

台鐵宜蘭火車站下車，步行至康樂路約 3 分鐘

融合當地元素與文創、咖啡店、書店結合，邀請stay旅人書店、好好咖啡HaoHaoKaffe等進駐，成為宜蘭第一間複合式的旅館，再以當地畫家盧紹華的作品設立「勁行文創」，透過畫筆將宜蘭的美紀錄下來，讓住客不僅可以看書、看畫認識宜蘭的小故事，也可以享受香濃的咖啡。住宿方面有一般房型及背包客床位，更貼心的提供女性限定旅艙，如果是一個人旅行，這裡絕對是首選。

地址：宜蘭市康樂路 14 號　**電話**：03-936-3610
房價：雙人房：平日 NT2,600 起 / 晚、假日 NT3,800 起 / 晚
背包客旅艙（單人床上下舖）：平日 NT760、假日 NT920
女性限定旅艙（單人床上下舖）：平日 NT780、假日 NT980
網站：www.hangkhauhotel.com

INFO

MAP 2-0A B3

發揚蘭陽地區的傳統工藝
宜蘭美術館 ⑯

台鐵宜蘭站步行約 10 分鐘

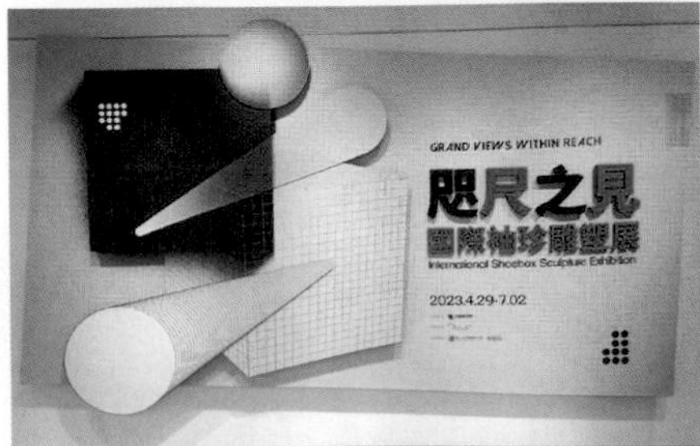

宜蘭美術館原址是台灣銀行宜蘭分行的舊行舍，建於1907年，是一座具有歷史價值的建築。美術館的展覽內容主要涵蓋「民藝之美」和「工藝創作」兩大面向，展示了宜蘭在地的文化特色和美學風格。它也定期舉辦不同主題的特展，邀請本土及外來的優秀藝術家來展出他們的作品。除了展覽之外，它還提供多元的教育活動，如導覽、座談、工作坊、親子活動等，讓民眾能夠更加認識和欣賞美術。

地址：宜蘭市中山路三段 1 號
電話：03-9369116　**費用**：門票 NT50
營業時間：9:00am-5:00pm，星期一休息
網頁：https://ymoa.e-land.gov.tw/

INFO

宜蘭市 羅東鎮 礁溪鄉 冬山鄉 員山鄉 頭城鎮 蘇澳 五結鄉 三星鄉 大同鄉 壯圍鄉

MAP 2-0A C3

17 小鎮意法料理
Le Temps 食光1998

宜蘭火車站步行 11 分鐘

宜蘭市地方不大，但飲食的選擇極廣。食膩了傳統菜，可品嚐Le Temps的意法料理。餐廳設於丟丟噹森林廣場後方，一幢兩層高有50年歷史的古宅內，外觀非常別緻。店主Candy在1998年開始熱愛法國美食，更曾在法國學藝。回台後她嘗試以意法式料理烹調方法，配合宜蘭豐富的食材，炮製色香味俱全的美食。

地址：宜蘭市中山路二段 187 巷 25 號
電話：03-931-1197
時間：11:30am-2:30pm，5:30 pm-9:00pm（星期三公休）
FB：https://www.facebook.com/letemps1998/

★INFO

MAP 2-0A A2

18 認識宜蘭歷史
宜蘭設治紀念館

宜蘭火車站轉乘「772」號巴士至新月廣場站下車步行 4 分鐘；或於宜蘭火車站步行約 12 分鐘即達

「宜蘭設治紀念館」建於1906年，佔地共800坪左右，建築所用的木材都是利用當時太平山的檜木，是一棟具歷史性，融合了日本房舍與西洋古典風格的建築，在日治時代這裡曾是宜蘭郡郡守的宿舍。紀念館陳列的一些舊資料主要也是涵蓋了三個時期的文物史料：第一是清朝的噶瑪蘭廳時代，第二是日治的宜蘭廳時代，第三則是光復後迄今的宜蘭縣時代。建築裡頭也擺滿了日據時代的一些文物和宜蘭發展迄今的歷史過程演變。

地址：宜蘭市舊城南路力行 3 巷 3 號
電話：03-9326664
營業時間：9:00am-5:00pm
（逢星期一、每月最後一天及除夕休館）
費用：全票 NT30、半票 NT15
網頁：memorial.e-land.gov.tw/Default.aspx

★INFO

古色古香 宜蘭文學館 19

宜蘭 MAP 2-0A A3

宜蘭設治紀念館旁

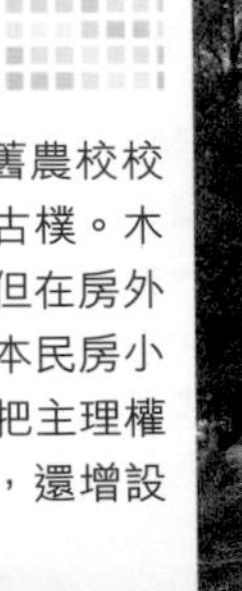

位於宜蘭設治紀念館旁的文學館，前身是舊農校校長宿舍。館外綠意盎然，使老房子顯得更幽靜古樸。木色的建築物雖然歷經時間洗禮添了些許斑駁，但在房外的雪白雅石步道配合下，使遊人儼如置身於日本民房小巷之中，充滿日系風情。另外，由於現時館方把主理權交給「九穀」，所以館內除了借閱文學書籍外，還增設餐飲服務，旅客大可點杯清涼飲品靜渡午後。

相片提供：黃鼎軒

地址：宜蘭市舊城南路縣府二巷 19 號
電話：03-9331162
營業時間：10:00am-6:00pm；逢星期一休館
收費：免費參觀；另設飲品服務 NT100 起

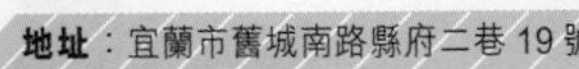

INFO

宜蘭河上天空步道 慶和橋津梅棧道 20

MAP 2-0A A1

台鐵宜蘭站步行約 20 分鐘

慶和橋津梅棧道是一條懸掛在宜蘭河上的人行步道。原來慶和橋最初只有行車道，居民過橋時往往要人車爭路，險象環生。2007年，知名建築師黃聲遠提出在橋的外側增加一條人行步道，稱為津梅棧道，大大節省了重建橋梁的成本和時間。津梅棧道長約300公尺、寬約2.5公尺的木製步道，由鋼架支撐。步道上有許多綠色的盆栽和健身器材，讓人們可以在走路或騎車的同時，享受大自然的氣息和運動的樂趣，感覺像是漂浮在河上的天空步道。

地址：宜蘭縣宜蘭市同慶街 95 號 **收費**：免費參觀
網頁：http://www.fieldoffice-architects.com/jin-mei-pedestrian-bridge-across-yilan-river/

INFO

理髮新體驗 MAP 2-0B

父刻理髮廳 21

台鐵宜蘭站步行約 10 分鐘

父刻理髮廳位於宜蘭市中心一幢三層，有接近50年歷史的老房子。老闆智凱三代都是理髮師。他唸物理系出身，後來更考上研究所，亦曾任工程師，最後卻選擇回鄉承繼父業，店舖取名為「父刻」，寓意著對父親的敬意和對剪髮藝術的熱情。現時理髮廳的規劃一樓為咖啡廳和櫃檯，二樓是理髮區，三樓是小朋友的遊戲區。客人來剪髮，都可以獲贈一杯免費的手沖黑咖啡。店內亦放置了許多店主多年來從台灣及各地收集回來的舊物，就像他的私人博物館一樣。

地址：宜蘭縣宜蘭市中山路二段 278 號 INFO
電話：03-9353363
營業時間：10:00am-8:00pm，星期日、一休息

好山好水產好酒 22

宜蘭酒廠 MAP 2-0A A2

宜蘭火車站轉乘「1751」號巴士至泰山路站下車步行 4 分鐘；或於宜蘭火車站步行約 13 分鐘即達

「酒銀行」裡頭擺放著客人們存放在此的大大小小瓶裝酒。

宜蘭酒廠是全台最老的酒廠，在1909年的時候就已創立，至今也有100多年的歷史了。因為宜蘭的好山好水，再加上清澈無污染的水資源，所釀造出的酒製品，讓喝過的遊客們無不回味無窮、讚美不已。這裡還保留了許多日治時代的老式建築，甚至還有展示各種古代製酒的器具，猶如讓人進入一個歷史的空間。

精緻的金箔酒包裝，金光閃閃、絢爛璀璨非常的吸引人，送禮自用兩相宜。

由一百多個酒甕所堆砌而成的甕牆，代表著綿延不絕，生生不息的流水。

地址：宜蘭市舊城西路 3 號 **電話**：03-9355526#461
營業時間：8:30pm-5:00pm，假日至 5:30pm
收費：免費 **網頁**：https://event.ttl.com.tw/yl/ INFO

MAP 2-0A C1 23

古宅打邊爐
六號糧倉精緻鍋物

宜蘭火車站沿新民路和北橫公路走約 8 分鐘即達

60多年前的六號糧倉是一個放稻米的地方，面積佔地90坪，建於1954年，現已變成了火鍋專門店。六號糧倉有六種湯底可以選擇，包括菌菇鮮蔬、柴魚昆布、藥膳養生湯、牛奶味噌湯、麻辣雙椒湯及菓風敬妻湯等。無論蔬菜、肉類與海鮮，都是最新鮮出品，而且份量超大，以吃到飽形式，由NT588-688不等，最啱大胃王火鍋精。

地址：宜蘭市小東路 6-1 號　**電話**：039-369-977
營業時間：11:00am-3:00pm，5:00 pm-10:00pm，星期六及日 11:30am-10:30pm
收費：免費參觀
網頁：https://www.facebook.com/since201703/

★INFO

MAP 2-0A B2

街坊必推小食
24 信利號貓耳朵

宜蘭火車站沿新民路走約 15 分鐘即達

在宜蘭有一種知名的民間小食叫貓耳朵。它並非真正的貓耳，而是一種薯粉製的水晶餃，內裡包了豬肉、蝦米及蔥油，口感Q軟。透明的三角外型讓它看起來像是貓咪耳朵，莫名可愛。堂食可選配湯或米粉，還可加配魚丸，價格均一NT50。由於湯頭較清淡，建議可加入店家提供的烏醋或胡椒粉來提味，風味更佳。

地址：宜蘭市文昌路 8 號
電話：03-9331702
營業時間：9:00am-4:00pm（星期一休息）
收費：貓耳朵米線 NT50

★INFO

MAP 2-0B 25

老屋裡當文青
光宅238

宜蘭火車站沿民族路走約 22 分鐘即達

由老房子改建成咖啡店的光宅238，空間雖小卻滿溢藝文氣息，店家特意放了很多在地設計師的寄賣作品，把樓上用餐區渲染成一個藝術創作天地。光宅238主要提供早午餐、咖啡、花草茶及手工點心，就連菜名也有加以巧思，例如Hi MORNING、嚐腸培伴(常常陪伴)、我單身，蛋不寂寞、花生奇雞(發生奇蹟)等，無一不搞笑逗趣。

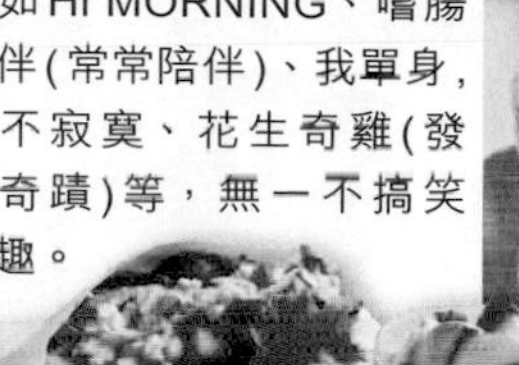

地址：宜蘭市文化里宜中路 238 號　**電話**：03-9311238
營業時間：11:30am-5:00pm　**網頁**：www.facebook.com/optimism238

INFO

26 MAP 2-0B

愈食愈上癮
正好鮮肉小籠包

宜蘭火車站轉搭「772」號巴士至新月廣場站步行 7 分鐘 / 宜蘭火車站步行約 15 分鐘即達

最早以「正常鮮肉小籠包」一名發跡的店主，因為不幸被親人搶先註冊該名，最後才更名為「正好鮮肉小籠包」，名字雖變但味道一如既往。由於小小籠包都是現場即做即蒸，所以店前總是聚滿等候的人潮。堂食的朋友記得先向店員確認等候時間，再點餐、付款及取號碼牌，然後找個位置坐下來等待新鮮的小籠包出籠。雖然每次都要等上數十分鐘才等到，但正好的小籠包卻是出了名的皮薄餡靚，愈食愈過癮。

地址：宜蘭市泰山路 25 號
電話：03- 9325641
營業時間：10:00am-3:00pm
收費：一籠 10 粒 NT100
網頁：https://www.facebook.com/gogogoeateat/

INFO

宜蘭第一燒餅 MAP 2-0B
三合蔬食 27

宜蘭火車站步行約 18 分鐘即達

三合蔬食出品的宜蘭燒餅用的是當地有名的三星蔥，配合山東式的傳統炭烤製法，餅皮金黃酥脆，極為鹹香可口。三合蔬食已變成宜蘭第一燒餅品牌，也是旅客爭相選購的手信之一。除了傳統的蔥香、黑芝麻、花生外，還出了黑糖、香椿與辣椒香菇、黑胡椒香菇等新口味，又改用密實袋包裝以提升保鮮度，方便攜帶。

INFO

地址：宜蘭市泰山路 71 號
電話：03-9322851
營業時間：9:30am-8:30pm
收費：小燒包 (5 片裝)NT55、伴手盒 (8 片裝)NT140
網頁：www.sunhopeveg.com.tw

好味到上癮 28
上癮滷味 MAP 2-0B

台鐵宜蘭站步行約 11 分鐘

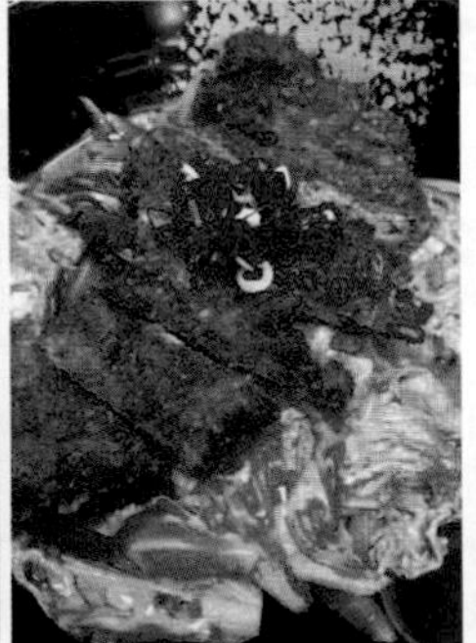

上癮滷味除了因為出品好味道令人上癮外，原來店主也曾在上引水產工作，所以店名也取其諧音。店內的滷味採用多達二十幾種中藥材配方滷製，強調健康養生，湯頭清爽不死鹹，食材新鮮入味。店內有熱滷、冰滷和三杯滷三種方式，可以滿足不同的口味和需求。除了滷味外，店內還有提供各種丼飯，如鮮嫩雞腿排丼飯、照燒雞肉丼飯、咖哩豬排丼飯等；更設有咖啡廳，提供咖啡、茶、果汁、甜點等飲品和小吃，讓客人可以在享受滷味的同時，也品嚐到咖啡的香氣。

地址：宜蘭市校舍路 20 號 **電話**：03-938-41591
營業時間：4:00pm-9:30pm，星期日公休

INFO

蘭陽原創館 29 MAP 2-0A B3

蘭陽原創館

台鐵宜蘭站步行約 10 分鐘

蘭陽原創館由宜蘭縣政府舊員工宿舍群改建而成的，保留了歷史建築的風貌，也展現了原住民族的藝術和生活美學。該館的主要目標是以原住民族文化為核心，結合親子、藝術、創意三大元素。園區內有多達九棟歷史建物，每棟建物都有不同的功能和特色。如「原民生活體驗館」，展示了原住民族的生活用品和傳統工藝；「原民市集館」，販售了許多原民部落的農產、美食、文創等商品，讓人能夠在欣賞原民藝術的同時，也感受到原民生活的溫度。

INFO

地址：宜蘭市中山路二段 430 巷 1 號
電話：039-360-098 **營業時間**：10:00am-6:00pm
網頁：https://www.yllanstyle.com.tw/

四季有冰食 MAP 2-0A C2

冰島雪花妹 30

台鐵宜蘭站步行約 3 分鐘

雪花妹一名，據説是來自老闆女兒的小名。該店的冰品採用了講究的食材，如宜蘭在地的花生、新鮮的水果、日本進口的抹茶等。他們的雪花冰是用特殊的機器將牛奶或果汁凍成一塊塊，再刨成細細的片狀，口感綿密而不會化水。他們還有提供各種創意的配料，如黑砂糖、桂圓、梅子、李鹽等，讓客人可以自由搭配自己喜歡的味道。除了雪花冰外，店內還有提供其他冰品，如木瓜牛奶、剉冰、古早味冰等。

INFO

地址：宜蘭市宜興路一段 332 號
電話：039-356-137 **營業時間**：11:00am-11:00pm

創意 No Menu Diet
青山食藝料理 31

MAP 2-0B

宜蘭火車站乘的士約 15 分鐘即達

以無菜單料理打響名氣的青山食藝料理，採用預約制，所以旅客在前往之前記得先致電訂位以免撲空。青山食藝的無菜單套餐包括沙律、刺身、前菜、海鮮鍋、主菜、甜品及飲品等，食材豐富且煮法新穎，喜歡創意料理的朋友不容錯過。在點餐時，店員會先詢問食材喜好，再交由廚師作調整安排，非常人性化。

INFO

地址：宜蘭市宜中路 21 號
電話：039-331-900
營業時間：11:30am-3:00pm，5:00pm-10:00pm
網頁：www.facebook.com/ching.shan.il

MAP 2-0A B2 32

早起的鳥兒有餅吃
老元香本行

宜蘭火車站沿康樂路走約 10 分鐘即達

在宜蘭最常買的手信便是牛舌餅，尤其是這家位於康樂路的老元香本行，他們賣的牛舌餅深受居民愛戴。老元香的店面雖然質樸，而且只單賣原味的牛舌餅，不過其薄脆香口之餘，更有種入口即溶的感覺。不同於其他餅店，老元香堅持純手工製作，每日生產量有限，所以欲一試「牛舌」滋味的朋友要盡早去買啦！

地址：宜蘭市康樂路 158 號
電話：039-324-370
營業時間：8:00am-5:00pm；逢星期日休息
收費：一包 10 片裝 NT60

INFO

宜蘭市 羅東鎮 礁溪鄉 冬山鄉 員山鄉 頭城鎮 蘇澳 五結鄉 三星鄉 大同鄉 壯圍鄉

BB版豬肉鬆？33

三源行 MAP 2-0A B2

宜蘭火車站沿康樂路走約 10 分鐘即達

在老元香附近還有一家叫三源行的特產店，店內賣的種類非常多，除了蘭陽三寶的鴨賞、膽肝及蜜餞外，還有豬肉乾、肉紙、魷魚絲、豬肉酥(鬆)、臘味等，當中最為熱賣的便是豬肉酥(鬆)。白粥配肉鬆是台灣人從小吃到大的早餐孖寶，餐檯上總少不了它。而三源行的豬肉酥有原味、海苔味外，還有稍微健康一點、甜一點的少油嬰兒版賣，就連當地人都常常幫趁。

地址：宜蘭市昇平街 46 號
電話：03-9323759
營業時間：7:00am-7:30pm
收費：鴨賞每斤 NT380、膽肝每 600 公克 NT360、豬肉酥 NT100 起
網頁：https://www.sunyuan1936.com/

INFO

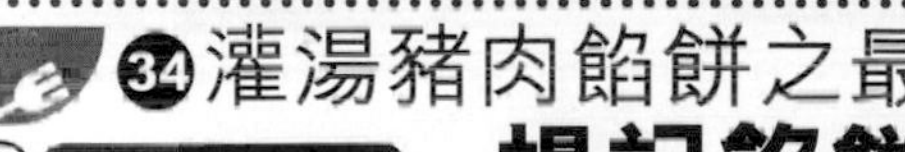

34 灌湯豬肉餡餅之最

楊記餡餅 MAP 2-0A A1

宜蘭火車站沿康樂路走約 15 分鐘即達

別看楊記餡餅的店面較為簡陋，他們家的餡餅可是家傳戶曉。每日手工現做的餡餅有甜食的紅豆餡，以及鹹香的牛與豬肉餡可供選擇。當中以豬與牛肉餡餅較受當地居民歡迎。餡餅外皮焦脆，肉質鮮嫩，咬下去時更有香濃湯汁溢出，所以食用時要小心燙到嘴。另外，放滿了三星蔥的牛肉捲餅也是推薦小食之一，口感獨特。

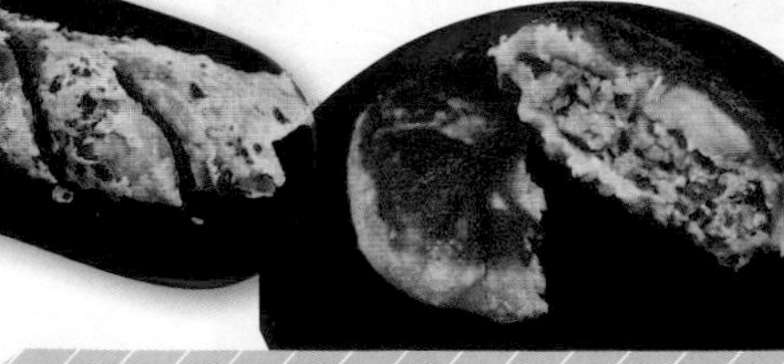

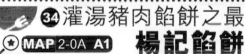

地址：宜蘭市舊城西路 71 之 2 號 **電話**：03-9355836
營業時間：9:00am-7:00pm，星期六 11:00am-7:00pm，逢星期一休息

INFO

MAP 2-0A C2 35

人氣日系刨冰
小龜有 kaki gori 店

宜蘭火車站步行約 5 分鐘

kaki gori就是日文刨冰的意思。小龜有老闆自小熱愛日本文化，更鍾情京都的氛圍，所以創業便順理成章以京都的抹茶甜品為主打。小店的門面雖然不甚顯眼，店內卻展示了老闆由日本收集回來的玩具舊物。人氣甜品有薏仁湯及抹茶刨冰，薏仁湯堅持長時間熬煮，不勾芡，只添加少許冰糖，而抹茶則採用京都小山園抹茶粉，確保味道正宗。食肆更會定時推出不同口味的刨冰，由造型到味道都充滿創意，令小店成為打卡熱點。

檸檬乳酪芒果刨冰

京都抹茶小拿鐵

地址：宜蘭市康樂路 29 號
電話：03-932-7335
營業時間：11:30am-6:00pm，星期三休息
網頁：https://www.facebook.com/furusatogori/

INFO

小山園抹茶凍

MAP 2-0B 36

阿爺廚房
馬桂爺爺

宜蘭火車站步行約 15 分鐘

馬桂爺爺設於宜蘭市中華路住宅區的小巷裡，因為早年這裡家家戶戶都種桂花樹，加上店主姓馬，而店主的爺爺剛好又叫馬桂，所以店名便因此誕生。食店主打咖喱，款式只有醬燒豬肉、嫩煎雞肉和綜合三種，可惜每天只限量供應40份，遲來隨時向隅。這裡的咖喱價錢超平，但製作一點都不馬虎，白飯漂亮地裹在雞蛋裡，無論雞肉或豬肉都煎得嫩滑，配上濃厚的咖哩，CP值簡直爆燈，只有如爺爺般的慈祥，才會提供這樣質素的廉價美食。

地址：宜蘭市中華路 41 巷 3 號
時間：11:30am-1:30pm，5:00pm-7:00pm（星期二、三休息）
FB：https://www.facebook.com/MQGrandpapa/

INFO

送你一片綠 MAP 2-0B
綠海咖啡 37

宜蘭火車站步行約 15 分鐘

綠海咖啡是一家充滿童話色彩的咖啡館，布置採用南洋風格，家具及裝飾以木材為主，配合一片翠綠的小庭園，令人心曠神怡。咖啡館內部寬敞，出品的食物賣相精緻，而且是寵物友善的餐廳，所以一家大細連同毛小孩們一起開餐也沒問題。除了一般咖啡館提供的咖啡意粉得輕食，這裡連火鍋也有提供，牛奶鍋更附上一只牛奶白熊冰磚，而咖哩飯中的白飯也化身成可愛的白熊泡在咖哩溫泉中，非常有創意。

INFO

地址：宜蘭市女中路三段 293 號
電話：03-9367-8684
時間：11:30am-3:00pm、5:00pm-9:00pm
FB：https://facebook.com/greenoceancafe/

櫻桃鴨料理 38 MAP 2-0A A3
紅樓

宜蘭火車站步行約 12 分鐘

蘭城晶英酒店內的紅樓中餐廳，主打菜式櫻桃鴨曾榮獲「台灣十大讓人流口水的烤鴨」票選第一名。所謂櫻桃鴨，其實與櫻桃無關，只因該鴨的鴨種來自英國櫻桃谷而得名。櫻桃鴨目前主要在宜蘭三星鄉大量飼養，該地好山好水，令鴨子肉質特別鮮嫩，油脂也很豐富。廚師創作出多種櫻桃鴨的吃法，除了傳統的片皮鴨捲三星蔥餅，最特別的是櫻桃鴨握壽司，吃法刁鑽，有機會一定要品嚐。

地址：宜蘭市民權路二段 36 號 6 樓
電話：03-910-1011
營業時間：11:00am-9:00pm

INFO

紅樓特製蔥油餅，鴨肉片包着三星蔥及特製辣味噌。

櫻桃鴨握壽司在鴨皮和飯間加了起司，非常具創意的食法。

蘭城晶英烤鴨

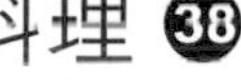

01.藝境空間	3-1	12.上品佑食堂	3-7
02.羅東文化工場	3-1	13.林場肉焿	3-8
03.羅東夜市	3-2	14.握咖啡	3-8
04.羅東天主教堂	3-3	15.Amy's Café	3-9
05.林業文化園區	3-4	16.廟口嗖咕麵	3-9
06.羅東運動公園	3-4	17.山喜和食	3-10
07.客人城傳統養生食坊	3-5	18.台鐵便當本舖	3-10
08.蘭陽香辣麵	3-5	19.飲廊入室	3-11
09.貓咖飛	3-6	20.貓的生活提案	3-11
10.羅東肉焿番	3-6	21.小林冰室	3-12
11.駿懷舊餐廳	3-7	22.羅莊櫻花步道	3-12

樹木的回憶
藝境空間

MAP 3-0 C3

01

台鐵羅東站步行約 3 分鐘

藝境空間是羅東鎮最新的公共藝術空間，外觀宛若日式建築，另一半是植物細胞形狀的牆面。據設計者薛宏彬介紹，他是從羅東繁華的林業記憶中發想，回歸樹木最初的形式「植物細胞」為設計概念，並且運用漂流木、舊木及疏林木集成材進行創作，表達對環境永續經營的理念。藝境空間除了是一間咖啡廳之外，也是一個多功能的文化空間，在假日不時舉辦各種藝文表演、音樂會、詩歌朗讀等活動，讓客人在享受美食和飲品的同時，也能欣賞到不同風格的藝術表演。

INFO

地址：羅東鎮公正路 199-1 號
電話：03-956-0898 **營業時間**：7:00am-6:00pm
網頁：https://www.facebook.com/artejing/

UFO 建築
羅東文化工場

MAP 3-0 C4

02

羅東火車站乘的士約 10 分鐘

位於羅東純精路上，就可以看見文化工場這座貌似《天煞 • 地球反擊戰》的UFO建築，讓充滿鄉土氣息的宜蘭，帶來了截然不同的科幻感受。文化工場最矚目的，當然是淨高約18公尺的大型棚架。這裡打造完成後，便馬上成為第49屆金馬獎(2012年)頒獎場地，認真威威。文化工場一、二樓都是做為展覽之用，二樓除了展覽空間，也設有空中走廊，讓遊客觀賞附近的風景。廣場的四周有草地、小河和樹木，看完展覽，靜靜的遊逛也寫意非常。

地址：羅東鎮純精路一段 96 號
電話：039-577-440
營業時間：9:00 am-5:00pm
（每星期及每月最後一日休息）
網頁：https://lcwh.e-land.gov.tw/Default.aspx

INFO

2012年的金馬獎不但在宜蘭舉行，更找來宜蘭人幾米繪畫海報(網上圖片)。

宜蘭第一夜市

羅東夜市 03

MAP 3-0 D3

羅東火車站步行約 5 分鐘即達

作為全台灣票選十大夜市之一的羅東夜市，是體現宜蘭飲食文化的好去處。夜市內的小吃店櫛比鱗次，包心粉圓、龍鳳腿、當歸羊肉湯、卜肉等地道特色小吃應有盡有，而且價錢較台北士林夜市便宜一倍呢！

地址：羅東鎮中山公園一帶（興東路、民生路、公園路、民權路）

營業時間：約 5:00pm-12:00mn（平日）；周末及假日延長營業至 2:00am

INFO

夜市推介

赤炸12盎司雞排：被眾多媒體採訪過、羅東夜市中的人氣炸物店，也是其品牌在台始創店，雞排標榜足12盎司（340克）；此外還有三杯雞、去骨牛小排、雞腿軟骨、豆乳小雞腿等新口味。 **地址**：羅東夜市1107號攤

營業時間：4:00pm-12:00mn

堂薯薯臭薯條：

其實就是臭豆腐切成長條狀，金黃外層內裡是軟滑雪白的豆腐，再淋上芝士醬，外脆內軟，旁邊有酸辣的泡菜拌吃，解膩效果超好。

地址：羅東夜市 1085 號攤

FB：https://www.facebook.com/www.smellyfries.com.tw/

阿公仔龍鳳腿．春捲：

椰菜混和魚漿及麵粉製成餡料，捲上豬腸衣後油炸，表面會呈現如「龍鱗鳳羽」的紋路。咬下去鬆脆多汁而不太油膩。

地址：

興東路與民生路交界

（「全家便利店」前面）

《命中注定我愛你》浪漫場景

MAP 3-0 C3

04 羅東天主教堂

羅東火車站乘的士約 10 分鐘

位於羅東的天主教堂，又稱「聖母升天堂」，建於1958年，也是羅東地區第一座及規模最大的天主教堂。因為偶像劇《命中注定我愛你》來取景，令更多人認識這座美麗的建築。教堂以哥德式建築，屋頂採尖塔式造型設計，有濃厚的歐洲建築色彩。此教堂雖被納入宜蘭縣立古蹟之一，但還是供信徒使用，所以參觀時當盡量保持安靜。

天花板的三角挑高設計，減少室內空間的壓迫感。

地址：羅東鎮北成路一段 20 號

INFO

牆上的彩繪圖形，讓教堂內部多增添了幾分絢麗繽紛的色彩。

宜蘭

日治時期的貯木池 林業文化園區 05

MAP 3-0 D2

羅東火車站乘的士約 10 分鐘即達

50年代用以運送木材的老式蒸氣火車。
相片提供：黃鼎軒

地址：羅東鎮中正北路 118 號
營業時間：8:00am-5:00pm
收費：免費
網頁：https://luodong.forest.gov.tw/0000351

INFO

前身為日治時期羅東出張所及貯木池舊址。園區佔地約20公頃，建有自然生態池（貯木池）、水生植物池、水生植物展示區（培育荷花、穗花棋盤腳、睡蓮等數十種水生植物）、運材蒸汽火車頭展示區、森林鐵路、臨水木棧道等。義美食品更進駐園區內「森藝館」，將老屋活化再利用，販售茶飲咖啡、輕食點心、伴手禮及木藝文創商品。

MAP 3-0 A2

06 宜蘭縣公園代表 羅東運動公園

羅東火車站乘的士約 10 分鐘即達

公園佔地46.8公頃，有著各種主要景觀，地形景觀、水流景觀、森林植栽等都令人目不暇給。園內建築特別採用中日兩種設計風格，日本庭園的小橋流水之美加上中國式的五行觀念，在公園內高處，更可按照方向指引，眺望宜蘭四周山岳，包括：太平山、南湖大山、烘爐山、紅柴林山等。

相片提供：黃鼎軒

羅東運動公園是宜蘭縣「翡翠項鍊」環境綠化主題之一，公園打造得美不勝收。

地址：宜蘭縣羅東鎮公正路 666 號
營業時間：全日
收費：免費

INFO

MAP 3-0 A2 

復古養生菜
客人城傳統養生食坊

羅東火車站乘的士約 15 分鐘

客人城老闆陳國章先生曾經是餐廳的廚師，某一年忽然間對料理感到乏味，後來到阿公的家(客人城現址)，忽然有個靈感，用八萬多塊的紅磚將這裡改造成現貌。整個建築仿造古時的建造，屋內使用復古的灶、水缸、石磨、木椅條、廚櫃、桌罩等等。更特別是用餐時段，只接一輪的客人，讓客人可慢慢吃飯，不要去趕時間，好好吃頓飯。

四周紅磚牆，長長的木桌板凳，木製簡單式擺櫃，彷似時光倒流。

柴燒東坡肉

地址：羅東鎮北成路二段 219 巷 53 號
電話：039-613-613
營業時間：午餐 11:30am-2:00pm，
晚餐 5:30pm-9:00pm (星期一、二、三公休)
網頁：http://guestcity.hotweb.com.tw/

INFO

以辣馳名
蘭陽香辣麵

MAP 3-0 D2 

羅東火車站乘的士約 5 分鐘

位於羅東國中附近中華路上的蘭陽香辣麵，因為《食尚玩家》曾經介紹而聲名大噪。這裡雖然有其他選擇，但香辣麵和炸醬麵才是這裡的招牌。店內的辣醬由老闆自行配製，除了辣椒粉，還加入干貝醬作搭配，如果選擇小辣，更會有偏甜的味道，極適合怕辣又想嘗一下箇中刺激的客人。

地址：羅東鎮中華路 91 號
電話：03-9532-747
營業時間：11:00am-6:30pm，
星期三休息

INFO

宜蘭

貓奴天國 貓咖飛 09

MAP 3-0 B3

台鐵羅東車站乘的士約 10 分鐘

貓咖飛的老闆是一位愛貓人士，為了有更多時間陪伴貓咪們，開了這間咖啡館。貓咖飛裡面有很多可愛的貓咪擺設和抱枕，牆壁上也有貓咪的圖案和物品。貓咖飛的貓咪們都很親人，可以跟他們玩耍和拍照，但要對貓咪友善。貓咖飛除了提供飲品，也有三文治、鬆餅等輕食。這裡還有提供寵物寄宿和到府餵養的服務，讓需要出門的貓主人可以放心交付他們的愛貓。

INFO

地址：羅東鎮光華街 12-4 號
電話：039510566
營業時間：12:00nn-5:00pm，星期六日至 6:00pm，星期三四休息
收費：免費入場，每人最低消費 NT150，四歲或以下恕不招待

MAP 3-0 C3

平食國宴菜式 羅東肉焿番 10

羅東火車站乘的士約 5 分鐘

難得來到宜蘭旅行，絕對不能錯過只此一間的地道小吃店「羅東肉焿番」。此店有40多年歷史，其著名肉卷雖然不用港幣10元，但是來頭十足，屬國宴菜式之一，而且份量十足，一客已夠2至3人享用。除肉卷外，肉焿和魯肉飯也是必點菜式，這裡的豬肉格外香滑，全因為賣得快，品質自然新鮮。若是假日到訪，準備排隊等位。

肉卷（前）、魯肉飯（中）、肉焿（後）
街坊通常都會點選以上3個菜式，稱為一個餐，份量頗多，一個人未必能吃光。

地址：羅東鎮民權路 185 之 1 號
營業時間：9:30am-2:30pm
電話：03-954-0262 **收費**：NT100
網頁：http://www.logenfine.com.tw/

INFO

時光倒流 11 MAP 3-0 C4
宜蘭羅東駿懷舊餐廳

台鐵羅東站步乘的士約 10 分鐘

宜蘭羅東駿懷舊餐廳是一家以1940-1970年代為背景主題的復古餐廳，位於羅東文化工場附近。店內的裝潢、桌椅、配件都呈現出濃濃的懷舊風情，讓人彷彿回到了過去的時光。店內有超過100道宜蘭菜、台式快炒、客家小吃等特色美食，其中最招牌的是黑嚕嚕（肉燥炒皮蛋）及XO油條鮮蚵，都是經典懷舊菜。除了美食之外，餐廳還有一間小小的柑仔店，裡面滿滿的古早味零食，讓人想起童年的點點滴滴。

地址：羅東鎮純精路一段 53 號
電話：03-961-5168
營業時間：11:00am2:00pm、5:00pm-10:00pm
網頁：http://www.eland-chun.com.tw/

INFO

MAP 3-0 C1
平價美食上品佑食堂 12

炸蛋魯肉飯。

台鐵羅東站乘的士約 6 分鐘

這裡主要提供各種道地的台灣小吃，如炸蛋魯肉飯、炸蛋豬排飯、油潑辣子麵、米苔目、客家湯圓等，每種都是NT50-100之間，價錢非常親民。餐廳還有提供多種開胃的小菜，如蒜泥白肉、紅油抄手、醋溜黑木耳等，都是用心製作的佳餚。另外，上品佑食堂還有提供自製的洛神花茶和古早味奶茶，都是NT20，非常適合搭配鹹香的小吃。

客家湯圓。

油潑辣子麵。

INFO

地址：羅東鎮復興路二段 111 號
電話：0-3955-0134　**營業時間**：11:00am-7:30pm，星期四休息

宜蘭

羅東美食首選 13 林場肉焿

MAP 3-0 D2

羅東火車站乘的士約 10 分鐘即達

在羅東林業文化園區對面的林場肉焿，是羅東人必推的在地小食！店前總是食客不斷，可單點肉焿湯，亦可另添麵、米粉、飯和碗粿等，配搭頗多。當中以碗粿人氣最旺，很早便已售完！林場的肉焿選用爽口的黑豬肉，並以獨門秘方醃製，所以肉質嫩滑又彈牙，而焿湯則因為加入魚漿，令其色澤變得光滑，看起來更色香俱全。

地址：羅東鎮中正北路 109 號
電話：03-9552736
營業時間：7:00am-5:30pm，星期三休息

INFO

世界冠軍級咖啡 14 握咖啡

MAP 3-0 D1

台鐵羅東車站乘的士約 5 分鐘

頂著2014年WCE世界盃烘豆大賽冠軍的銜頭，賴昱權繼新竹與高雄開店後，終於回到家鄉宜蘭開新店。選址在羅東純精路的路上，既不是主要商店區，又不是舊城老街，生意竟然好到門庭若市，皆因新店設SCAA（美國精選咖啡協會）實驗教室，經常舉辦活動，更有讓客人自己動手的拉霸機。店內除了提供一般南美、肯雅咖啡，還有台灣阿里山單品咖啡，磨粉後和沖泡前會讓客人聞香，端上桌也會分瓷杯與高腳杯兩種專業喝法，品嚐以不同容器形成不同溫度的咖啡香。

店三樓設SCAA（美國精選咖啡協會）咖啡教室。

有讓客人自己動手的拉霸機，教你煮一杯自己專屬的咖啡。

INFO

地址：羅東鎮純精路三段 453 號
電話：03-953-2377
營業時間：9:00am-6:00pm
網頁：www.facebook.com/ohcafeilan/?fref=ts

MAP 3-0 C3 15

人氣NO.1手工甜品店

Amy's Cafe

羅東火車站乘的士車程約 8 分鐘

大行溫馨風的Amy's Cafē，令人念念不忘的不是咖啡，反而是日日新鮮手作的蛋糕甜點，好吃的程度讓人驚艷。經典的美式布朗尼、黃檸檬蛋白批、太妃核桃派和招牌蘋果批，都是店內熱賣的餐點。店內還有每日限量發售的特色蛋點，日日款式不同，令人滿心好奇，也能為常客及甜品發燒友增添新鮮感呢！

INFO

地址：羅東鎮中山路 4 段 82 號
電話：039-511-826
營業時間：11:00am-6:30pm(星期一公休)
網頁：www.facebook.com/amyscafebakery

等到打瞌睡

MAP 3-0 D3

羅東帝爺廟口嗄咕麵 16

台鐵羅東站步行約 10 分鐘

乾麵。

魚丸湯。

餛飩湯。

這家麵店的歷史可以追溯到民國47年(1958年)，當時是在羅東帝爺廟邊的矮平房開始賣乾麵，後因為生意太好，客人都要排隊等很久才入座，有時候甚至會等到打瞌睡，所以就被戲稱為「嗄咕麵」，嗄咕是台語的打瞌睡。乾麵一碗NT35(小碗)或(NT55)碗，內裡只有白麵條和一些油蔥酥，但吃起來卻是香氣四溢，麵條彈牙有嚼勁。嫌不夠重味道可以自行加上辣椒醬和烏醋，讓乾麵更加開胃刺激。除了乾麵，這裡的餛飩及魚丸湯都很出色，定必要一嚐。

INFO

地址：宜蘭縣羅東鎮中山路三段 242 號 **電話**：039-561-206
營業時間：9:30am-6:30pm，星期二休息 **網頁**：http://www.duku.com.tw/

抵食日式料理 17
山喜和食

MAP 3-0 D3

台鐵羅東站步行約 5 分鐘

山喜和食就在羅東車站附近，交通非常方便。該店提供各種美味的定食和丼飯，以及不定期的野生鮮魚定食。餐廳環境乾淨明亮，簡約溫馨；料理使用新鮮的食材現點現做，保證每一道菜都香氣四溢，份量十足，而且價位亦非常合理，一份定食或丼飯大約在NT300左右，而野生鮮魚定食則視當日漁獲而定。餐廳還提供免費續的麥茶、白飯和湯，以及飯後解膩的梅醋和甜點，非常貼心。

INFO

地址：羅東鎮民生東路 12 號
電話：03-9556066
營業時間：11:30am-2:00pm、5:00pm-8:00pm，星期三休息
網頁：https://www.facebook.com/shanxi9556066/

賣便當的火車？
台鐵便當本舖 18

MAP 3-0 E3

羅東火車站

一出羅東火車站大堂，便能看到一輛普悠瑪列車的車頭在車站二樓出現。實際上，「普悠瑪」的真面目就是台鐵便當本舖，旅客可在此購買台鐵便當，也能走入車內參觀及選購紀念品。店內還設有一組普悠瑪列車的原廠桌椅，鐵道迷絕對不容錯過拍照的好機會呢！每到11:00-13:00，以及5:00pm-7:00pm兩個時段，店內便會分別出售台鐵冠軍排骨便當和花蓮特蔬便當。

地址：羅東鎮羅東火車站二樓
營業時間：11:00am-7:00pm

INFO

宜蘭市 羅東鎮 礁溪鄉 冬山鄉 員山鄉 頭城鎮 蘇澳 五結鄉 三星鄉 大同鄉 壯圍鄉

一味好色 MAP 3-0 D3
飲廊入室 19

羅東火車站步行約 5 分鐘

因為覺得羅東沒有合心意的酒吧，店主銘麟決定以個人喜好打造出理想店鋪。飲廊入室結合了餐館、Cafe與酒吧，可算是全功能的飲食場所。食物以輕食為主，卻加入宜蘭著名的地道食材，例如「金沙蒜苗鴨賞義大利麵」、「三星蔥蔗燻臘肉義大利麵」等。此外餐廳又提供賣相精緻的法式甜點及果汁飲品，無論顏色與味道都令人難以抗拒。啤酒方面，這裡提供6款精釀啤酒及多種以啤酒調校的雞尾酒，而且營業至午夜，是羅東把酒言笑的好地方。

地址：羅東鎮中正路 173 號
電話：03-955-8165
時間：11:00am-3:30pm，5:00pm-9:00pm（星期五、日不設晚市）；星期六 11:00am-9:30pm
FB：https://www.facebook.com/Corridoryilan/photos

INFO

七彩繽紛的飲品特別受女生們歡迎。

親子鴨賞飯糰套餐，可愛之餘又充滿古早風味。

貓貓陪你開餐 MAP 3-0 D3 20
貓的生活提案

羅東火車站步行約 5 分鐘

近年寵物餐廳蔚然成風，難得羅東也有其貓踪出現，「貓的生活提案」正是開宗明義主打一眾貓奴。食肆樓高兩層，地下是尋常的cafe，二樓才是貓迷天堂。店主的幾隻愛貓不單肯「紆尊降貴」陪食陪玩，更不吝嗇擺出不同pose任影任拍。雖然店內有這幾位主角坐鎮已夠吸引，但食物的水準絕不馬虎。除了賣相夠萌，也會採用宜蘭當地食材，例如以著名的鴨賞作飯糰，配以咸蛋黃及瓜仔脯，既可愛又帶點古早風，切合鄉鎮情懷。

INFO

地址：羅東鎮公正街 32 號
電話：03-955-1766
時間：11:30am-6:00pm（星期二休息）
FB：https://www.facebook.com/catsdayloudong/

抹茶咖啡拿鐵，這裡的咖啡同樣水準極高。

真材實料 小林冰室

21

羅東火車站乘的士約 5 分鐘

小林冰室設於羅東林業文化園區附近，是遊覽完園區後休息充電的地方。老闆因為懷念小時候一家共享霜淇淋的溫馨時光，所以在羅東開設的小店也以霜淇淋為主題。冰室的霜淇淋分為菓實、醇乳、新奇及微醺四大系列，菓實和醇乳系列都是精選當季新鮮水果打造，新奇系列則會送上意想不到的配搭，而微醺系列因加入酒香，味道層次更豐富。因為對品質的追求，霜淇淋每天只有兩款可以選擇。雖然選擇不多，但只要用心做出極致口味，食客都不會介意。

宇治金時

蜂蜜蔓越莓霜淇淋

地址：羅東鎮中華路 194 號 **電話**：039-547-858 **時間**：12:00nn-7:00pm
FB：https://www.facebook.com/lin.ice.cafe/

INFO

宜蘭賞櫻熱點 羅莊櫻花步道

MAP 3-0 E4

22

台鐵羅東站步行約 17 分鐘

櫻花步道的前身是羅莊大排，是羅東東南方主要的排水防洪排水道之一。2013年，羅東鎮公所自籌經費進行堤岸改造工程，沿河岸建置行人步道、自行車道、石椅、景觀燈等設施，並植栽了山櫻花和墨染櫻兩種櫻花樹。櫻花步道於2014年正式啟用，步道的全長約2.2公里，分為三段路線，分別是富英二路至富英路、富英路至珍珠一路、珍珠一路至十六份圳岸頂。每段路線都有不同的風景和特色，遊客可以根據自己的喜好和時間，選擇適合的路線走走看看。

INFO

地址：羅東鎮羅莊一街 22 號
網頁：http://travel.lotong.gov.tw/play-stroke/354
圖片來源：FB 宜蘭羅莊櫻花步道

礁溪鄉

Map 4-1

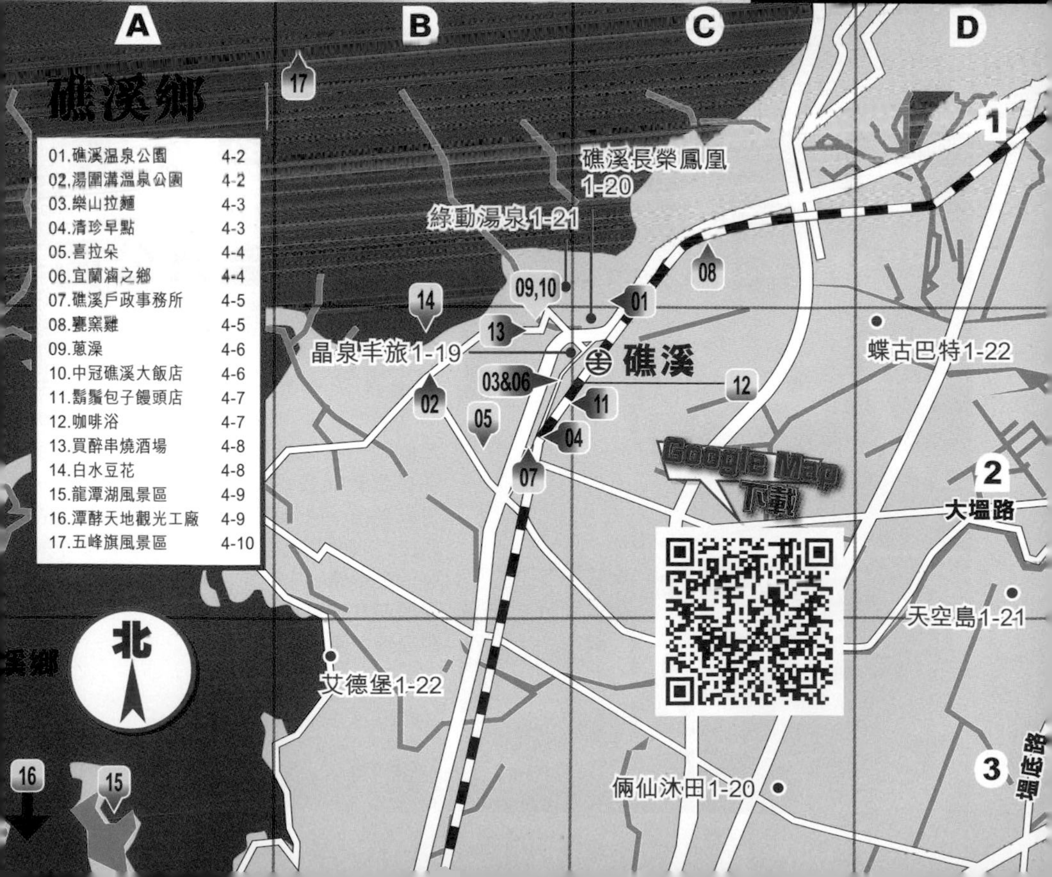

A B C D

礁溪鄉

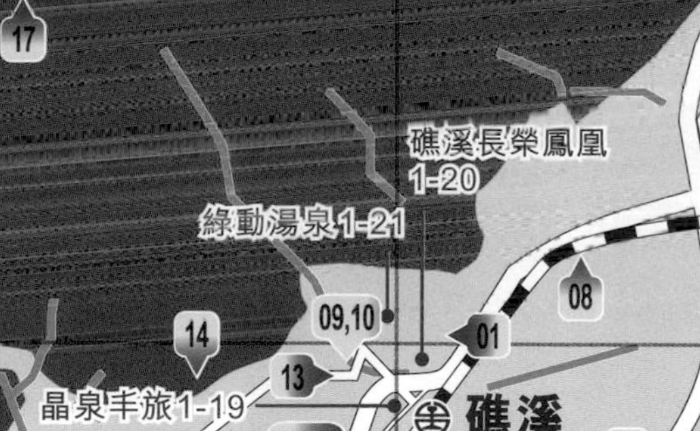

北

倆仙沐田1-20

堤底路

1
2
3

15

17

MAP 4-1 C1 01

日式森林美人湯
礁溪溫泉公園

礁溪火車站步行 5 分鐘

以森林為主題的礁溪溫泉公園，佔地約5.02公頃，是一個可以享受溫泉，又可悠閒觀賞景色的森林風呂點，就算沒有打算浸浴，公園內設有露天泡腳池，旅客可免費放下腳下勞累，十分體貼。

宜蘭的礁溪，是出名的溫泉地帶，其泉水多屬弱鹼性，水溫不會過高，約只有50度，很適合泡浸，對腸胃、皮膚都有良好的調養作用，故有美人湯的美譽，堪稱台灣溫泉之極品！

地址：礁溪鄉公園路 70 巷 60 號
電話：039-876-416
營業時間：8:00am-10:00pm
收費：NT100 起

INFO

在公園門口位置的 Chili Hunter，售賣不同特色的辣味小吃，很受遊客歡迎。

MAP 4-1 B2 02

鬧市歎溫泉
湯圍溝溫泉公園

礁溪火車站步行 5 分鐘

溫泉公園位於德陽路與仁愛路中間，鄰近礁溪火車站。公園門口設有免費泡腳池，甚受遊客歡迎。周邊亦設有很多售賣飲品及小吃的店鋪，方便客人一邊歎美食一邊泡腳，非常寫意。此外，園內設有收費的溫泉魚池，讓溫泉魚吻你雙腳，箇中體驗十分有趣。若想真正享受泡湯的朋友，可以走進公園內，裡面有很多風呂及湯屋讓你泡過夠。

地址：礁溪鄉德陽路 99-11 號
電話：039-874-882
營業時間:6:30am-11:00am、1:00pm-11:00pm
費用：溫泉魚池每次收費 NT80

INFO

邊泡溫泉邊用餐  MAP 4-1 B2

樂山拉麵 03

 礁溪火車站步行約 10 分鐘

在日本不少溫泉鄉都有邊泡溫泉邊用餐的設計，但台灣同類的餐廳卻不多。樂山拉麵既設在著名的礁溪溫泉區，順理成章亦提供了邊吃拉麵邊泡湯的獨特體驗。樂山不管是湯頭、麵條、配料、碗筷杯、布置、桌椅等等，都呈現出日式拉麵的風味，湯頭味道濃郁的剛剛好，份量也蠻大一碗，真的是讓人意猶未盡的好味道。

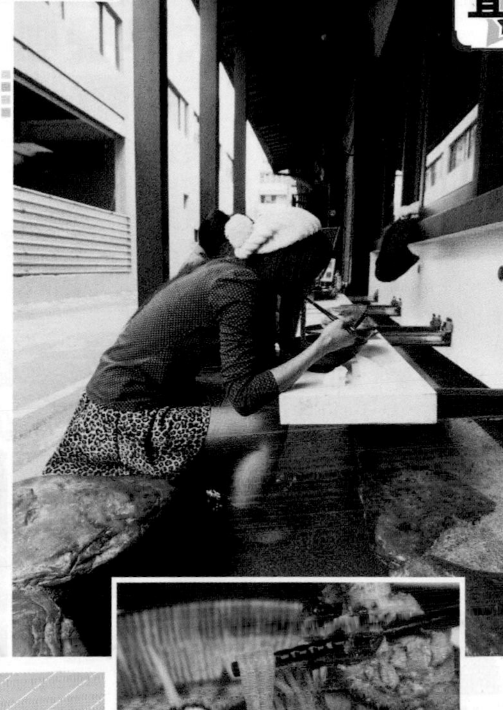

地址：礁溪鄉礁溪路 5 段 108 巷 1 號
電話：03-988-8637
營業時間：11:00am-2:30pm、5:00pm-9:00pm

INFO

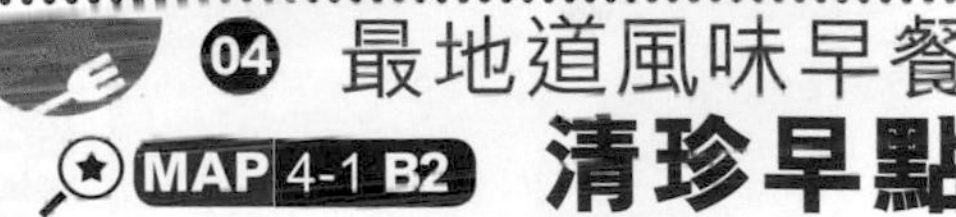

04 最地道風味早餐

MAP 4-1 B2

清珍早點

礁溪火車站步行約 15 分鐘

位於礁溪有一間在地人都會吃的美味早餐，位於礁溪路熱鬧的街上。每天早上抵達時，看到這人潮都有點被嚇倒。餐廳屬於自助式，想吃什麼就夾什麼，之後再拿去結帳就可以了，味道雖然算不上驚喜，但勝在品種多又地道，是早餐的最佳選擇。

這間屬於自助式，想吃什麼就夾什麼，之後再拿去結帳就可以了。

小籠包看起來也是超美味的。

地址：礁溪鄉礁溪路四段 208 號
營業時間：05:00am-11:00am
電話：039-889-658

INFO

超人氣早餐專賣店
喜拉朵美式早餐咖啡 05

MAP 4-1 B2

礁溪火車站乘的士約 10 分鐘

餐廳主打的是美式早餐，餐點大多以土司和三文治，其中又以貝果、法式堡和巧巴達麵包最為有名。由於礁溪的美式咖啡廳不多，而喜拉朵的出品味道又較優秀，所以順理成章成為了區內名店，如果早上7時過後才來光顧，隨時排隊等餐就要半個小時，如該日行程緊湊的話不如下次再幫趁了。

地址：礁溪鄉大忠路 42 號之 1
電話：039-876-925
營業時間：6:00am-12:30nn（星期三公休）

INFO

馳名鴨腿湯麵
06 宜蘭滷之鄉

MAP 4-1 B2

台鐵礁溪站步行約 6 分鐘

鴨胗是熱賣手信。

滷之鄉老闆世代養鴨，2000年雖轉行賣滷味，打正招牌仍然是最熟悉的滷水鴨。滷之鄉銷售的滷味有鴨頭、鴨翅、鴨胗、鴨心等部位。這些滷味都是用自家養的鴨子，並且用特製的滷汁和香料滷製而成，吃起來香氣四溢，肉質彈牙。除了冰鎮滷味之外，還有提供熱食，如鴨肉冬粉、豬腸冬粉、滷肉飯等，其中的鴨腿湯麵更是該店名物，務必一試。這些熱食都是現點現做，湯頭清甜不油膩，冬粉吸收了湯汁的精華，配上招牌的辣泡菜，更加開胃刺激。堂食以外，這裡也有大量滷味手信供遊客選購。

滷味分凍食和熱食，冰鎮滷味可在店內凍櫃挑選喜愛口味。

意猶未盡，可以整隻滷水鴨買走回送禮或自奉。

地址：礁溪鄉礁溪路五段 69 號
電話：03-9874600
營業時間：10:00am-11:00pm
網頁：https://www.039874600.tw/

INFO

MAP 4-1 B2 07

東倒西歪的怪屋 礁溪戶政事務所

礁溪火車站步行約 15 分鐘

礁溪戶政事務所可說是全台公家機關最奇特的代表。這座貌似歪七扭八的廢墟建築，好像是地震的遺址，卻原來由知名建築大師黃聲遠所設計打造。扭曲的樑柱、傾斜的牆壁，造型特殊，打破一般傳統公家機關中規中矩，莊嚴的印象。看久了也蠻像「倩女幽魂」裡黑山姥姥這隻千年樹妖，最後靈魂附身在大房子的模樣，也因為這裡造型相當特殊，因此也有「哈爾的移動城堡」之稱。

外觀也因為長年風吹日曬雨淋的關係，變的斑駁，再搭配屋外爬滿了藤蔓，真的多了些許的陰森氛圍。

如果沒有門口的招牌，真的會以為是荒廢的鬼屋。

地址：礁溪鄉礁溪路四段 126 號
電話：03-9882470

INFO

MAP 4-1 C1 08

礁溪名菜 甕窯雞

礁溪火車站轉乘的士約 5 分鐘即達

甕窯雞用130至150天的上等走地母雞炮製，每隻重約2斤10兩，肉質滑嫩，甜而不膩。在焖烤過程裡以龍眼木為火柴將甕窯燒到一定溫度，先以低溫焖烤然後取出降溫，再行以高溫烘烤，完成後的甕窯雞其肉汁肉香緊緊內鎖絕不流失，據說最高峰日售1,700隻。

地址：溪鄉礁溪路七段 7 號（礁溪總店） 電話：0918717288
營業時間：9:00am-10:00pm，星期四 11:00am-10:00pm，星期六 8:00am-10:00pm，星期日 8:00am-10:00pm
網址：www.0918717288.com/

INFO

MAP 4-1 B2 09

時租「湯」房
蔥澡

礁溪火車站步行 10 分鐘

礁溪不乏豪華的溫泉酒店，蔥澡卻走清新可愛路線。前身是礁溪的老溫泉旅店，後來停止營運，到店主接棒後尋找了台灣的藝術家及設計師，一同為這間老旅店注入全新的靈魂。這裡設有8間設計各異的湯屋，把宜蘭的特色都繪在池邊的壁畫上。湯屋面積大小不同，有些更配備電視、冷氣及休憩空間，讓一家大細都可以齊齊浸，適合即日來回宜蘭之旅客。

時間：宜蘭礁溪路五段 77 號　**電話**：886-2-3987-6929
開放時間：星期一至五 1:00pm-11:00pm
(最後入場 9:30pm);
星期六日 :11:00am-11:30pm
(最後入場 10:00pm)；不定期公休
收費：NT700-1,300/1.5 小時；以 2 人計算，小孩視乎高度另加 NT100 或 300；加時每 30 分鐘 NT300
網址：http://www.hotspringonion.com/

INFO

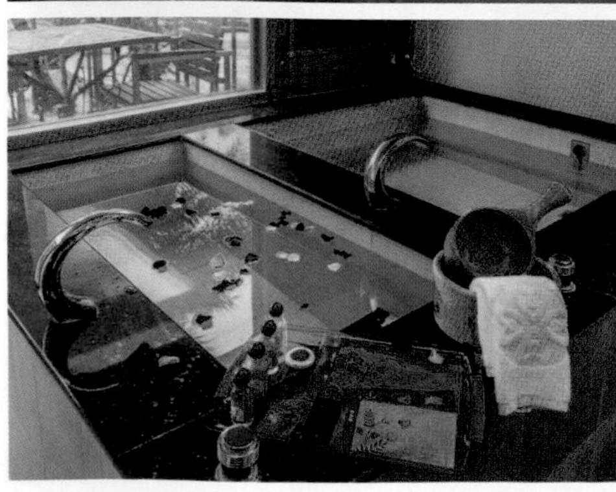

MAP 4-1 B2 10

宜蘭最大溫泉樂園
中冠礁溪大飯店

礁溪火車站步行約 10 分鐘

位於飯店內的星河傳說溫泉水世界，號稱宜蘭最大的戶外溫泉樂園。星河傳說擁有50多項高科技水療SPA 沖擊設備。另外，兩座達5層樓高的360度旋轉滑水道，不論躺着、坐着或趴着衝下去都非常刺激，是速度與膽量的挑戰，讓你完全體驗到人在水裡卻像漂浮於空中的感覺。就算不是酒店住客，也可購票入場玩餐飽。

地址：礁溪鄉德陽路 6 號
電話：03-988-2011
房價：雙人房 NT4,760 起
網址：www.art-spa-hotel.com.tw

INFO

MAP 4-1 C2 11

人氣包店
鬍鬚包子饅頭店

礁溪火車站步行約 5 分鐘

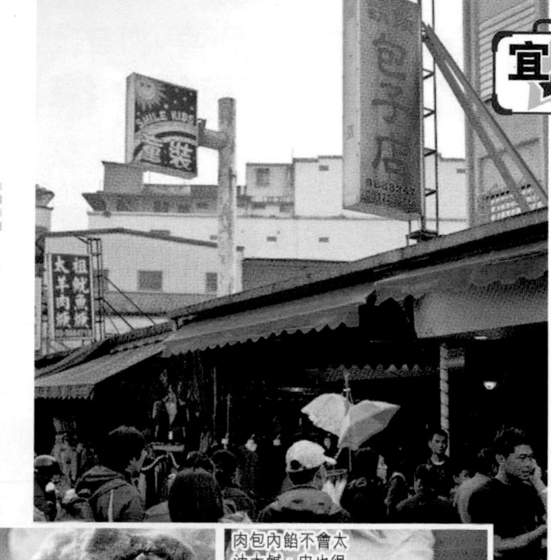

每天清晨新鮮出爐的手作包和饅頭，由清晨營業至中午，往往中午前來到已撲空，要吃定必要早起。這裡最受歡迎的是肉包、菜包、竹筍包及酸菜包等。肉包吃起來皮很鬆軟且充滿湯汁，肉餡和葱的份量也是完美的配搭。外面較少吃到的竹筍包，味道像「竹筍炒肉絲」，竹筍咬落脆口，感覺清爽，值得一試。

地址：礁溪鄉中山路二段 114 號
電話：03-988-8247
營業時間：6:00am-12:00nn
（星期二公休）

INFO

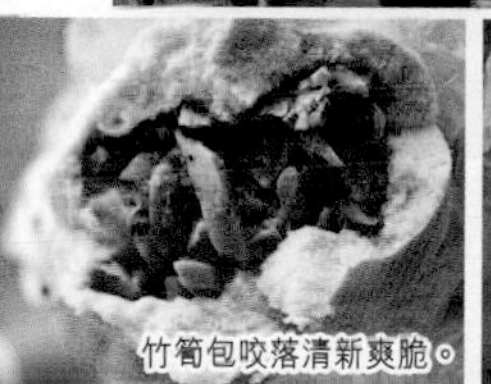
竹筍包咬落清新爽脆。

肉包內餡不會太油太鹹；皮也很鬆軟。

MAP 4-1 C2 12

澡堂嘆咖啡
咖啡浴 FURO CAFÉ

台鐵礁溪站步行約 4 分鐘

咖啡浴 FURO CAFÉ 是一間位以日式澡堂風格的咖啡廳，由原本在台北廣播電台任職的陳小凱回鄉創業而成。他將自家老宅改造成一間充滿日本風情的咖啡廳，並以「風呂」（日文的澡堂）為名，呼應礁溪的溫泉文化。店內設有模仿日本澡堂的泡腳池，旁邊還有一些溫泉用品及櫻花樹，讓人感覺像是在日本賞櫻泡湯。這裡提供各式咖啡、茶飲、特調飲料、手作生吐司和手作糕點等，更特別引進了日本空運的LUPICIA特選茶，有白桃烏龍茶、巨峰葡萄綠茶等口味，都帶有清新的果香，無論造型與口味都讓人難以抗拒。

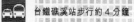

食物以浴盆盛載，呃 Like 一流。

地址：礁溪鄉德陽街 3 號　**電話**：03-9888056
營業時間：10:00am-6:00pm，星期二、三休息
網址：http://facebook.com/furocafejx

INFO

礁溪CP值最高的串燒 買醉串燒酒場（德陽店）

09

台鐵礁溪站步行約6分鐘

這裡的主打串燒有豬肉、雞肉、牛肉、羊肉、海鮮、蔬菜等種類，每一串都是現點現做，用木炭火烤出香氣和風味。串燒的份量不大，但是種類多，價格一般在NT20-50。除了串燒之外，這裡還提供海鮮燒烤，如蝦子、花枝、蛤蜊等，都是新鮮現殺的，搭配店家特製的醬料，更加美味。飲料方面，店家會根據客人的喜好和食物搭配推薦適合的飲料，包括啤酒、清酒、威士忌、果汁等，讓客人可以更加享受用餐的樂趣。

INFO

時間：礁溪鄉德陽路51號
電話：0933-482-850
開放時間：6:00pm-2:00am
網址：https://www.maizuiclubjx.com/

MAP 4-1 B2 14

山海精華白水豆花

礁溪火車站乘的士約5分鐘

豆花店一向予人市井地茂的形象，難得白水豆花門面是一間東洋味十足的食堂，舖內的一幅帶點馬蒂斯野獸派風格掛布，加上木製古味的空間，令店內格調大大提升。獨沽一味只賣豆花豆漿，豆漿使用宜蘭雪山新鮮湧泉製作，遵循古法直火煮漿，甜味與濃度適中。豆花加入以東岸太平洋深層海水煉製的鹽滷，作為天然凝固劑，融合宜蘭山與海的元素，成為一碗香滑嫩彈的白水豆花。

傳統綜合豆花

花生麥芽糖豆花

黑糖粉圓豆花

地址：礁溪鄉德陽路68號 **電話**：0968-023-785 **時間**：1:00pm-8:00pm（星期三及四公休）
FB：https://www.facebook.com/baishuidouhua/

INFO

MAP 4-1 A3 15

蘭陽十二勝之一
龍潭湖風景區

礁溪火車站乘的士車程約 20 分鐘

龍潭湖的舊名為「大埤」，俗稱「大陂湖」，為昔日「蘭陽十二勝」之一，是礁溪鄉裡屬最大的湖泊了，也是宜蘭五大名湖中面積最大的湖泊。

「龍潭湖」三面環山、廟宇林立，其湖面如鏡，青山倒影，景致更是相當宜人。沿著湖畔有一條彎蜒的觀湖步道，能一邊散步欣賞湖光山色，一邊則是樹木與各種植物，步道沿途平坦好走，又有綠蔭，是健身運動的好去處。

地址：礁溪鄉龍潭村環湖路 1 號

INFO

場內有不同的醋製產品發售

MAP 4-1 A3 16

呷醋有益
潭酵天地觀光工廠

礁溪火車站乘的士約 20 分鐘

無論是釀製醬油、味增、泡菜甚至啤酒或紅酒，都要經過發酵作用(醱酵)。潭酵天地就是以生動有趣的形式，把這種製作食材重要的過程向遊客解說。潭酵天地共分兩層，一樓的「好食酵味」展示醱酵在食品製造上的作用；小朋友又可踏上兩層樓高的「歡酵溜滑梯」挑戰膽量。二樓「三段式發酵之旅」，讓遊客了解糙米與淨水，如何透過醱酵成為養生又可口的臻品醋液。遊客亦可以在「全製程透明參觀走道」上，參觀整個製作過程。

地址：礁溪鄉龍潭村漳福路 25 號
電話：0800-88-9096
時間：8:30am-5:30pm
網址：https://www.hsuslegend.com/

INFO

MAP 4-1 B1 17

礁溪最著名的瀑布
五峰旗風景區及聖母教堂

礁溪火車站乘的士約 15 分鐘

五峰旗瀑布是礁溪境內最著名的風景點，由於瀑布後方有五座山峰並列，故名為「五峰旗」。此處共有三層瀑布，最下層的瀑布雖然最小的，但遊人可以在小水潭戲水；步行15分鐘，即達第二層瀑布，旁設有「五峰亭」能將整個景區美景盡收眼底。再行半小時可抵第一層瀑布，是三個瀑布中最有氣勢，之後再沿山路到達聖母亭及聖母山莊朝聖。

第二層瀑布已略見氣勢。

地址：宜蘭縣礁溪鄉

INFO

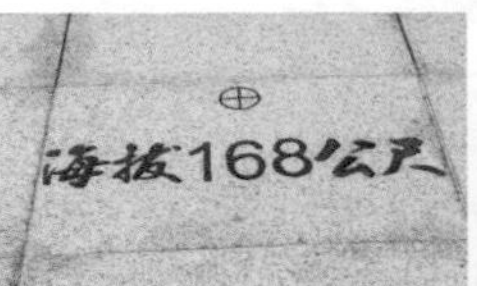

位於海拔 168 米的聖母教堂。

第三層的迷你瀑布。

第一層瀑布。

宜蘭市 羅東鎮 礁溪鄉 冬山鄉 員山鄉 頭城鎮 蘇澳 五結鄉 三星鄉 大同鄉 壯圍鄉

冬山鄉

Map 5-1

A
B
C
D
1
2
3
五結鄉
Google Map 下載
蓮春園1-9
真水蘭陽1-11
羅東鎮
羅東鎮
天使星夢1-10
廣興路
月眉路
富東路
花路
卡布雷莊園民宿 1-7
水岸楓林1-8
珍珠一路
羅東溪
湖漾189 1-9
露營車1-10
芯園1-7
閒雲居1-8
成興
八寶路
義成路一段
冬山鄉
冬山鄉
北
冬山鄉
01.冬山火車站 5-2
02.牛車倠蜜餞文化村 5-2
03.甲富哥活海產 5-3
04.小風箏雪花冰 5-3
05.廣興農場 5-4
06.幸福20號農場 5-4
07.小熊書房 5-5
08.梅花湖 5-6
09.斑比山丘 5-6
01
02
03
04
05
06
07
08
09

全台最美車站 MAP 5-1 C3

冬山火車站 01

素有全台最美麗的車站之美名，也有人稱它為「瓜棚車站」，車站的延伸美感，大膽玩弄抽象線條，玩味十足。你也可以花NT6買個月台票，走進車站裡頭拍照，站在月台上又可眺望一望無際黃澄澄的稻田，讓你會更賞心悅目。

地址：冬山鄉冬山村中正路 1 號

INFO

MAP 5-1 A1 02

蜜餞博覽會

牛車俥蜜餞文化村

羅東火車站乘的士約 15 分鐘

除了宜蘭餅，蜜餞也是宜蘭的名物。牛車俥是提供免費試吃服務的蜜餞工廠，裡面的蜜餞、零食多達好幾百種。除了試吃及選購，文化村也會示範蜜餞的製作過程，令遊客對這傳統的工藝有更深刻的認識。此外，此處老闆也是貝殼迷，他用上萬隻不同的貝殼，設計了不同的空間，也令人大開眼界。

貝殼裝飾不僅僅有外觀，發現連屋內的天花板、牆壁，甚至廁所，到處都有貝殼的蹤跡。

地址：冬山鄉柯林村安農八路 52 號
電話：03-9573157
營業時間：9:00am-6:00pm（每月最後一個星期三休館）
網頁：http://www.momo168.tw/

INFO

海鮮達人 MAP 5-1 B1

富哥活海產 03

台鐵羅東站乘的士約 11 分鐘

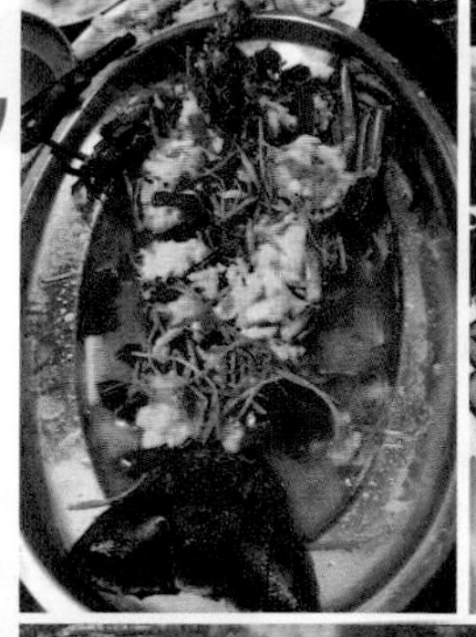

老闆富哥親自採購新鮮的海產，並以合理的價格提供各式海鮮料理，所以經常座無虛席。無論蝦子、花枝、蛤蜊、沙公、黑喉魚、魟魚等種類海鮮，都是新鮮現殺的，用不同的烹調方式呈現出鮮甜和風味。海鮮之外，這裡還提供其他的料理，如炒山茼蒿、鹹菜結湯、洋蔥蛋炒沙公等，都是用當地的食材做出來的在地美食。而食肆另一道驚喜，就是附贈的高檔水果盤，包括草莓、葡萄、櫻桃、哈密瓜等，為晚宴畫上完美句號。

地址：冬山鄉廣興路 87 號 **電話**：03-9515865
營業時間：11:30am-2:00pm、5:30pm-8:15pm
FB：富哥活海產

INFO

MAP 5-1 C3 04 色彩繽雪花冰

小風箏雪花冰

台鐵冬山站出站即達

手作天然愛玉。

水果冰棒。

小風箏雪花冰位於宜蘭冬山火車站對面，非常方便。這店使用當地的新鮮水果和特產，如紅心芭樂、花生、芒果等，製作出清爽又美味的冰品。雪花冰有多種口味，如抹茶紅豆、朱古力香蕉、芒果總匯等。其中最受歡迎的是紅心芭樂總匯雪花冰，用了當地特有的紅心芭樂滲在雪花冰上，再加上玉米脆片、布丁和煉乳等配料，吃起來酸甜清爽，非常適合消暑。除了雪花冰，店還提供其他的冰品，如手作天然愛玉、新鮮水果製成的冰棒等，都是色彩繽紛，IGable的消暑極品。

紅心芭樂總匯雪花冰及芒果雪花冰都是熱賣冰品。

地址：冬山鄉中華路 17 號 **電話**：03-9590875
營業時間：10:30am-9:30pm
FB：冬山小風箏雪花冰

INFO

MAP 5-1 A1

濃濃鄉村味
廣興農場 05

羅東火車站乘的士約 15 分鐘

剛踏入農場的門口就可聞到濃濃的農村味，走道兩旁的植物、石頭流水、還有一些兒時玩意，非常趣味。園區內不僅能體驗農村生活，還有可愛的動物、DIY體驗、益智遊戲、焢窯、兒時遊戲等等，一家人足夠玩足整個下午！

可愛的動物區最受小朋友歡迎，不過餵飼完記得洗手。

進入園區內，首先映入眼簾的是池畔餐廳，池中的水還頗為清澈。

地址：冬山鄉光華三路 132 巷 12 號
電話：03-9513236、03-9615236
營業時間：9:00am-6:00pm（星期三公休）
收費：大人 /NT200，小孩 /NT100（可全額抵消費）
網頁：https://test.pigs.com.tw/

INFO

農場的工作人員名單。

尋找最美麗的幸福

幸福20號農場 06

冬山火車站乘的士約 30 分鐘

農場內很多布置都是由舊物翻新而成。

為什麼餐廳名字要取「20號」呢？話説主人輝哥輝嫂結婚日期是20號，剛好這裡的門牌也是20號，餐廳因此命名為「幸福20號農場」。農場原本是個棄置的豬舍，經由輝哥夫婦一點一滴利用廢木材、漂流木拼拼湊湊，親自打造出一片小天地。來這裡除了用膳，園區內還有很多體驗DIY的活動，很適合大朋友、小朋友一起來，學習輝哥的「循環再用神功」。

園內設有不同的體驗DIY班，須事前需預約。

地址：冬山鄉大進村（路）446 巷 20 號（順進蜜餞行旁）
電話：0932-265-790
營業時間：10:00am-5:00pm（星期二、三及四公休）
收費：入場費 NT100，可用作園內消費
網頁：https://www.facebook.com/20Happy/?locale=zh_TW

INFO

驟眼看有點似大雄屋企的兩層餐廳。

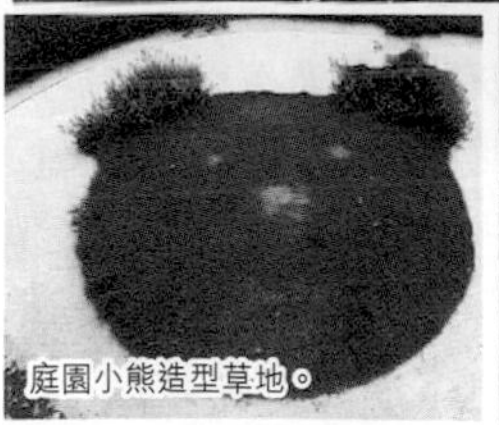
庭園小熊造型草地。

旁邊的梅花湖也是必遊景點。

MAP 5-1 A3

幽靜湖景 07
小熊書房

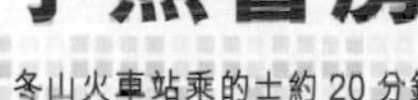

冬山火車站乘的士約 20 分鐘

小熊書房位於宜蘭冬山鄉梅花湖旁，也成為遊客來梅花湖遊玩必走景點之一。初見小熊書房，就給鵝黃色兩層樓造型吸引，驟眼看有點似多啦A夢中大雄的家。這裡名為書房，卻不是賣書，而是歡迎客人隨意點選這裡的簡餐及飲料，在寧靜幽雅的美景中閱讀，一面享受美食，一面徜徉在書海世界之中。

INFO

地址：冬山鄉大埤二路 123 巷 22 號
電話：039-510-060
營業時間：11:00am~5:00pm (星期二休息)
網頁：www.little-bear.com.tw/index_i/

MAP 5-1 A3 08

天然的一面鏡 梅花湖

冬山火車站乘的士約 20 分鐘

梅花湖風景區三面環山，中間一個天然的淡水湖，湖面外型像一朵鮮花，約有20公頃。觀看梅花湖，一定要從高點鳥瞰，才可欣賞到全個景區的面貌，東岸湖中有一座吊橋，銜接環湖公路及湖心的浮島，山的另一邊又有一座山中湖，簡直像畫一般的詩意。

地址：冬山鄉得安村環湖路
電話：03-9615576
營業時間：9:00am-5:00pm
收費：賞湖免費，觀光船 NT50 / 約 15 分鐘
網頁：http://www.lake.org.tw/WebMaster/

MAP 5-1 A2

動物大聯萌 09 斑比山丘 Bambi Land

台鐵羅東站乘的士車程約 15 分鐘

斑比山丘是一個梅花鹿生態園區，讓遊客可以近距離與小鹿互動和餵食。斑比山丘的園區分為多個區域，分別是斑比山丘、斑比森林互動區、斑比市集及美美子咖啡廳等。遊客可以在斑比市集購買各種可愛的周邊商品，或者在美美子咖啡廳品嚐甜點和飲品。斑比山丘的主角是約200隻的梅花鹿，牠們都很親人和乖巧。除了梅花鹿外，斑比山丘還飼養其他動物，當中的萬人迷一定是超可愛的河豚。牠們呆呆的萌樣，把每個遊人的目光都深深吸引。

INFO

地址：冬山鄉下湖路 285 號
營業時間：10:00am-5:00pm，星期六日 9:00am 開始
費用：門票 NT200，包一份飼料，6-12 歲 NT50，6 歲以下免費
網頁：https://www.bambiland.com.tw/
※ 須預約入場，每次最多預約 6 人

宜蘭市 羅東鎮 礁溪鄉 冬山鄉 員山鄉 頭城鎮 蘇澳 五結鄉 三星鄉 大同鄉 壯圍鄉

A
B
C
D
員山鄉
01.小間書菜 6-2
02.吉姆老爹啤酒工場 6-2
03.香草菲菲芳香植物博物館 6-3
04.八甲休閒魚場 6-3
05.菓風糖果工房 6-4
06.毛蟹冒泡 6-4
07.A Maze兔子迷宮 6-5
08.可達休閒羊場 6-5
09.彩虹玻璃天空步道 6-6
10.金車噶瑪蘭威士忌酒廠 6-6
11.The Westin Yilan Resort 6-7
12.勝洋水草農場 6-7
Google Map 下載
北
07,09
11
06
04
復興路
員山鄉
德湖路
大安路
05
12
內城路
幸福方舟1-24
01
惠民路
員山路
10
02
08
1
2
3
4
5
Map 6-1

農村人情味 MAP 6-1 C4

小間書菜 01

台鐵宜蘭火車站下車，乘的士約 5 分鐘

宜蘭市 羅東鎮 礁溪鄉 冬山鄉 員山鄉 頭城鎮 蘇澳 五結鄉 三星鄉 大同鄉 壯圍鄉

由60年碾米廠改建，店裡保留日治時期留下的古物、碾米設備。這裡是書店，也是蔬菜雜貨店，有農場直送的新鮮蔬菜及農產品，例如員山鄉小農自產的辣椒醬及鳳梨豆腐等。店主彭先生從年輕就開始在書店打工，2017年終於在農村開設自己小店，完成多年的心願。書架上的小説和CD由朋友捐贈，據説如不想現金交易，也可以帶本二手好書來以物易物。書店旁還有一間「美虹廚房」，煮理人賴媽媽擅長古早味釀漬，食材來自幾步路外的菜田裡，沒有固定菜單，就像在家吃飯的安心自在。

地址：員山鄉深州路 166 號
電話：03-922-0781、09-5588-9422、09-2310-2521
營業時間：10:00am-7:00pm
（星期二至四休息）
網頁：www.vb124.com

INFO

MAP 6-1 A5

釀酒小城堡

吉姆老爹啤酒工場 02

台鐵宜蘭火車站下車，乘的士約 10 分鐘

跟金車威士忌酒廠在同一條路上，2013年成立的台灣本土啤酒品牌Jim & Dad's，曾於2013年的台灣自釀啤酒大賽中摘冠，工場內放置了相當多的釀酒設備、啤酒花試聞瓶與介紹。Jim & Dad's專做美式ALE及德式IPA，配合在地素材如宜蘭金棗小麥釀製出獨特風格，現場必試酒廠釀造的新鮮生啤，建議與朋友各人點一款來交換喝，夏季必試「盛夏馬賽克」撲鼻而來一股葡萄柚、芒果香，入口甜潤明顯有回甘。

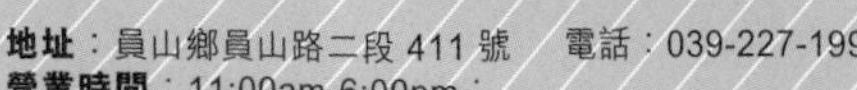
別錯過頂樓（五樓）的360度觀景塔欣賞蘭陽平原風景。

地址：員山鄉員山路二段 411 號　**電話**：039-227-199
營業時間：11:00am-6:00pm；
周末及假日 10:00am-6:00pm（星期二休館）
網頁：http://janddbrewing.com/

INFO

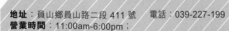

啤酒花及釀酒素材試聞瓶

飄浮在充滿香氛的天空上 MAP 6-1 A5

香草菲菲芳香植物博物館 03

宜蘭火車站乘的士約 30 分鐘

香草菲菲結合了溫室+餐飲的概念，是近年宜蘭火熱的新景點。這裡佔地有3000多坪，光室內的空間就有1600坪之大，有著「宜蘭的白宮」美名之稱。館內也分為兩大區：左邊是花園餐廳、天空步道(二樓)，右邊則是DIY區、烘焙區、商店、休息區、閱讀區(二樓)等。顧客可以隨意在館內賞花、用膳、參與DIY創作，各適其適，度過一個悠閒下午。

自助餐只需NT500，非常抵食。

室內空間有1600坪，行走一周也挺累人。

INFO

地址：員山鄉內城路 650 號　電話：03-9229933
營業時間：9:00am-6:00pm (周一公休)　天空步道開放時間：9:00-11:30am， 2:00pm-5:30pm
收費：入場費 NT100，可用作園內消費　網頁：https://artemisgarden.shoplineapp.com/

員山公園內的神社參道，中間就是象徵神社的鳥居。

MAP 6-1 C3　日式氛圍

忠烈祠員山神社 04 (員山公園)

宜蘭火車站乘的士約 15 分鐘

雖然日本統治台灣只是短短半世紀，卻把不少日本文化移植到這裡。員山公園的神社，建於1905年，二戰後神社經己拆除，卻保留醒目的鳥居。最有趣是在公園內放置了兩輛國軍的M24型霞飛式坦克車。歷經半個世紀，兩輛戰車外觀保存良好，仍顯得虎虎生威。

在員山公園除了體會歷史，也可靜靜地親近大自然。

沿神社參道步行，便會看到園內的忠烈祠。

地址：宜蘭縣員山鄉復興路(員山鄉公所斜對面)

INFO

宜蘭

全台最大的香魚養殖場
八甲休閒魚場 05

MAP 6-1 C4

台鐵宜蘭站乘的士車程約 18 分鐘

八甲休閒魚場是全台最大的香魚養殖場，占地2.2公頃，年產量高達一百公噸。香魚體形細小，吃河底的珪藻、藍藻等藻類為生，具有特殊的香味，因而稱為香魚。魚場不僅提供新鮮的香魚、鱘龍魚等水產品，還有設置餐廳和休閒區，讓遊客可以在這裡享受美食和參與戶外活動，如釣魚、抓蝦、撈螃蟹等。另外，魚場周圍整年都有約兩千隻白鷺與夜鷺在近棲息，也是觀賞自然生態的好去處。

地址：員山鄉八甲路 1 之 10 號
電話：039225990
營業時間：11:00am-8:30pm
網頁：http://www.8fish.com.tw/

INFO

MAP 6-1 B3

天然地底湧泉
06 毛蟹冒泡

宜蘭火車站乘的士約 20 分鐘

「毛蟹冒泡」之所以取這個稀奇古怪的名字，是因為這個地方屬天然地底湧泉池，地底下約有好幾十個直徑約10公分左右的小洞，小洞則會不斷冒出小小的氣泡，加上泉水終年維持攝氏20度左右的溫度，當地人都因為這個特殊景觀，像極毛蟹吐泡，因此稱之為「毛蟹冒泡」。毛蟹冒泡水質清澈，水深及膝，相當安全，也是暑夏清涼的好地方。

地址：員山鄉大湖路 18-23 號
間台九甲線旁

INFO

宜蘭市 羅東鎮 礁溪鄉 冬山鄉 員山鄉 頭城鎮 蘇澳 五結鄉 三星鄉 大同鄉 壯圍鄉

帶孩子勇闖迷宮 07

A • Maze 兔子迷宮

MAP 6-1 C1

宜蘭火車站乘的士約 20 分鐘

兔子迷宮咖啡廳其實就是貨櫃倉庫的化身，但它漆上鵝黃色的色調，上頭還有大大耳朵的小白兔圖樣。顧名思義，迷宮是餐廳的主打，這個迷宮不僅僅小朋友，連大朋友都瘋狂。除了迷宮，草坪上的樹屋遊戲區，也是小朋友的最愛。

地址：員山鄉枕山一村 15 號 **電話**：039-229-575
營業時間：星期日至四 11:00am-11:00pm、星期五及六 11:00am-12:00mn
網頁：https://www.facebook.com/maze3399

INFO

迷宮有一定難度，沒方向感的大人隨時被考起。

草坪上的樹屋遊戲區。

德式香腸總匯份量充足，香腸相當有嚼勁。

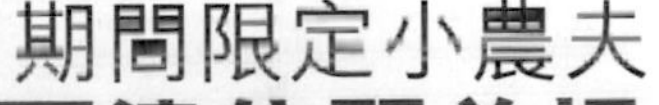

期間限定小農夫 08

可達休閒羊場

MAP 6-1 B4

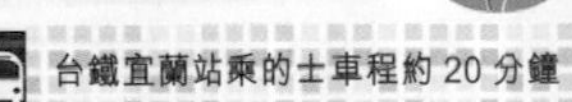

台鐵宜蘭站乘的士車程約 20 分鐘

可達休閒羊場是一個小型農場，客人可以和各種小動物近距離接觸。這個農場的主要動物是羊，還有雞、鴨、鵝、兔子、天竺鼠、魚等。農場特色之一是可以體驗擠羊奶，只要不害怕，稍微用力擠羊奶就會用噴泉的方式出來了。此外客人又可以購買飼料牧草，體驗餵食小動物的樂趣。小動物們都很親人，看見人手中的食物就會主動靠近，讓人忍不住想多摸摸牠們。除了親親小動物，小朋友還可以參加彩繪DIY活動，或親手製作各種造型的羊奶饅頭、餅乾等，感受農村生活的風情。

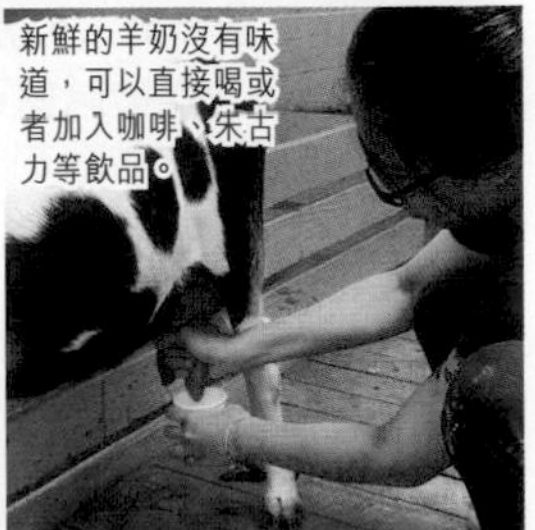

新鮮的羊奶沒有味道，可以直接喝或者加入咖啡、朱古力等飲品。

地址：員山鄉惠深二路二段 125 號
電話：03-922-5650 **營業時間**：9:00am-5:00pm
費用：入場費 NT$50（可全額抵消費），身高 1 米以下小童免費
網頁：http://keda.ho.net.tw/

INFO

宜蘭

MAP 6-1 C1 09

全新打卡亮點
彩虹玻璃天空步道

宜蘭火車站下車，乘的士約 20 分鐘

FB 經常被洗版的一個新打卡點，位於員山枕頭山上的A.maze兔子迷宮旁，全長約13公尺的天空步道，橋面全以玻璃鋪成，寬60cm，尾段橋面全懸空、向外延伸；從這裡可遠觀蘭陽平原及龜山島，晚上配合藝術裝置及夜晚燈光效果，讓整座園區更添浪漫氣氛。但步道有出入管制，8歲或1.2米以下小童禁止進入，且每次限容納4人，不能超過5分鐘，想影相就要排隊輪候。

天空步道每次只能容納4人，還要注意一下年齡與身高限制。

在無遮蔽的遼闊視野下放空發呆，確實很愜意。

每週下雨天空步道都不開放，只能在步道口拍照了！

地址：宜蘭縣員山鄉枕山一村 15 號　**電話**：03-922-9575
營業時間：11:00am-11:00pm，星期六至 12:00mn
網站：www.facebook.com/maze3399

INFO

MAP 6-1 A5 10

宜蘭酒壇之光
金車噶瑪蘭威士忌酒廠

宜蘭火車站下車轉乘的士，車程約 15~20 分鐘；或轉乘公車 752 線至榮光路下車

台灣第一座威士忌酒廠、2005年誕生於宜蘭員山鄉，KAVALAN早於2010年就首度出現在權威酒評年鑑《Whisky Bible》，從此展露頭角；2016-17年其波本桶威士忌原酒更連續2年獲ISC世界威士忌單一麥芽冠軍。酒廠園區腹地廣大，周邊田野一片碧綠，參觀路線分為3個點，第1站先至會議中心聽取簡報後，第2站於威士忌蒸餾一廠參觀生產線，包括講解釀酒的3個重要步驟，分別是糖化、發酵、蒸餾等過程；至於酒堡一樓的試飲區是大家最期待的環節，按場次時間由專人教品評方式及免費試飲各款威士忌、香甜酒、喬麥茶等飲品。

酒堡二樓是伯朗咖啡館

威士忌須經過橡木桶存放才會釀出金黃的色澤及馥郁的口感。

地址：員山鄉員山路 2 段 326 號
電話：03-922-9000#1104
營業時間：9:00am-6:00pm
費用：免費參觀
網頁：www.facebook.com/KavalanWhisky

INFO

跟周董嘆世界 11 MAP 6-1 C2
The Westin Yilan Resort

宜蘭火車站乘的士約 40 分鐘

周董及太太昆凌除了是天皇巨星，也是公認的品味一族。周董選擇了入住員山鄉的The Westin Yilan Resort為昆凌慶祝生日，即時令酒店聲名大噪。The Westin Yilan Resort除了是宜蘭的新酒店外，最特別是設有3款不同的Villa，每款都有私人泳池。就算不入住Villa，這裡的客房也非常低密度，而且全部都設有私人湯池，可以他他條條享受著名的「員山溫泉」碳酸氫鈉泉水，讓身心都洗得煥然一新。

地址：員山鄉永同路三段 268 號
電話：03-923-2111
費用：雙人房 NT7,800/ 晚起
網頁：www.westin-yilan.com

INFO

Villa最平一晚盛惠NT45,000，萬多元港幣換來一晚奢華也不算天價。

MAP 6-1 D4 12

水族大世界
勝洋水草農場

宜蘭火車站乘的士約 25 分鐘

勝洋水草是全台灣最大的專業水草植栽場，有水族魚類數十種、水生植物四百餘種，批發至全台灣水族館，外銷遠至日本、加拿大、中國大陸、德國等。為了令更多人了解水草養殖，勝洋積極發展生態農場，以空間寬敞、自然田園風光吸引遊客。園區內由觀賞至食用的水草一應俱全，更有近年非常流行的水藻及生態球以供選購。

INFO

地址：員山鄉尚德村八甲路 15-6 號
電話：039-222-487
營業時間：參觀體驗 9:00am-5:00pm、星期二、三休息
餐廳用餐 11:00am-2:30pm
收費：入場費 NT100，可抵消費 NT70
網頁：https://www.facebook.com/sy039222487/

藻球星星瓶NT300，每兩周換一次水，瓶內的綠藻球體積可以倍增。

生態蝸牛瓶NT450，自然生態瓶是一個完整的生態系，所以不需要餵食，火山蝦也可以生存。

A
B
C
D
1
2
3
4
頭城站
和平街
繡祥路
西一巷
頭城鎮
沙成路2巷
天外天1-25
外澳站
吉祥路
頭城站
Google Map 下載
北
頭城鎮
01.頭城和平老街 7-1
02.樂屋日式料理 7-1
03.阿伯蔥油餅 7-2
04.小涼園 7-2
05.黑宅咖啡 7-3
06.阿茂麵攤 7-3
07.和平街屋 7-4
08.頭城文創園區 7-4
09.一品碗粿 7-5
10.聯發芋冰老店 7-5
11.日出印象咖啡廳 7-6
12.烏石港北堤沙灘 7-6
13.頭城金車城堡咖啡館 7-7
14.蘭陽博物館 7-7
15.龜山島 7-8
16.蘭博烏石港驛站 7-9
17.Tjuku cafe 啾咕咖啡 7-9
Map 7-0

MAP 7-0 B2

古蹟隨處可見 01
頭城和平老街

頭城火車站步行約 5 分鐘

和平街是頭城最早發展的一條街道了，古稱「頭圍街」，是清代時期頭城最繁華的區域，更是目前宜蘭地區僅存的一條老街。頭城老街最有特色的地方就是古蹟最多，千奇百怪不同時期的建築這裡都隨處可見。

源合成商號，建於 1920 年，該時期的建築有著紅磚、拱柱，西式的三連弧拱磚牆立面，以洗石子和豐富的雕飾，外觀顯得較為華麗。

逛完老街道之後，就在火車站旁會看到這棟木造的和風建築房子，為「文創頭圍園區」。

頭城老街內兩座著名的土地公廟，為「南門福德廟」、「北門福德廟」一南一北，位置剛好各建在頭尾處，據說目的是為了擋住不讓財氣流出。

地址：宜蘭縣頭城鎮東城里和平街一帶

INFO

MAP 7-0 A2 02

抵食夾大件
樂屋日式料理

頭城火車站步行約 5 分鐘

蕎麥涼麵，麵+醬汁，再沾一點 Wasabi 一起吃，YUMMY。

樂屋鄰近頭城火車站，交通相當之便利。雖然看似一間不起眼的餐廳，不過卻是很多饕客推薦的店，接近吃飯時間往往都是客滿的情況。店內的飲料和味噌湯可是無限暢飲，而且料多實在，以大量的魚骨和魚肉熬製而成。因為實在太價廉物美，用餐時間總是一位難求，乖乖地排隊吧。

樂屋和風生魚片，魚生可說是招牌，肉質相當新鮮，再搭上和風醬和一些生菜、柴魚，完全沒有不夾嘎的感覺。

INFO

地址：頭城鎮西一巷 13-15 號　**電話**：039-777-525
營業時間：11:00am-2:00pm；5:00pm-8:00pm（星期三公休）

MAP 7-0 A1

純靠緣份的美食

03 阿伯蔥油餅

頭城火車站旁

阿伯蔥油餅既沒有招牌，也沒有固定營業時間，有沒有機會碰上完全靠緣份。但只要到達頭城火車站，循著誘人的香氣，總會找到車站外阿伯的臨時攤位。只要阿伯一開檔，被等候的食客團團圍住，一邊等候美食，一邊欣賞阿伯熟練的蔥油餅製作表演。

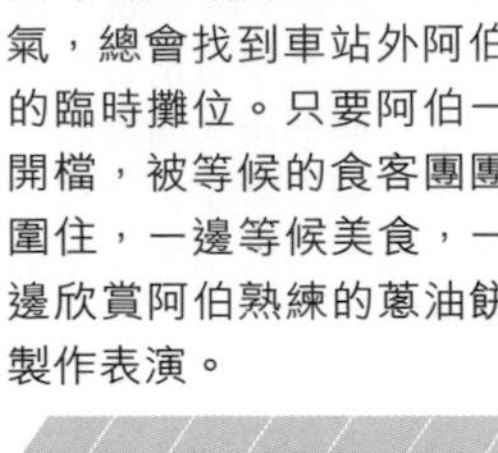

阿伯先將麵糰推平之後油炸，配上蔥之後打個蛋，當然客人可選擇要加蛋或不加蛋。

地址：頭城鎮纘祥路 59 號（頭城火車站旁）

INFO

夏日消暑聖地

MAP 7-0 A2

04 小涼園

頭城火車站沿纘祥路和西一巷走約 6 分鐘即達

沒有明顯招牌的冰品老店小涼園，其實就暗藏在開蘭路的巷弄之中，店家只有在夏季及秋季期間才會營業。在炎夏之際，大口大口地吃冰自然是一等快事，尤其是小涼園出品的八寶冰。紅豆、菠蘿、花豆、綠豆、蕃薯、粟米、麥角及QQ等都一一鋪在綿滑的牛奶冰上，再添上一點清甜的糖水，無論在視覺或味覺上都非常豐富，還能一次過嚐遍八種配搭滋味。

手工復古剉冰機。

招牌八寶冰。

地址：頭城鎮開蘭路 88 號　**電話**：03-9771678
營業時間：10:30am-8:30pm，
星期六日 10:30am- 賣完提前休息
每年固定清明節前後，視天氣狀況開始營業，直至 10 月底或 11 月中旬休息
網址：http://www.icegarden.com.tw/

INFO

一味夠型
黑宅咖啡

MAP 7-0 A4
05

台鐵礁溪站乘的士車程約 6 分鐘

黑宅咖啡採用黑色系的工業風格設計，整幢建築樓下是咖啡廳，樓上是民宿，與周圍的稻田景觀形成強烈的對比。這間咖啡廳的主打產品是優質的異國咖啡，使用多種不同的咖啡豆，讓客人可以選擇自己喜歡的製作方式。咖啡豆來源有巴西、哥倫比亞、伊索比亞及肯亞等，無論烘焙、沖泡的手法各有不同，啱晒咖啡精口味。如果對咖啡不講究，這裡的早午餐及甜點都很有水準，加上大片落地窗及外面綠油油的景致，是放鬆自我、享受生活的好地方。

地址：頭城鎮三和路 616 巷 235 弄 47 號
電話：03-9887966 **營業時間**：10:00am-6:00pm
網頁：https://www.blackhouse.tw/

INFO

在鞦韆上可以看到遼闊的綠色稻田，感受宜蘭的自然美景。

虹吸咖啡可以喝到單品咖啡豆最原始的風味！

跨越半世紀
阿茂麵攤

MAP 7-0 B2
06

台鐵頭城站出站步行約 5 分鐘

阿茂麵攤由一對老夫妻經營，已有超過50年的歷史。這個小吃店的主打產品是自製的手工麵條，有乾麵和湯麵兩種選擇，配上自製的麻醬或瓜仔雞湯，清爽又美味。除了麵條，店內還有提供餛飩湯、燙青菜和滷味等小菜，價格都很平民化，最便宜只要NT25，最貴也不過NT65。阿茂麵攤特色之一是自製的麻醬，用手工榨油的方式製作，顏色較淡，口感較清爽。如果欣賞這裡的乾麵，甚至可以把麵球買回家，之後隨時都可以回味。

地址：頭城鎮青雲路三段 145 號 **電話**：0953-823-468
營業時間：10:15am-7:00pm，星期三、四休息

INFO

MAP 7-0 B1 07

城郊古宅聽趣事
和平街屋

頭城火車站直走民鋒路至和平街口向左看即達

在頭城老街上有幢「和平街屋」，賣的都是店主康保瑜堅持的當地農產品，例如土芭樂茶、土楊桃汁、土楊桃派、花卉種子和在地米等，全都是當地農民辛苦種下的成果。店主把書法家爺爺的老房子改裝成現時的小店，也難怪店內傢俱、牆磚都古色古香，猶如走進舊社會之中。除了欣賞一些古字畫、圖書和文藝創作外，旅客有空還可以在屋內喝喝柑桔茶，細聽康姐娓娓道出頭城鄉間小趣事。

★INFO

地址：頭城鎮和平街 135 之 2 號
電話：03-977-3343
營業時間：10:00am-5:00pm（星期二至四公休）
收費：免費
FB: 和平街屋

宜蘭市 羅東鎮 礁溪鄉 冬山鄉 員山鄉 **頭城鎮** 蘇澳 五結鄉 三星鄉 大同鄉 壯圍鄉

MAP 7-0 A1 08

文創部落
頭城文創園區

頭城火車站步行 5 分鐘

台灣人對日式古宅情有獨鍾，遠在宜蘭的頭城，也找到古宅活化的例子。頭城文創園區本為幾座古舊的日式木造員工宿舍，荒廢多年後被佛光大學活化，成為區內的文創中心。遊客不單可以隨意參觀古宅典型的日式間格，又可參與定時舉行的傳統工藝DIY班及文藝表演。園區設有一間名為「綠木由心」的小商店，專售由店主精挑的文創小物。據説連台灣的偶像劇，也被園區的傳統氛圍吸引，而到這裡取景拍攝。

★INFO

地址：頭城鎮站舍巷 1 號
電話：03-938-6610
時間：10:00am-6:00pm
收費：免費參觀
FB：https://www.facebook.com/TouchengCCP/

 MAP 7-0 B1 09

四十年傳統老店
一品碗粿

 頭城火車站沿民鋒路走約 5 分鐘即達

擁有四十多年歷史的一品碗粿，賣的是北部典型的「白碗粿」，並沿用在米漿上加入蔥油、鋪上入豬肉與蝦米，再拿去蒸熟的古早做法。配料雖然簡單，但當淋上了混合肉燥的特製醬汁時，平凡的碗粿瞬間變得非常惹味。綿密細膩的米糕，有種入口便化的口感。加上店家只賣NT35一個，令人難以抗拒。

地址：頭城鎮民鋒路 6-7 號
電話：03-9780199
營業時間：8:00am-5:00pm

INFO

MAP 7-0 B1 10

真正芋頭冰
聯發芋冰老店

頭城火車站沿民鋒路走約 5 分鐘即達

宜蘭老字號的聯發芋冰老店，每到夏天找上門的旅客可是駱驛不絕。其招牌的芋頭冰，吃起來綿密幼滑，雖然吃不到一整顆的芋頭粒，但泥質的口感與甘甜的芋香卻也足以引證其真材實料。以傳統手法製成的冰品還有另外11種口味，例如爽甜卻不膩的紅龍果、清新濃郁的土芭樂、酸甜開胃的梅子等，吃起來讓人回味無窮。

地址：頭城鎮青雲路三段 190 號
電話：03-9771356
營業時間：10:00am-9:00pm
FB: 聯發芋冰老店

INFO

宜蘭

狂野時速 ⑪ MAP 7-0 A4
日出印象咖啡廳

頭城火車站乘的士約 15 分鐘

★★

單看店名，令人以為是文藝青年愛蒲的地方，原來剛剛相反，咖啡廳是由一位機車迷開設，布置粗獷而豪邁，更展示了大量老闆的車輛珍藏。由於停車場夠大，亦方便了一眾機車迷來朝聖。每逢假日，這裡便會變身成車迷俱樂部，在這塊聖地上互相觀摩，互相交流。

從四輪到兩輪以及腳踏車，都是老闆珍藏之列。

食物質素也是水準之上。

地址：頭城鎮北宜路一段 91 號 (台 9 線 69.5K 處)
電話：03-9778519 **網頁**：https://www.facebook.com/lastingf458
營業時間：10:00am-5:00pm；星期六及日 7:00am-5:00pm；
星期二、三休息

INFO

MAP 7-0 C3 衝浪客天堂
⑫ 烏石港北堤沙灘

頭城火車站乘的士約 10 分鐘

烏石港位於頭城鎮東北方，因為港區裡的礁石呈黑色而得名。古時的烏石港是當時蘭陽第一大城，是頭城以至宜蘭的重要門戶。近年政府投放大量資金，打造烏石港為悠閒觀光漁港。而烏石港北堤的沙灘，因為面向太平洋，加上沙灘平坦寬廣，近年亦成為了台灣北部的衝浪客天堂。每逢假日，這裡都會擠得水洩不通，大量的遊客到這裡進行不同的水上活動。

地址：宜蘭縣頭城鎮港口里港口路

INFO

烏石港

宜蘭市 羅東鎮 礁溪鄉 冬山鄉 員山鄉 頭城鎮 蘇澳 五結鄉 三星鄉 大同鄉 壯圍鄉

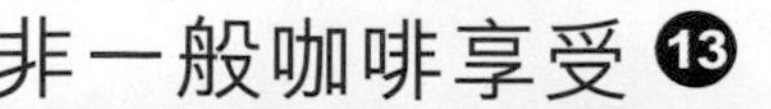

非一般咖啡享受 13
頭城金車城堡咖啡館

MAP 7-0 C2

頭城火車站乘的士約 20 分鐘

伯朗咖啡相信香港人都有一定的認識，除了銷售即沖及罐裝咖啡，公司亦在全台灣廣設門市。在芸芸分店中，以位於宜蘭頭城鎮的咖啡城堡最惹人注目。「城堡」位於外澳的半山上，視野極佳，能遠眺一望無際的海岸線，天氣好時更能一覽龜山島的風光。而充滿童話般的浪漫外形，寬敞而雅致的空間，令餐廳充滿異國風味，所以就算位置較為偏遠，依然客似雲來。

比利時鬆餅煙燻雞肉

橙香榛果拿鐵

地址：頭城鎮外澳里 8 鄰石空路 95 號
電話：039-699-226
營業時間：9:00am-5:30pm，星期六日及假日 8:00am-6:00pm
網頁：https://www.mrbrown.com.tw/

INFO

MAP 7-0 C3

前衛外型建築
14 蘭陽博物館

頭城火車站乘的士約 10 分鐘

外觀造型相當獨特搶眼，像是一座睡倒的大廈，外形不規則的設計相當吸引遊客們前來。走進看，這棟倒下的大廈顯得更壯觀與氣勢，是一棟以宜蘭文化作為主題的博物館，總共有四層樓，每一層樓主題設計都有所不同。

博物館以單面山為幾何造型規劃設計，所謂「單面山」指的是一邊陡峭而另一邊緩斜，是台灣東北部常見的的山形。

室內的布置很有科幻的味道。

地址：宜蘭縣頭城鎮青雲路三段 750 號
電話：03- 977 9700
營業時間：9:00am-5:00pm，星期三休息
收費：NT100
網頁：www.lym.gov.tw/

INFO

MAP 7-0 D3

15

觀鯨賞火山 龜山島

龜山島因其形狀似浮龜而得名，它是台灣地區目前尚存的活火山。由於位置偏遠，保育得宜，令龜山島得以保持原始生態，並結合鄰近海域賞鯨活動，成為宜蘭的生態旅遊景點。而龜山八景，包括龜山朝日、龜島磺煙、龜岩巉壁、龜卵觀奇、靈龜擺尾、神龜戴帽、鐘乳石觀奇、海底溫泉湧上流等，雖然只可遠觀，但也令人眼界大開。

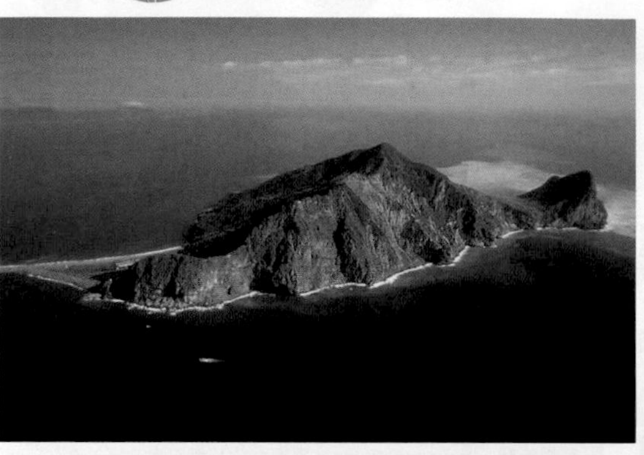

相片來源：東北角暨宜蘭海岸國家風景區

賞鯨行程及費用

行程1：賞鯨＋繞龜山島八景
船班：08:00、10:30、13:00、15:30
時間：約2.5小時
費用：個人NT1,200、團體NT1,000

行程3：賞鯨＋龜山八景＋登龜山島
船班：09:00、13:00
時間：約4小時
費用：個人NT1,600、團體NT1,500

行程2：登龜山島＋繞龜山島八景
船班：09:00、13:00
時間：約3小時
費用：個人NT1,200、團體NT1,000

行程4：401高地＋登龜山島＋賞鯨＋繞島
船班：08:00
時間：約6小時
費用：每人時NT1,500

地址：宜蘭縣頭城鎮海岸以東約 10 公里
主辦單位：蘭陽賞鯨龜山島快樂遊　**登船地點**：頭城烏石港
詳情：http://www.happy66.com.tw/
電話：0910-071850、03-9782288
網頁：https://www.necoast-nsa.gov.tw/

INFO

陸上行舟 16 MAP 7-0 C3

蘭博烏石港驛站

台鐵頭城站乘的士約7分鐘

蘭博烏石港驛站是頭城鎮的環境教育中心，也是蘭陽博物館的分館之一。它的建築外觀像一艘停泊在港邊的帆桅大船，由國際知名建築師蘇喻哲先生設計，以透明盒子的概念呈現出烏石港舊河道與現今海港交會的特殊位置。它曾獲得美國照明協會的國際照明建築設計獎，並於2019年獲得宜蘭縣公共工程優質獎。驛站主要介紹烏石港的歷史變遷、龜山島的八景特色、鯨豚生態等，還提供旅遊諮詢、休憩空間、賞鯨登島候船入口等功能。

INFO

地址：頭城鎮港墘路 60 號
電話：03-978-9078 **營業時間**：8:00am-5:00pm

17 美味千層蛋糕 MAP 7-0 C3

Tjuku cafe 啾咕咖啡烏石港店

台鐵頭城站乘的士約7分鐘

咖啡廳位於頭城烏石港蘭博烏石港驛站上層，店名「啾咕」是來自於女兒的排灣族語名字「Tjuku」。這間咖啡廳的主打產品是手工製作的千層蛋糕，每日限量供應，口味多樣，有抹茶、栗子、水果等。除了千層蛋糕，店內還有提供早午餐、甜點、小食和義式咖啡。咖啡廳裝潢採用黑白灰色調，走簡約風格，大片落地窗讓空間更寬敞明亮。店內可以看到烏石港的漁船和蘭陽博物館的建築，天氣晴朗時還可以看到遠方的龜山島。客人在這裡可以享用美味的千層蛋糕和香醇的咖啡，感受宜蘭的自然美景和悠閒氛圍。

INFO

地址：頭城鎮港墘路 60 號
電話：03-977-2158
營業時間：10:00am-5:00pm，星期一及三休息
網頁：https://www.instagram.com/tjuku_cafe/

蘇澳

Map 8-0

宜蘭餅
御饌嫣紅
SWEET PRESENTS

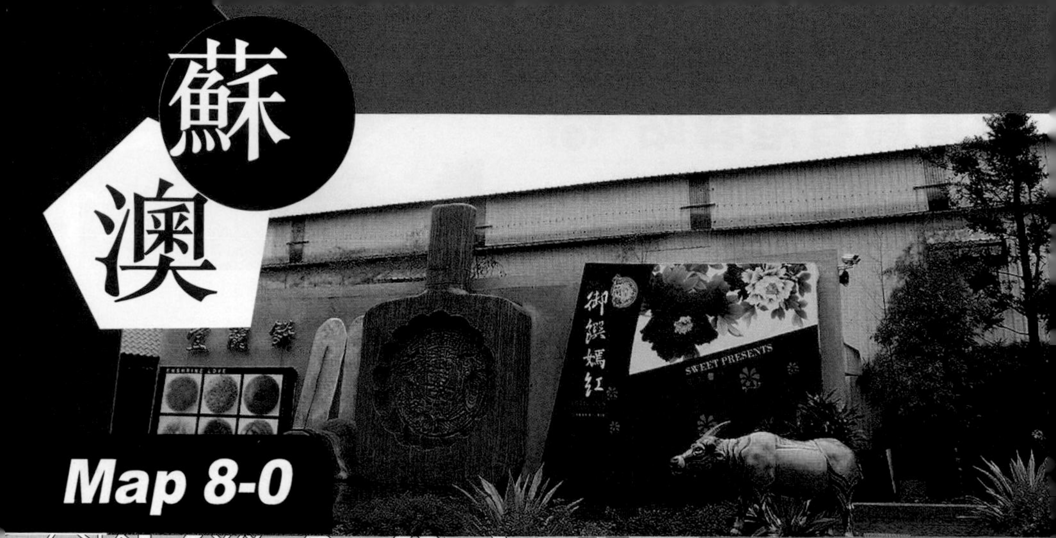

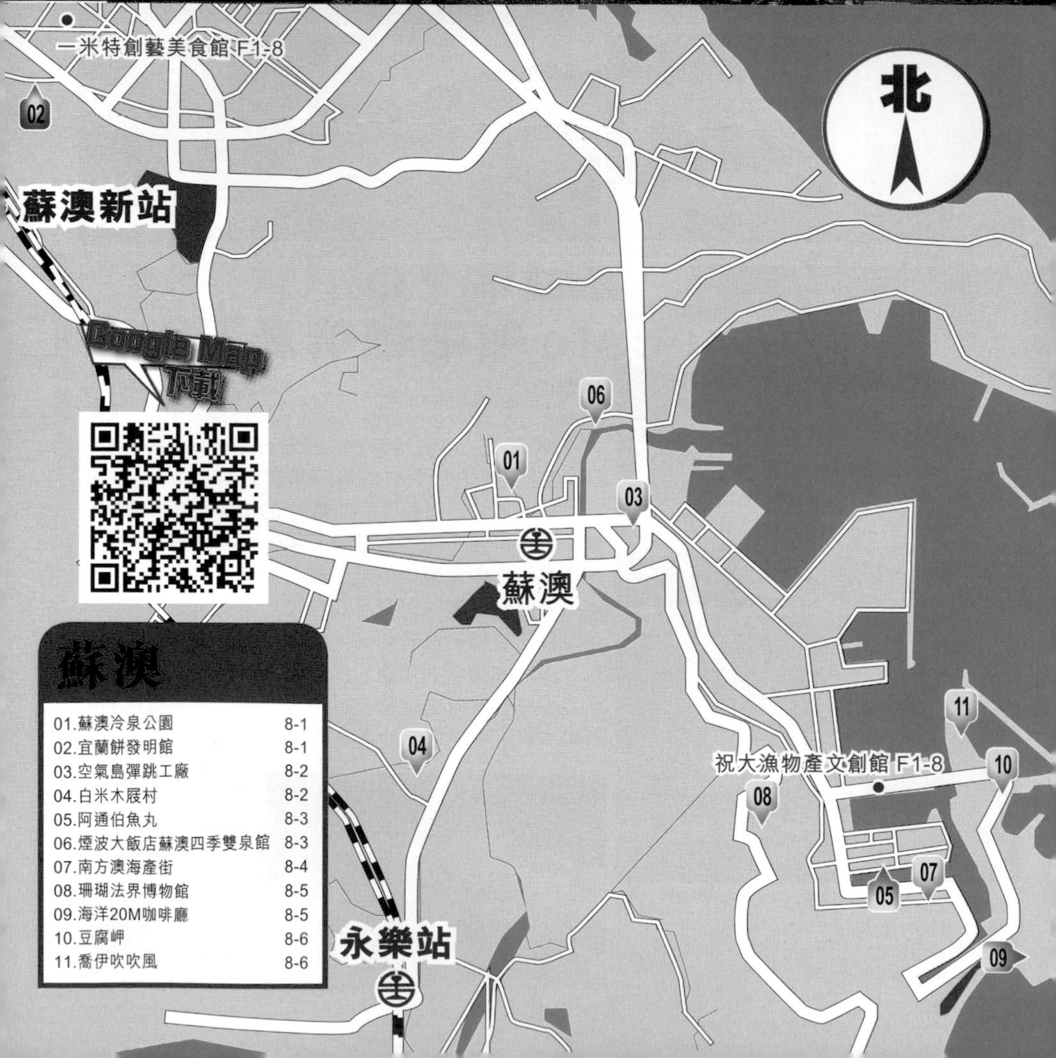

一米特創藝美食館 F1-8
02
蘇澳新站
北
Google Map
下載
06
01
03
蘇澳
04
祝大漁物產文創館 F1-8
11
10
08
07
05
09
永樂站

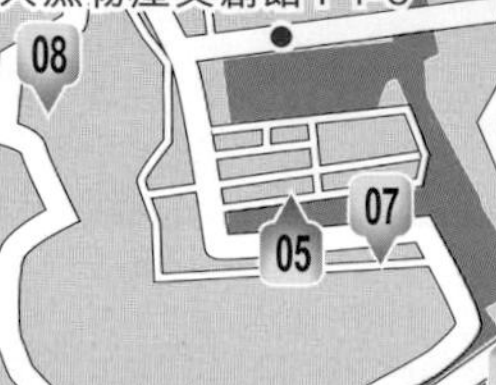

蘇澳

天下第一泉 MAP 8-0

蘇澳冷泉公園 01

蘇澳火車站往太平路與新生路走約 5 分鐘即達

號稱「天下第一泉」的蘇澳冷泉，是恆溫攝氏22度的低溫礦泉，泉水無色無臭、水質透明，地底時有氣泡冒出，屬於世上罕見的可飲用及浸浴的碳酸泉。冷泉公園內設有男女露天大眾池和個人浴池，前者男女皆須穿著泳衣才能浸泡，後者則須另付NT300的人頭費才能享用。由於池底會不斷湧現細小的氣泡，予人恍如浸泡在汽水中的感覺，非常得意。公園附近還有免費的公共浴池及冷泉溝可供旅客隨意嬉水。

地址：蘇澳鎮冷泉路 6 之 4 號 **電話**：03-9960645
營業時間：10:00am-5:20pm，星期四公休
收費：大眾池：成人 NT70、長者 NT40
網頁：https://www.facebook.com/suaocoldsprings/

INFO

巨人吃的牛舌餅 MAP 8-0

宜蘭餅發明館 02

新馬火車站乘的士約 5 分鐘

宜蘭餅又名牛舌餅，據説是20世紀初宜蘭造餅老師傅韓阿輝所首創，其特色是窄、長、薄，口感脆和無內餡。宜蘭餅發明館除了介紹宜蘭餅超過100年的歷史及演變外，更設有DIY班(需預約)，讓遊客製作專屬的宜蘭餅。

館內介紹牛舌餅製作過程，沒想到天花板也造成牛舌餅的模樣呢。

地址：蘇澳鎮隘丁里海山西路 369 號
電話：03-9905999 **營業時間**：8:30am-6:00pm
收費：免費 **網頁**：http://i-cake.diy.org.tw/

INFO

宜蘭

宜蘭罕見室內遊樂場所 03
空氣島彈跳工廠

台鐵蘇澳站步行約 10 分鐘

MAP 8-0

★★

空氣島彈跳工廠是蘇澳的室內遊樂場所，它佔地約500坪，一張門票就可以玩盡全場9大刺激好玩的設施，如魔鬼滑梯、蜘蛛塔、泡泡足球、極限衝浪等，還有超過20種的電子遊戲機台，如太鼓達人、跳舞機、賽車等。玩到累了，還可以在餐飲區大擦炸雞塊、薯條、三文治、冰淇淋等輕食，充過電後再喪玩。這裡適合親朋好友一起來挑戰體能和享受樂趣，不用擔心天氣影響，無論晴天雨天都可以玩得盡興！

地址：蘇澳鎮港區路 8 號 **電話**：03-997-2222
營業時間：10:00am-10:00pm
費用：NT350/2 小時，NT450/3 小時
※ 只招待 12 歲以上或身高超過 150 公分的來賓。身高 135-150 公分的來賓須由成人陪同入場

INFO

木屐完全不老土，簡直是潮爆。

駐場師傅示範木屐製作過程。

MAP 8-0 04

白米大觀園
白米木屐村

蘇澳火車站乘的士約 5 分鐘

白米舊稱為永春，有著三面環山的地緣優勢，林業可說是相當發達，更因此發展為木屐業，當地更流行一句俗諺「白米甕，做柴屐，偷剉柴，山林捉」。木屐村外觀設計非常樸實，但卻貼滿不同顏色的石頭作為裝飾，營造出歡樂氣氛。店內提供各式各樣，琳琅滿目的木屐彩繪，以及木屐商品、吊飾。還會播放有關白米木屐村的由來及木屐製作示範。

地址：蘇澳鎮永春路 174 號
電話：03-995-2653、03 996 0700
營業時間：9:00am-5:00pm，周六、周日 8:30am-5:30pm（周三休館）
收費：NT150

INFO

MAP 8-0

05

來南澳捁魚旦
阿通伯魚丸

由蘇澳火車站乘的士約 10 分鐘即達

店主黃阿通先生是一位休業漁民，其海上經驗豐富，對魚類亦十分了解，故對自家研製的魚丸甚有信心，終於創出飛虎魚丸、桂花魚翅、旗魚生魚片，用上了新鮮的飛虎魚肉，並加入其他配料如蛋、豬的夾心肉等，每位食客食過後都大讚！

飛虎魚丸、桂花魚翅、旗魚生魚片是宜蘭縣南方澳著名的三寶。

地址：蘇澳鎮漁港路 73 號
電話：039-963-985
營業時間：星期四至一 9:00am-5:30pm，星期六至 6:00pm，星期日至 5:00pm（星期三公休）
收費：魚丸湯約 NT30

INFO

MAP 8-0

06

兩忘煙水裡
煙波大飯店 蘇澳四季雙泉館

蘇澳火車站步行 6 分鐘

蘇澳的冷泉馳名台灣，加上海天一色的蘇澳港美景，成為四季雙泉館的最強賣點。飯店頂層的「川原天幕」，是全台唯一可以一邊泡湯，一邊欣賞蘇澳港日出日落夢幻美景的湯池。客房內設有私家湯池，更提供蘇澳獨有的冷泉與熱泉交替。房間景分山景和海景，大片落地窗可以俯瞰整個蘇澳風光，飯店在2017年被台灣蕃薯藤輕旅行網站票選為十大必住溫泉飯店的第一位。

地址：蘇澳鎮中正路 38 號
電話：03-996-6600
收費：雙人房 NT3,872/ 晚起
網頁：https://www.lakeshore.com.tw/tw/suao

INFO

南方澳海產街

★★

蘇澳火車站轉乘的士
車程 8 分鐘

蘇澳的南方澳是台灣沿海及近洋漁船的重要基地，漁獲量極豐，也是台灣三大漁業重鎮之一。南方澳港有三個漁市場，第一漁市主要是業內拍賣魚獲之處，而南寧漁市則由漁民們各自販售魚獲。至於漁港路的第三個漁市就是著名的海產街，聚滿各式海鮮食肆及手信特產店，非常受遊客歡迎。

地址：南方澳漁港路及南寧路

INFO

漁港路海產街

大芳園活海鮮

創店40多年，新鮮食材價錢實惠。招牌菜「沙公米粉湯」，新鮮紅蟳配以秘方湯頭，讓人回味無窮！

地址：蘇澳鎮五甲路 62 號
電話：03-995-2333
時間：10:00am-9:00pm；
星期六日 9:00am-9:0pm

INFO

永昇快炒海鮮

永昇海鮮以料理手法多變而聞名，其中一味「四不像」，老闆以黑鮪魚腹部的排骨油炸後，再以桔餅、冬瓜與陳皮等調成的醬汁拌炒，口感不像魚肉、牛肉、豬肉、羊肉，所以名為「四不像」。

地址：蘇澳鎮南寧路 17 號
電話：03-995-4299
時間：11:00am-9:00pm
網頁：http://www.royalseafood.com.tw/

INFO

富美活海鮮

富美活也是海產街名店，有超多海產如花蟹、蚌、小捲與龍蝦等選擇。招牌菜「富美西魯肉」是宜蘭傳統料理，充滿鄉土風味。

地址：蘇澳鎮海邊路 111 號
（新漁會大樓對面）
電話：03-996-2807
時間：10:30am-8:00pm
網頁：https://www.fumeei-seafood.com.tw/

INFO

MAP 8-0 08

把珊瑚融入藝術中
珊瑚法界博物館

蘇澳火車站轉乘的士車程 10 分鐘

南方澳曾經是全台珊瑚最重要的集散中心，雖然產業已經沒落，但著名的珊瑚雕塑家賴榮興卻決意把自家住宅改建為珊瑚博物館。博物館內珍藏了賴老師多個作品系列，他把佛界妙境融入珊瑚之中，讓珊瑚彷彿活過來，就算不是佛教徒，也能感受箇中的靈氣，令人感到平靜和祥和。

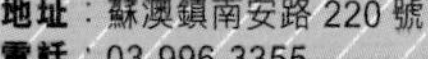

地址：蘇澳鎮南安路 220 號
電話：03-996-3355
時間：9:00am-12:00 nn，1:00pm-5:00pm（星期日至二公休）
收費：成人 NT180，學生 NT100
網頁：http://www.coralmuseum.net/

INFO

MAP 8-0 09

到希臘度假
海洋20M咖啡廳

蘇澳火車站乘的士約 15 分鐘

「海洋20M」就位於宜蘭蘇澳的內埤海灣內，由於地理位置極佳，近在咫尺的海灣只有約20公尺的距離，這就是店名由來吧。餐廳採用藍白風格的希臘建築，在藍天白雲下，真的像極了置身希臘度假勝地聖托里尼般。坐在餐廳喝咖啡、聊著是非，眼前就是一望無際的海景，令人把煩惱盡忘。

近在咫尺的沙灘。

餐飲雖簡單但氣氛卻冇得輸。

地址：蘇澳鎮造船路 108 號
電話：0938-789918
營業時間：11:00am-8:00pm

INFO

宜蘭 | 宜蘭市 | 羅東鎮 | 礁溪鄉 | 冬山鄉 | 員山鄉 | 頭城鎮 | 蘇澳 | 五結鄉 | 三星鄉 | 大同鄉 | 壯圍鄉

MAP 8-0 10

一覽奇特地貌
豆腐岬

蘇澳火車站轉乘的士車程 15 分鐘

南方澳漁港東側，由陸連島與連島沙洲連貫而成，是全台最大的沙頸地形。因弧狀凹槽面向海洋，礁岩狀似豆腐，故稱豆腐岬。沿著豆腐岬海岸步道漫步，一邊是洶湧的波濤，一邊是陡峭的山壁，地貌非常獨特。這裡也是蘇澳水上活動的勝地，無論浮潛、磯釣，甚至近年流行的「SUP 立式單槳衝浪」，都會在此進行。不過這裡地形始終較險要，從事水上活動一定要有合資格的教練在場以策安全。

地址：蘇澳鎮南方澳漁港東側

INFO

想和你去吹吹風 11
喬伊吹吹風

MAP 8-0

由蘇澳港旅運中心經過新南方澳跨海大橋步行約 16 分鐘

雖然蘇澳不乏海鮮食肆，但想與另一半靜靜地一面欣賞海景一面品嚐美食，喬伊吹吹風便是最佳選擇。餐廳位於豆腐岬帆船訓練中心二樓，擁有絕佳的山海景觀，室內是質感系的玻璃屋，室外是峇里島風的露天平台。這裡的菜單提供早午餐、定食、小吃、甜點和飲料等選擇，如綠咖哩椰汁早午餐、打拋豬肉烤餅、芒果鬆餅、冰滴咖啡等，讓你在這裡享受美食、飲品和悠閒的氣氛。

INFO

地址：蘇澳鎮跨港路 6 號 2 樓
電話：03-995-2553
時間：11:00am-6:00pm，星期三休息
網頁：https://www.facebook.com/msjoycafe/

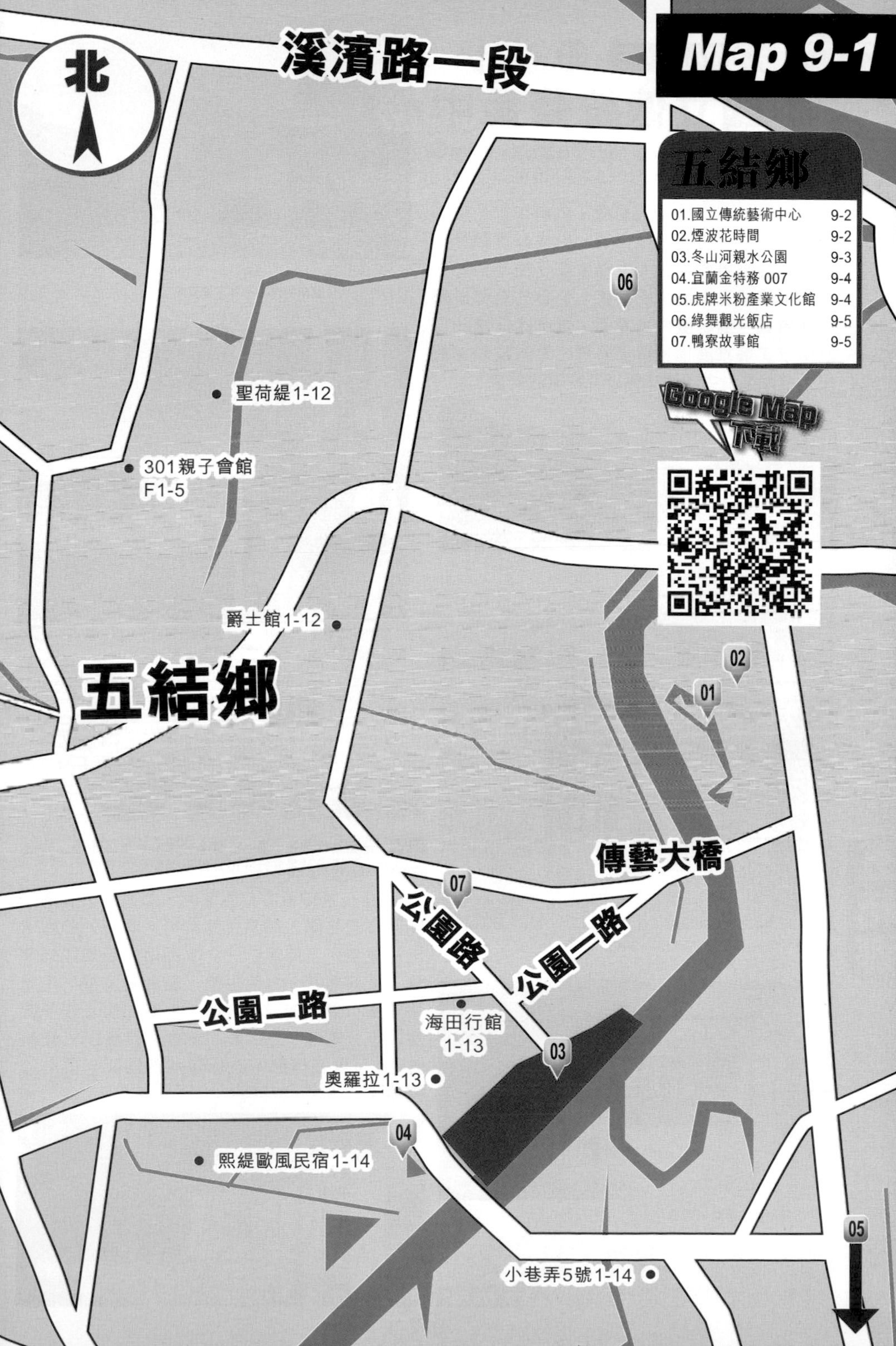
Map 9-1
北
溪濱路一段
五結鄉
01.國立傳統藝術中心 9-2
02.煙波花時間 9-2
03.冬山河親水公園 9-3
04.宜蘭金特務 007 9-4
05.虎牌米粉產業文化館 9-4
06.綠舞觀光飯店 9-5
07.鴨寮故事館 9-5
Google Map 下載
聖荷緹1-12
301親子會館 F1-5
爵士館1-12
五結鄉
傳藝大橋
公園路
公園一路
公園二路
海田行館 1-13
奧羅拉1-13
熙緹歐風民宿1-14
小巷弄5號1-14
01
02
03
04
05
06
07

 MAP 9-1  01

國立傳統藝術中心

 羅東火車站乘的士約 15 分鐘；或於羅東後火車站轉乘首都客運 241 或台灣好行冬山河線至傳藝中心下車

傳藝中心位於宜蘭五結鄉，依傍在景色優美的冬山河畔，佔地有24公頃，已成為宜蘭縣最熱門的觀光景點之一。中心主要任務為推動、保存、傳習及推廣傳統藝術。中心分為傳統藝術傳習區、傳統戲曲展演區、傳統建築體驗區及傳統工藝推廣區。透過展覽、表演及親身體驗，令遊客對中國傳統藝術有嶄新的認識。

建築風格仿造 20 世紀台灣初期的街屋設計，又帶點巴洛克式融合閩南的建築，非常獨具特色。

非常寬闊的內河道，還可以乘船暢遊。

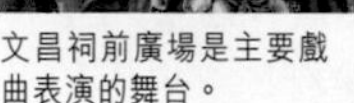

文昌祠前廣場是主要戲曲表演的舞台。

這裡彷彿坐上了時光機，回到了過去般。

地址：五結鄉季新村五濱路二段 201 號
電話：03-950-7711、0800-868676
營業時間：9:00am-6:00pm
收費：成人 NT150，小童 NT120
網頁：http://www.ncfta.gov.tw/

★ INFO

 MAP 9-1 02

東方美感 X 西方現代 煙波花時間

台鐵羅東車站下車，於羅東轉運站乘首都客運 241 線或台灣好行冬山河線至傳藝中心下車

酒店位於傳藝中心園區內，由荷蘭設計團隊將歐陸風格融入閩南式建築中。酒店外整個環境綠意盎然，將傳統三合院閩南古厝式建築重現，紅磚黑瓦、古色古香。酒店設多種不同風格客房選擇，如愛心客房、家庭客房及親子客房，十分體貼。住房專案包含「習藝 DIY 體驗券」，可以在傳藝中心玩陶瓷首飾或手工皂等體驗。

荷蘭設計團隊以「屋中屋」手法設計，盡情地將藍白瓷磚鋪天蓋地。

房內落地窗令整體視覺增大。

在傳統古厝裡中走過，時間像被鎖住了。

地址：五結鄉季新村五濱路二段 201 號
電話：03-950-6666 **房價**：雙人房 NT3,432/ 晚起
網站：https://yilan-arts.lakeshore.com.tw/

★ INFO

有山有水玩餐飽

冬山河親水公園 03

MAP 9-1

羅東火車站轉乘 1797 號國光客運往岳明新村，車程約 30 分鐘

全長約24公里的冬山河，流經羅東、冬山及五結等三鎮，是宜蘭市內第五大河。在五結鄉中還有專為冬山河而設的親水公園，集運動及休閒活動於一身的河濱遊憩樂園。園內有一座朱紅的長拱橋，被當地人稱作「虹橋」，又有「捷經橋」之稱。它曾解決五結鄉與羅東鎮鄉民的交通問題，讓他們不用再繞遠路回家。親水公園內還設有遊戲區和河川之旅，讓人試玩各種水上體能設施如涉水池、划艇等。現有親水小船與水上巴士連結國立傳統藝術中心，更有遊河及夜航行程供遊客選擇。

地址：五結鄉協和路 20 之 36 號 **電話**：03-950 2097
營業時間：8:00am-10:00pm（冬季）；
7:00am-10:00pm（夏季）
收費：免費參觀

INFO

相片提供：黃鼎軒

齊扮007 04 MAP 9-1
宜蘭金特務 007 Kingspy

台鐵中里站出站步行約5分鐘

鐵金剛占士邦007是香港人家喻戶曉的人物，設在冬山河親水公園附近的宜蘭金特務 007 Kingspy，便是以特務為主題的互動體驗館。這裡有6大訓練課程，包括心肺訓練、解鎖、打電報、輕兵器訓練、博擊和狙擊。除了訓練課程，這裡還有3處適合拍照打卡的場所，包括軍火庫、拷問間和cosplay拍照區，讓你可以盡情展現你的特務風采。

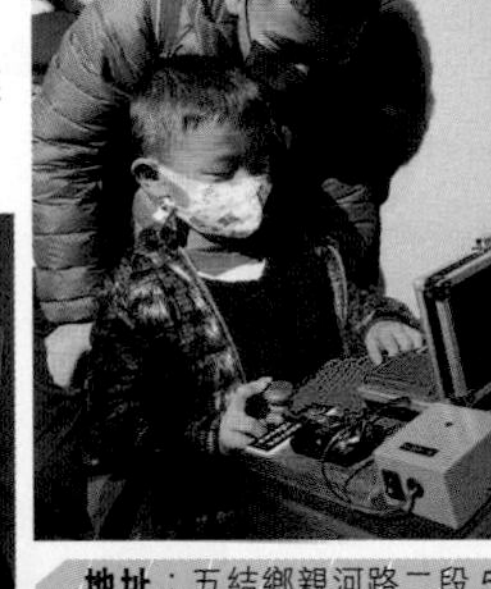

地址：五結鄉親河路二段57號　**電話**：03-960-5070
營業時間：9:00am-5:00pm，星期三休息
費用：NT250，門票可以折抵商品NT100
網頁：https://www.facebook.com/007Kingspy

INFO

細説米粉的那些事 MAP 9-1 05

虎牌米粉產業文化館

羅東或冬山火車站轉乘的士約15分鐘

虎牌米粉產業文化館有全世界的米粉介紹，還有老米粉製造設備展示、創業歷程街景展示等，把70年代的米粉業全貌呈現眾人眼前。走過時空街景時，記得到懷舊米粉攤試食虎牌特製的炒米粉，可是免費放題呢！另外，還可以體驗電鍋米粉料理和彩繪碗米粉的DIY 工作坊，把技術與實物也一併帶回港去。

INFO

地址：五結鄉利興三路5號
電話：03-990-7718
營業時間：9:00am-5:30pm
收費：入場票NT200
網頁：http://www.tigerfood.com.tw/

宜蘭市 羅東鎮 礁溪鄉 冬山鄉 員山鄉 頭城鎮 蘇澳 五結鄉 三星鄉 大同鄉 壯圍鄉

台版日式庭園
綠舞觀光飯店 06

MAP 9-1

台鐵羅東車站下車後，乘 621 宜蘭勁好行線於大眾北路下車步行約 2 分鐘

全台唯一結合日式庭園的飯店，有美術館、湖泊、水濂洞、輕食館、展演廳等設施；園區一片綠意配搭日式庭園造景，利用地勢高低落差，營造假山坡、瀑布與拱橋湖泊；走在水濂洞步道時，瀑布順勢沖刷下，瞬間充滿涼意。美術館後方是「御守亭」仿神社，有兩尊狐狸鎮守著，狐狸為日本稻荷神的使者，祈求豐收富足，旅客也可在此掛上繪馬祈福。展演廳 內除了有傳統日本舞表演，也提供浴衣租借體驗，工作人員協助浴衣著裝後，可以盡情打卡了！

INFO

地址：五結鄉五濱路二段 459 號
電話：03-9603808 **房價**：雙人房：NT8,990 起 / 晚
園區門票：NT300/ 人（可折抵園區餐飲）
園區開放時間：4 -9 月 9:00am-6:00pm、
10-3 月 9:00am-5:00pm
浴衣體驗：NT299/40 分鐘（不含換裝時間）
網頁：https://www.dwsresort.com.tw/

與鴨鴨有個約會 07
鴨寮故事館

MAP 9-1

台鐵羅東站乘的士約 10 分鐘

鴨賞是宜蘭的名物，做法似廣東的臘鴨，都是把鴨的內臟去除後洗淨，再到戶外風乾。台灣人視之為貴重禮物，有「犒賞」的意思，所以名為鴨賞。鴨寮故事館原為謝記的養鴨場，後來改建為鴨寮故事館，裡面不但設產品販售區，亦有展示區介紹鴨子、鴨蛋品種及鴨賞製作過程。此外，DIY 區提供了多種有趣的活動，例如紅土鹹鴨蛋DIY、搓湯圓DIY、彩繪鴨/彩繪公仔、手做Pizza、紅龜粿DIY等，也可到池塘體驗餵食小黃鴨的樂趣。故事館門票NT50，客人在館內消費，可以完全折抵票價。

INFO

地址：五結鄉協和村公園路 88 號
電話：03-9504646 **營業時間**：8:00am-5:00pm，星期四休息
網頁：https://duckfarm.tw/index.php/2020-07-09-07-18-05

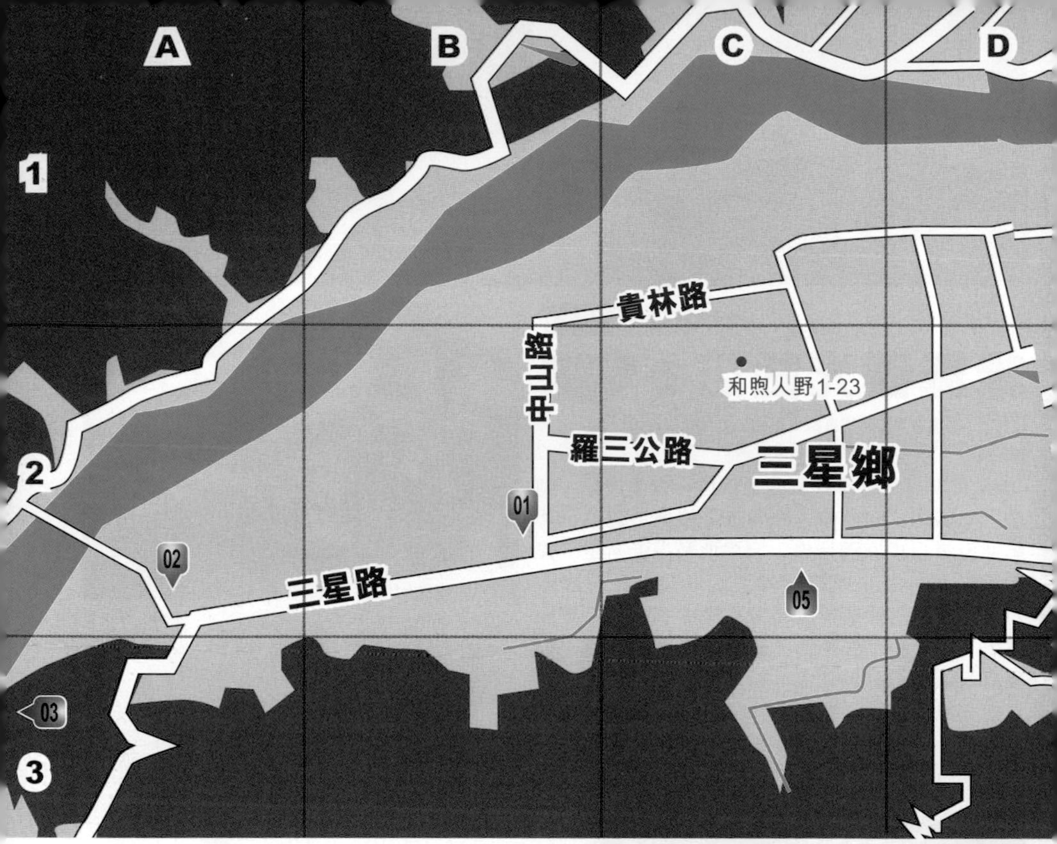

A B C D

1 2 3

貴林路

中山路

和煦人野1-23

羅三公路

三星鄉

三星路

01 02 03 05

蔥味四溢

三星蔥文化館 01

羅東火車站轉搭 1793 號
公車於三星一站下車

三星鄉位於蘭陽平原的最高點，居於雪山山腳下，加上多雨、日夜溫差大的氣候，讓蔥生長速度較緩，使得葉肉厚、纖維細緻。三星蔥擁有獨特的風味與口感，就算生吃，一樣滋味無窮。

青蔥文化館以三星著名農業特產——蔥、蒜、銀柳及上將梨為主題。館內除了擺放了設計可愛的裝置藝術品——騎單車的蔥小子外，還有介紹三星蔥的歷史、構造和培育方式等展覽解說區。中間還有一條木板走道，附有「青蔥機智小問答」的益知問答、「蔥滿勝蒜」的創意木雕工作坊，以及「採蔥」的互動遊戲呢！

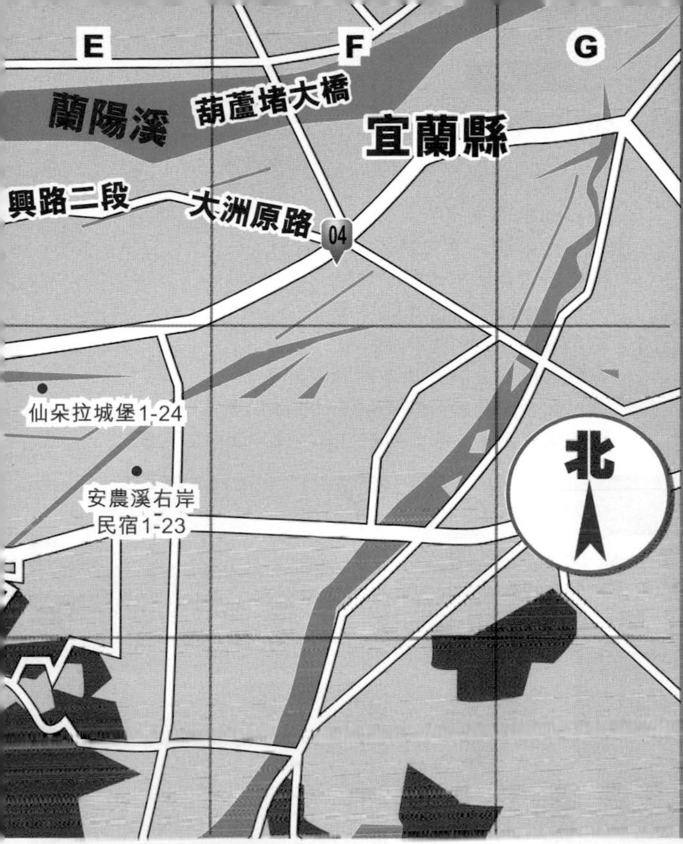

E F G

蘭陽溪

葫蘆堵大橋

宜蘭縣

興路二段

大洲原路

04

仙朵拉城堡1-24

安農溪右岸民宿1-23

北

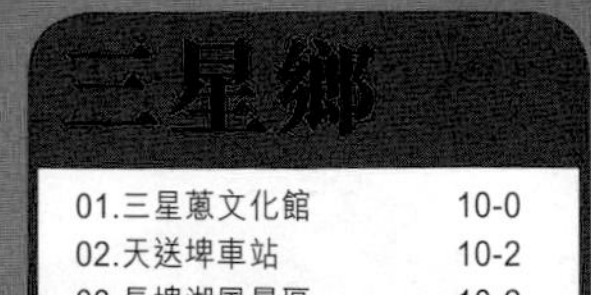

三星鄉

INFO

地址：三星鄉義德村中山路二段41號
電話：886-3-9895033 **收費**：免費
營業時間：平日 8:00am-5:00pm，
假日 9:00am-6:00pm
（除夕及初一公休）
網頁：https://www.facebook.com/sunshingreenonion/

浪漫回憶 MAP 10-0 A2

天送埤車站 02

羅東火車站乘的士約 40 分鐘

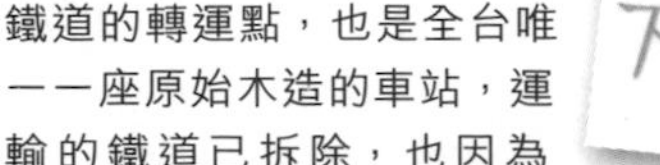

看過《下一站。幸福》這部偶像劇的朋友一定對這個景點不陌生。原先是太平山鐵道的轉運點，也是全台唯一一座原始木造的車站，運輸的鐵道已拆除，也因為有偶像劇的加持，原本默默無聞的車站，如今成為超夯的景點之一。雖然車站不大，但許多遊客來到這裡，都會拍照留念，留下美麗的回憶。

車站不但外觀，內裡的布置和擺設都盡量保持原來風貌。

地址：三星鄉福山街福山橫巷 27-41 號

INFO

賞花好地方 MAP 10-0 A3

長埤湖風景區 03

羅東火車站乘的士約 40 分鐘

九芎湖是位於天送埤山上處的一座人工大型蓄水池。

長埤湖風景區，高度海拔約200公尺。長埤湖終年不乾涸，景致幽雅，坐擁青天翠巒，每逢假日吸引了不少遊客前來露營遊樂。這裡遠較宜蘭其他熱門景點寧靜，只要半小時便可遊湖一周。在春天及夏天，這裡更是賞櫻花及向日葵的好地方。而最特別的，是市政府把天送埤、長埤湖、清水地熱及九芎湖合為天長地久，並在長埤湖風景區豎立車票紀念碑。雖然有些無聊，但真的有人當集郵一樣走遍四個景點呢。

天 • 長 • 地 • 久特別版車票。

地址：三星鄉員山村三星路八段（台七丙省道旁）

INFO

活化車站 MAP 10-0 F1

大洲車站 04

羅東火車站乘的士約 20 分鐘

早期的大洲車站是大平山森林鐵路的其中一站，不過隨著太平山停止採伐之後，車站也跟著因此而荒廢。其實這條太平山森林鐵路總共有10個車站，但僅剩大洲車站和天送埤車站保留較為完整了。地方政府認為大洲車站因此而荒廢真的是相當可惜，在經過經費的籌措之下，大洲車站經過整修，改頭換面變成「鐵路文化館」，也成為三星鄉的觀光休憩景點之一 。

地址：三星鄉大洲村大洲路 84-15 號

INFO

MAP 10-1 C2

羅東火車站乘的士約 30 分鐘

由槍杆變筆杆

05 三星鄉立托兒所(槍櫃城遺跡)

活化了的古蹟可以作不同用途，但作為托兒所就比較少見。這裡說的三星鄉立托兒所原來就建在「槍櫃城遺跡」之內，是以前漢人築城對抗、防禦原住民葛瑪蘭族的城堡。當兩族和解後，這片石牆城堡遺留下來，變成現在的三星鄉立托兒所。在槍櫃城旁，有一株百餘年的榕樹，樹根亂序糾結，非常罕有。而在附近的田上，竟然還可以看見草埒，聽說這絕學也要失傳了，記得順道參觀。

槍櫃城旁邊就是綠油油的蔥田園，可以近距離觀賞著名的三星蔥。

所謂草埒就是把收割後的稻草堆積起來曬乾，留待以後生火或拿來蓋在菜畦上之用。

百年榕樹底下放置木椅，應該是讓附近乘涼好去處，可惜這株樹已經生病了，隨時有倒塌的危險。

地址：三星鄉大湖路 35-3 號附近

INFO

高溫境界
清水地熱

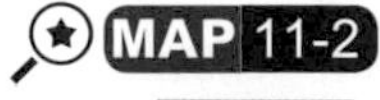

冬山火車站乘的士約 50 分鐘

清水地熱的硫磺熱泉自然從地下湧出，由於泉溫非常之高，高達攝氏95度以上，遠遠就可清楚看見地熱吐出的裊裊白煙，遊客們都會買一些適合烹煮的食材來這裡野餐。而這裡也設置60度的泡腳區，讓遊客不只可以享受煮食物的樂趣，還能享受幫助血液循環，特別是一群朋友前來玩樂，更能增進彼此的感情。

地址：大同鄉清水村南側清水溪谷中
（羅東鎮西南方約 13 公里處）

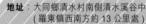

INFO

無論雞蛋或玉米，經過數分鐘便煮好，店家還送一包黑胡椒鹽，加上去味道真是不錯。

北橫明珠 MAP 11-2

明池國家森林遊樂區

建議於羅東市包車前往，至少預留大半天時間

明池國家森林遊樂區實際上位於宜蘭縣和桃園縣之間，位處大約1,150至1,700公尺之間的高海拔。在明池高山，除了可以欣賞到珍貴的人工湖泊，各種動植物景觀亦十分豐富，台灣常出現的動物，如：鳥類、蝶類、松鼠、鴛鴦、綠頭鴨等動物都有機會在這裡碰上。在高山上的人工湖泊，終日四周煙霧迷漫，有著仙境般的夢幻景觀，故有「北橫明珠」的美譽！

宜蘭不愧有森林之鄉的稱號，在明池森林區進入樹林後，古木高聳入雲，陽光無法射入。

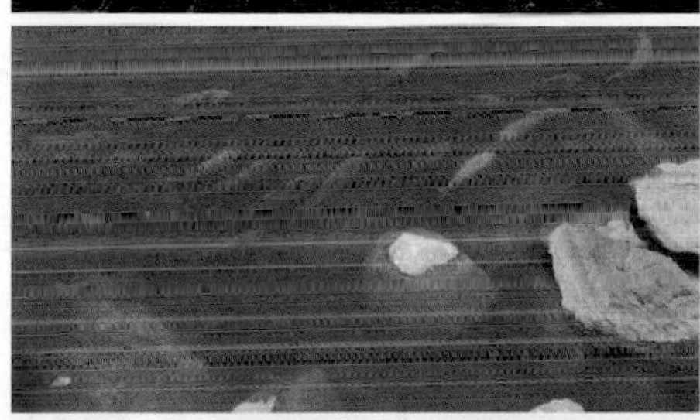

地址：大同鄉英士村 8 鄰明池山莊 1 號
電話：88-639-894-106
營業時間：8:00am-4:30pm
收費：平日 NT120，假日 NT150

★ INFO

翠峰湖的湖水終日翠綠，沒有被污染的湖水真的很美。

宜蘭 台灣三大林場之一

太平山 MAP 11-2

從宜蘭及羅東開往太平山的班車：宜蘭 8:30、羅東 8:50；抵達太平山 11:30；回程發車時間 15:30；抵達羅東 17:30、宜蘭 17:50

太平山與阿里山、八仙山並列為台灣三大林場之一，全區面積達一萬兩千餘頃，區內有南湖大山山系、三星山山系、大霸尖山支脈。太平山國家森林遊樂區是宜蘭的賞花勝地，無論春天賞櫻花或秋冬賞楓樹，都不會令遊人失望。而位於太平山與大元山之間的翠峰湖，標高一千九百公尺，湖面廣達二十公頃，是台灣最大的高山湖泊之一。由於公園範圍極廣，遊覽時最少要預4-6小時，才能體會太平山的風采。

地址：大同鄉太平村　**電話**：03-9809619
營業時間：6:00am-8:00pm（平日）, 4:00am-8:00pm（星期六及日）, 3:30am-8:00pm（寒暑假）
收費：平日 NT150，假日 NT200
網頁：http://tps.hiweb.tw/location.php

INFO

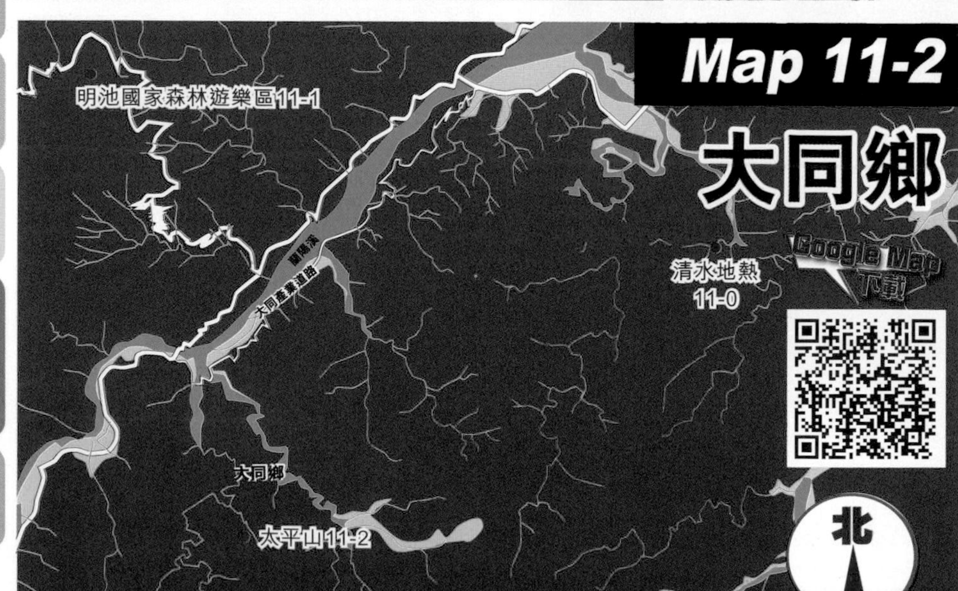

南瓜王國

旺山休閒農場

MAP 11-3

宜蘭火車站乘的士約 20 分鐘

位於宜蘭壯圍鄉堤防旁的「旺山休閒農場」，是全台灣最大的南瓜王國。這裡攀爬瓜棚的南瓜，種在土裡的南瓜，五顏六色、千奇百怪、特殊造型，應有盡有，品種達三百多種，讓大家吃南瓜，還能更認識南瓜。一進入農場，就會看見好多各式南瓜映入眼簾，裡頭還能DIY體驗採果、DIY南瓜彩繪等活動，是個適合假日帶著小朋友一起同遊的好景點。

這裡的最大賣點莫過於南瓜隧道了。隧道一共有六條左右，每一條都有著不同的主題。

DIY體驗教室區當天體驗的是DIY的南瓜披薩，不時聞到陣陣香氣撲鼻而來。

地址：壯圍鄉新南村新南路 107-7 號
電話：0932-088-992
營業時間：9:00am-5:00pm（星期四休園）
收費：NT100（成人及學生）, NT60（國小 1 年以下）
網頁：http://wanshun.hiweb.tw/index.html

INFO

Map 11-3

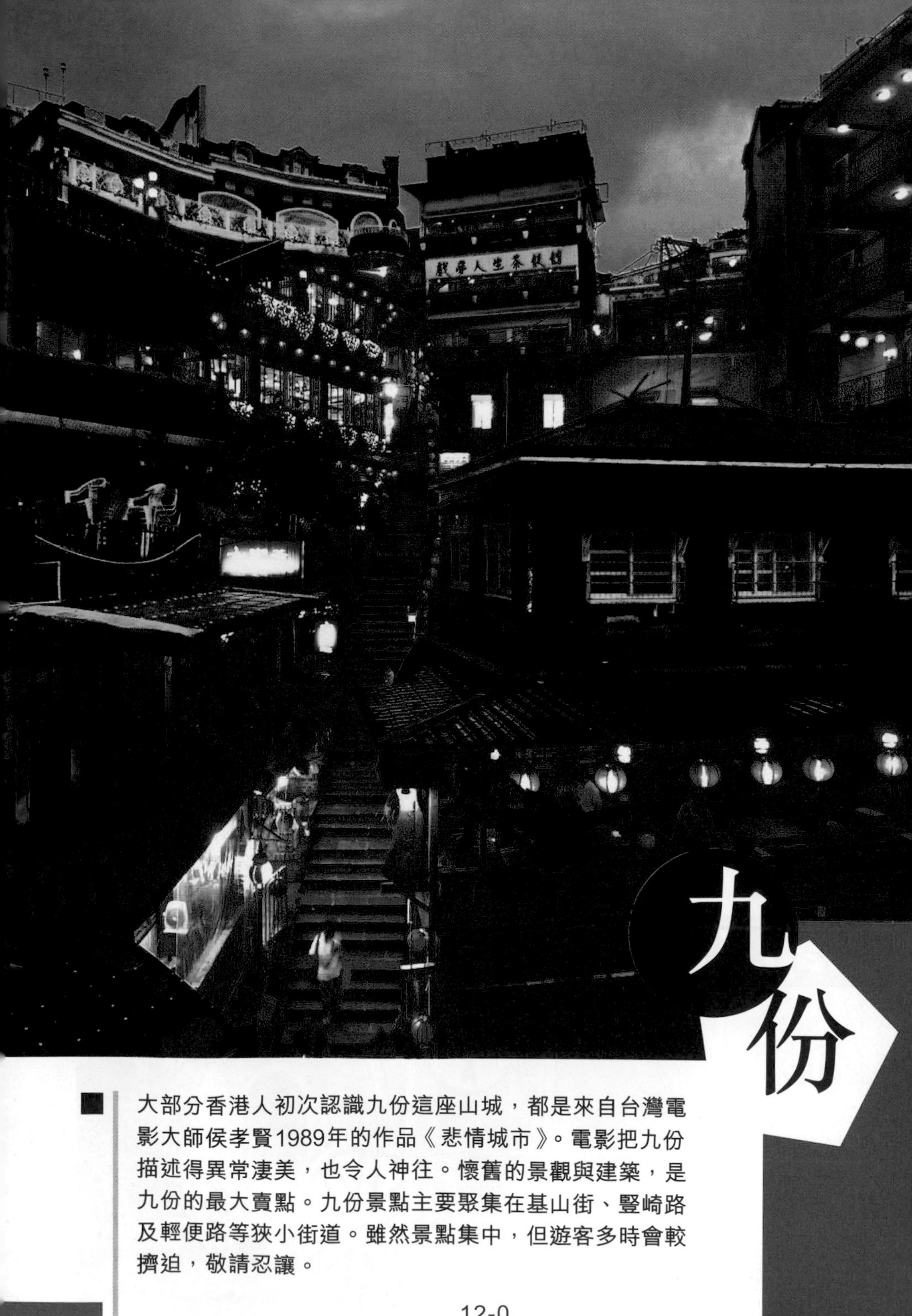

九份

大部分香港人初次認識九份這座山城，都是來自台灣電影大師侯孝賢1989年的作品《悲情城市》。電影把九份描述得異常淒美，也令人神往。懷舊的景觀與建築，是九份的最大賣點。九份景點主要聚集在基山街、豎崎路及輕便路等狹小街道。雖然景點集中，但遊客多時會較擠迫，敬請忍讓。

往返九份交通

從台北出發

台鐵

由台北往九份或金瓜石，都是在瑞芳站下車，再於站外乘巴士前往。由台北往瑞芳的火車，車種分為兩大類──指定座列車(自強、莒光、普悠瑪)和自由座的區間車。由於區間車停站多，車程長，且不一定有坐位，建議選購指定座列車車票。

購車票程序

先投幣/或入鈔→選擇購票數量→再按車種(自強、莒光和區間車)→選擇票種(全票、半票、成人去回、孩童去回)→最後選目的地(如瑞芳)

如果嫌操作售票機複雜，可直接到售票處購票，問清楚開車時間及登車月台，保證不會買錯車票上錯車。

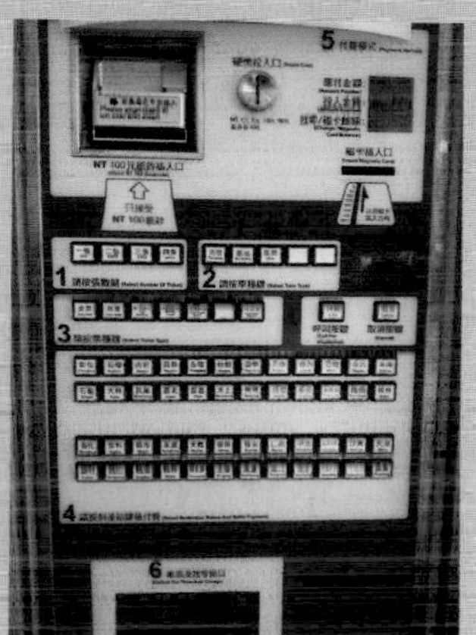

台鐵往返瑞芳時刻表

台北車站→瑞芳(早上時段)		
車種/班次	台北(出發)	瑞芳(抵達)
區間快4006(桃園 → 花蓮)	6:28	7:03
自強272(苗栗 → 花蓮)	7:24	8:08
區間快4022(鶯歌 → 蘇澳新)	8:35	9:22
自強212(樹林 → 花蓮)	8:52	9:28
區間快4026(樹林 → 花蓮)	10:06	10:45
自強(3000) 422(樹林 → 新左營)	10:40	11:14
區間快4028(樹林 → 花蓮)	11:55	12:31
區間快4030(樹林 → 花蓮)	12:21	13:04
普悠瑪228(樹林 → 花蓮)	13:08	13:41

瑞芳→台北車站(下午時段)		
車種/班次	瑞芳(出發)	台北(抵達)
自強215(花蓮 → 樹林)	13:01	13:37
普悠瑪219(花蓮 → 樹林)	14:12	14:47
自強175(花蓮 → 潮州)	15:17	15:56
自強177(花蓮 → 斗南)	16:55	17:37
區間快4027(蘇澳新 → 湖口)	17:37	18:30
莒光653(臺東 → 彰化)	18:23	19:12
自強(3000) 229(瑞穗 → 樹林)	18:29	19:05
自強181(花蓮 → 屏東)	18:45	19:25

以上時刻表只記錄指定座列車及部分行車時間，要查閱完整時刻表請瀏覽：
https://tip.railway.gov.tw/tra-tip-web/tip/

瑞芳火車站→九份老街/金瓜石

由瑞芳火車站出站，往對面頂好超市搭乘往金瓜石的基隆客運(票價NT25)，不用管巴士路線，只要前往金瓜石的車即可抵九份。車程約15分鐘，至舊道7-11門口即為九份老街入口。因此站超多人下車，所以不用怕落錯站！回程於7-11對面即有巴士站坐車回瑞芳火車站或台北市。

巴士

不要上錯1061線，否則去不到九份和金瓜石。

怕台鐵路線複雜容易坐錯車的遊客，可選擇乘巴士基隆客運1062線由台北市直接前往，車程約兩小時。台北市上車地點為捷運忠孝復興站2號出口前方，途經瑞芳火車站、九份老街、金瓜石黃金博物館，最後以金瓜石勸濟堂為終站，單程車費NT113。

A
B
C
D
九份老街入口
九濱公路
輕便路
豎崎路
Google Map 下載
九重町
基山街
九份
01.魚丸伯仔 12-4
02.阿珠雪在燒 12-4
03.金枝紅糟肉圓 12-5
04.阿柑姨芋圓店 12-5
05.賴阿婆芋圓 12-6
06.香穀柴糧 12-6
07.護理長的店 12-7
08.阿蘭草仔粿 12-7
09.芋仔番薯茶坊 12-8
10.九份茶坊 12-8
11.水心月茶坊 12-9
12.阿妹茶樓 12-9
13.昇平戲院 12-10
16.陶工坊 12-12
17.九份藝術館 12-12
20.李儀餅店 12-14
21.手信坊 12-14
22.九金店 12-15
23.米詩堤 12-15
24.是誠陶笛 12-15
Map 12-3A
北
金瓜石
14.頌德公園 12-10
15.金礦博物館 12-11
18.福山宮 12-13
19.五番坑 12-13
25.黃金博物園區 12-16
26.無耳茶壺山 12-17
27.勸濟堂 12-17
28.黃金瀑布 12-18
29.陰陽海 12-18
30.礦工食堂 12-18
Map 12-3B

九份必吃老店

MAP 12-3A D1

尋訪古早味 01

魚丸伯仔

沿九份老街(基山街)走約2分鐘即達

已有六十多年歷史的魚丸伯仔，店內的招牌魚丸混入小鯊魚肉及紅蔥頭與太白粉打成的魚漿，人手捏製，讓魚丸變得鬆軟彈牙，即台灣人常說的「很Q」。另一受歡迎的豆干包，也是店家從福州「菜刀」料理中演變而來的自創食品。它的外形有點像縮水版的淡水阿給，油豆腐內包鮮甜肉餡和少量高湯，配上特製甜辣醬，口感豐富。

地址：新北市瑞芳區基山街 17 號
電話：02-2496-0896
營業時間：10:00am-7:00pm；
星期六、日 10:00am-9:00pm
收費：魚丸湯 NT30、豆干包 NT30、冬粉 NT30

INFO

MAP 12-3A D2

冰火兩重天

02 阿珠雪在燒

沿九份老街(基山街)走約3分鐘即達

所謂的「雪在燒」，實際上是把刨好的花生蜜芽糖、花生碎及香草鋪在潤餅皮上，添上兩個雪白的香草味雪糕球，仿如冰雪在燒的感覺，再捲成條狀便可食用。名字有趣，味道也頗為特別；鹹香又脆的花生糖碎，糅合冰甜柔滑的雪糕球，食材看似矛盾，但卻有中和的作用，令「雪在燒」變得甜而不膩，女士尤愛。

地址：新北市瑞芳區基山街 20 號
電話：02-2369-8188
營業時間：12:00nn-6:00pm
收費：NT50
網頁：www.facebook.com/AZhuXueZaiShao

INFO

葷素要弄清 MAP 12-3A D2

金枝紅糟肉圓 03

沿九份老街(基山街)走約 6 分鐘即達

在九份有兩家金枝紅糟肉圓，其中一家是賣素的！這次筆者介紹的是葷食的金枝紅糟肉圓，木製餐桌椅配上仿古紅燈籠，店內滿溢喜慶紅調。其招牌的紅糟肉圓，通透的QQ粉皮下包裹了用紅糟醃製過的肉餡，清香鮮美。不過，加分的位置在於其特製醬汁，不同於常用的甜辣醬，店家還伴入蒜泥、醬油膏及少量香料，味道十分開胃。此外，客人還可加點各式丸類湯品，如竹炭火腿丸、翡翠花枝丸、紅麴鱈魚丸等，頗有本土風味。

地址：新北市瑞芳鎮基山街 112 號；基山街 63 號(素食)
電話：02-24969265、02-24960240
營業時間：10:00am-7:00pm；假日 9:00am-8:00pm
收費：肉圓 NT55、湯品 NT55 起、五味綜合丸湯 NT70

INFO

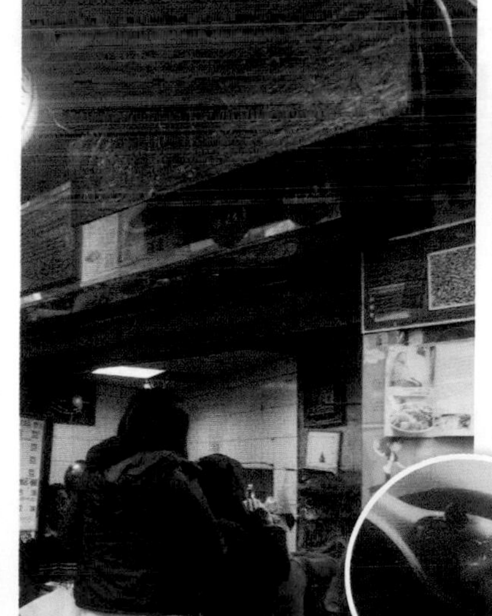

MAP 12-3A B3 啖啖芋頭肉

04 阿柑姨芋圓店

沿九份老街(基山街)走約 10 分鐘，途經豎崎路往左走約 2 分鐘即達

想吃到有真正芋頭味的，就要找阿柑姨芋圓店了！捧著餐點走進用餐區時，還途經芋圓、番薯圓等的手製工場，姨姨們即席秀出真功夫，真可謂「粒粒皆辛苦」呢！相較其他食店，阿柑姨芋圓的芋頭味特別濃郁，因為每粒都能吃到芋頭粒，雖然或許有損黏韌度，但食材的味道卻是一流。而且店家還提供觀景座位，讓客人可邊俯瞰九份山城，邊享用溫熱或冰鎮的芋圓。

地址：新北市瑞芳區豎崎路 5 號
電話：02-2497 6505
營業時間：9:00am-8:30pm，星期六日至 9:00pm
FB：九份阿柑姨芋圓

INFO

最多味揀的 賴阿婆芋圓 05

MAP 12-3A B2

沿九份老街（基山街）走約 7 分鐘即達

賴阿婆的芋圓出名口感夠Q，而且口味的選擇較多，除了基本的芋頭味與地瓜（番薯）味，還有綠茶圓、山藥圓和芝麻圓，味道淡而清香，尤其適合喜歡較淡口味及花樣多的食客。為了讓客人享有更舒適的用餐環境，店家把點餐及製作區獨立出來，而且裝潢也迎合老街的古樸主題，石塊鋪砌的磚牆綴上幾盞紅燈籠，讓人彷彿吃出古早味來！

地址：新北市瑞芳區基山街 143 號
電話：0224-975-245
營業時間：8:00am-8:00pm
收費：NT50 起

INFO

古老變時興 06 吾穀茶糧

MAP 12-3A A3

沿九份老街（基山街）走約 12 分鐘即達

吾穀茶糧是一個致力於傳承客家擂茶文化的品牌。擂茶是一種將茶葉、堅果、種子等食材磨成粉末，加水沖泡而成的飲品，是客家人的傳統飲食。吾穀茶糧注入嶄新元素，提供了多種口味的擂茶，如抹茶、可可、玫瑰、莓果等，讓客人可以選擇自己喜歡的風味。九份食茶館除了提供擂茶，更推出九份金礦山鬆餅，加入木柵鐵觀音、黑糖珍珠、麻糬及冰淇淋鬆餅，無論賣相與味道都無以倫比。

地址：新北市瑞芳區基山街 166 號
電話：02-7744-8085
營業時間：11:00am-7:00pm
網頁：https://siidcha.com.tw/

INFO

健康蜂蜜滷味

護理長的店 07

沿九份老街(基山街)走約10分鐘即達

最初聽到「護理長的店」還以為是賣醫療用品，沒想過是賣滷味的呢！原來傳説中的護理長便是老闆娘，曾是醫護人員的她十分注重食物的品質安全，還為此而研發出不添加防腐劑、塑化劑及豬油的「健康滷味」。店內的滷味款式多到眼花繚亂，從素的豆干、青瓜、菇類、甜不辣及百頁豆腐，乃至葷的鴨翅、豬血糕、雞爪、鴨舌、大腸及雞心等，樣樣惹味香甜。

地址：新北市瑞芳區基山街157號
電話：0934-289-468
營業時間：11:00am-7:00pm，星期六日至8:00pm
網頁：https://www.facebook.com/nurseleader.Luwei/

INFO

礦工點心

08 阿蘭草仔粿

沿九份老街(基山街)走約5分鐘即達

九份以前是採礦重鎮，而草仔粿就是當時礦工們最愛的點心之一。繼承了祖傳手藝的店主林先生，老街上重開阿蘭草仔粿，重現傳統的舊滋味。另外，考慮到糯米吃了容易脹氣，所以店主特以艾草取代之，做出軟滑黏韌的草綠粿皮，再包入各式餡料。不過，相比起甜食的紅豆及綠豆味，鹹食的菜脯粿及酸菜粿味道更加出色，靈感取自割包，讓草粿在口感上更添豐腴。

地址：新北市瑞芳區基山街90號
電話：0224-967-795
營業時間：9:00am-7:00pm，星期六日至8:30pm
FB: 九份阿蘭芋粿草仔粿

INFO

MAP 12-3A A3

MAP 12-3A B2

小巷尋秘

MAP 12-3A B2

芋仔蕃薯茶坊 09

沿九份老街(基山街)走約 15 分鐘即達

★★

要去芋仔番薯茶坊，就必須要通過一個秘道——「穿屋巷」，恍如置身於地下室的通道之中。忽見光明時，即達原木建築的茶坊門外，讓人有種與《千與千尋》畫面重疊的錯覺，充滿神秘氣氛。捨棄華麗的美妝，茶坊獨有一股悠然自在的古樸風味，別有一番親切感。點了喜歡的茶種後，店員便會遞上一系列的茶具並沏茶，客人可在淡淡茶香的陪伴下，想休息多久就多久，不受打擾。

地址：新北市瑞芳區崇文里市下巷 18 號
電話：0224-976-314
營業時間：9:00am-10:00pm
收費：NT300 起、茶水費每人額外加 NT100

★INFO

MAP 12-3A B3

百年山城老厝

九份茶坊 10

沿九份老街(基山街)走約 10 分鐘即達

為了把百多年歷史的翁山英故居保留下來，洪先生把老厝重新包裝，蛻變成文藝風茶坊，繼續屹立於山城之上。點了一壺凍頂烏龍茶後，店員隨即帶來老闆自行設計的瓣形茶具及茶葉，親身教授客人沏茶及品茶的程序，實行「手把手教育」的方式。在藤蔓古居內悠然茗茶，既可學識一招半式的茶道技巧，也能在感受點點的詩情畫意、陣陣的歷史氣息，確也不失為一個自在舒適的偽文青行程呢！

地址：新北市瑞芳區基山街 142 號
電話：02-2496 9056
營業時間：12:00nn-7:00pm，星期六至 8:00pm
收費：NT600 起，服務費每人額外加 NT120
網頁：www.jioufen-teahouse.com.tw

★INFO

九份
平溪
烏來
鶯歌
淡水
基隆
桃園

天空之城  MAP 12-3A A2

水心月茶坊 ⑪

沿九份老街 (基山街) 走約 15 分鐘即達

沿九份茶坊的階梯而下，便能直達兄弟店水心月茶坊——九份的天空之城。原來，當雲霧瀰漫磚紅的茶坊時，自霧中浮現的景象有如置身於天際的城堡，故得此美稱。店內掛滿典藏的油畫、琳瑯滿目的陶器與茶具，活像走進一精緻的茶具博物館，愈看愈滋味。據店員透露，最暢銷的茶葉是傳統炭焙烏龍茶，由於用了龍眼木燒成的炭火烘上9天，小酌一口，也能「喉嚨」留香。

地址：新北市瑞芳區輕便路 308 號
電話：02-2496-7767
營業時間：1:30pm-7:00pm
網頁：www.jioufen-teahouse.com.tw/tw/artist-teahouse

INFO

 MAP 12-3A B2

日客必訪聚腳地

⑫ 阿妹茶樓

沿九份老街 (基山街) 走約 10 分鐘即達

話說電影《悲情城市》在日本大熱，連帶電影曾出現的阿妹茶樓也深得日本遊客所愛。茶樓前身是打鐵舖子，使用日式的建築風格，紅色招牌、店外掛滿的紅色燈籠都非常吸睛，是老街茶館的人氣王，經常性要排隊入座。若果時間許可，就將茶樓排至晚間行程，因為景致比日間更為美艷，夜景簡直一流！

地址：新北市瑞芳區市下巷 20 號 **電話**：02-24960833
營業時間：11:00am-9:00pm；星期六日 10:00am-10:00pm
網頁：https://www.a-meiteahouse.com/ **收費**：NT250 起

INFO

MAP 12-3A B2 13

滿院盡見古色香
昇平戲院

★★★

沿九份老街（基山街）走約 10 分鐘即達

昇平戲院可算是本地電影常用的取景地，例如《悲情城市》、《藍山咖啡》和《多桑》等。昏暗的舊式戲院內，一排排古色古香的木椅整齊排列，銀幕上放映古早年間的本土電影，頗有懷舊情懷。出入口旁還設有老古董級別的放映機，以及《悲情城市》的小道具，還有古老的戲院小食部也重現眼前，遊客皆可隨意觀賞與拍照，感受滿院的古味盎然。

地址：新北市瑞芳鎮九份豎崎路與基山街交接處
電話：2496-2800 **收費**：免費入場
營業時間：9:30am-5:00pm，星期六日至 6:00pm

★INFO

MAP 12-3B A2  

九份秘密花園
頌德公園

沿九份老街（基山街）及走約 20 分鐘，途經五番坑及輕便路

有意漫步青青草地的朋友，不妨去下九份老鎮的私家庭院——頌德公園。一片青蔥嫩綠的公園，在梧桐細雨之下，顯得格外清新自在。在園內恬靜地散步，時會遇到趣怪可愛的石雕，其造型似極復活島的石像。疲累時，又可停下來綜覽九份的山城之美，享受浪漫閒逸的氛圍，尤其適合喜歡靜靜談情的情侶到訪呢！另外，園旁附有小徑可通往小粗坑步道，精力充沛的朋友大可沿此路步行往侯硐。

地址：新北市瑞芳區輕便路 338 號旁
營業時間：全日 **收費**：免費入場

★INFO

煉金術士修練場 MAP 12-3B A2

九份金礦博物館 ⑮

沿九份老街(基山街)走約10分鐘，經豎崎路轉至輕便路再走約5分鐘即達

金礦博物館與我們常見的現代博物館截然不同，沒有簇新的外表，只有陳舊的玻璃展品櫃與示範工具。雖然布置有點old school，但勝在有股古老當時興的新奇味道。年紀輕輕的館主繼承了祖母的意志，堅決留守在九份並傳承古老的煉金手藝，為每位遊客與新一代的鄉民介紹金礦與煉金術的奧秘。其他地方都要收費的煉金體驗，在館內則是附送的免費項目，完全沒有限制次數，因為比起經營得利，館主更希望人們對九份煉金歷史的興趣有所提升。

館內展示了九份當年採礦的艱辛歷史。

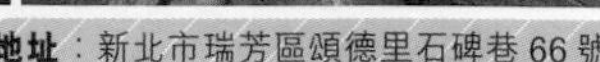

地址：新北市瑞芳區頌德里石碑巷66號
電話：02-24966379 **營業時間**：4:00pm-12:00mn
收費：入場NT120，學生NT80
網頁：https://jioufen-goldore-museum.mystrikingly.com/

INFO

參觀之餘也可切身體驗淘金及煉金的過程。

弄陶為樂 陶工坊 ⑯

MAP 12-3A A1

沿九份老街(基山街)走約10分鐘即達

藏身在九份的陶工坊是一個小小的陶藝工作室，卻是九份唯一自製自銷的窯場。在九份茶坊和水心月茶坊所見過、用過的茶具陶器便是在此燒製的。室內可劃分成兩邊，一邊是整齊擺放着陶器作品的陳列區，另一邊則開放了陶藝工匠的工作環境，亂中帶序的場面，與之形成強烈對比，感覺真切又有趣。工作坊內的陶製食器都是純人手打造，保證健康無害，大可當作紀念品或手信。

INFO

地址：新北市瑞芳區豎崎路27號
電話：02-2496-7529
營業時間：12:00nn-7:00pm，星期六 11:00am-8:00pm
收費：免費入場
網頁：www.jioufen-teahouse.com.tw/tw/ceramic-art-workshop

把藝術帶回家 ⑰九份藝術館

MAP 12-3A A2

沿九份老街(基山街)走約10分鐘即達

對陶瓷工藝及茶具情有獨鍾的朋友，就一定要鎖定這藝術平台。館內放滿了各種當代本土藝術家的陶藝作品，小至茶具、杯子，大至花瓶、酒缸，還有牆上懸掛的創意畫作，無一不符合茶、陶、畫合一的意念。當然，館內的所有作品皆標有價錢，要是有喜歡的也可帶它回家，完美詮釋館主希望把藝術帶入生活的想法。

地址：新北市瑞芳區豎崎路21號 **電話**：0224-976-487
營業時間：12:00nn-7:00pm **收費**：免費入場
網頁：www.jioufen-teahouse.com.tw/tw/jioufen-gallery

INFO

九份 平溪 烏來 鶯歌 淡水 基隆 桃園

MAP 12-3B B2

大廟包小廟
福山宮 18

沿九份老街(基山街)走，抵豎崎交叉口時沿上坡走即達

福山宮之所以這般出名，是由於其廟中廟中廟的建築模式，這種三廟鼎立的狀況在台灣少有。廟內主要供奉土地公、觀音菩薩及送子娘娘，既可保佑出入平安及財運亨通外，想懷孕的朋友不妨前來拜拜求助。宮外築有日式燈柱，花園又種滿粉櫻，為剛強的中式寺廟添上一抹柔情色彩。每逢3、4月，福山宮便成賞櫻勝地，更是攝影師們的兵家必爭之地。

地址：新北市瑞芳區九份崙頂路 2 號
營業時間：6:00am-6:00pm
收費：免費入場

INFO

MAP 12-3B A2

昭和地底遺跡 19
五番坑道紀念公園

沿九份老街(基山街)走約 20 分鐘即達

五番坑是日佔昭和時期的採礦口，雖然現時已全面封閉，不過當時採礦、運礦的行跡至今仍在。坑口圍上的鐵欄早已滿布青苔藤蔓，如果夠膽走近細看的朋友，不難發現坑內還留有當年的路軌，陰沉地躺在昏暗的洞穴內，讓五番坑古道平添一抹神秘的面紗。

地址：新北市瑞芳區基山街五番坑
營業時間：全年開放　**收費**：免費入場

INFO

奶油X太陽餅 20
李儀餅店

MAP 12-3A D1

九份老街老街旁的 7-11 對面

雖然在台北也有分店，但九份老街斜對面的李儀餅店才是全台總店。綠豆沙餅、咖哩酥和鳳梨酥素來是其鎮店之寶，而現時最具人氣的食品便是奶油太陽餅，太陽餅內加入純牛奶煉製成的奶油，讓原來乾脆的餅皮變得香濃軟滑一些。另外，由新鮮蒸煮的芋頭搗泥而成的芋頭酥，可加熱或雪凍再食用，廣受一眾年輕旅客的歡迎呢！

地址：瑞芳鎮九份汽車路 18 號 (舊道口 7-11 的對面)
電話：0224-965-628
營業時間：平日 9:00am~7:30pm，周末 9:00am-8:00pm
網頁：www.lecake.com.tw/index2.asp

INFO

MAP 12-3A D1 21

台式菓子名店
手信坊

沿九份老街 (基山街) 走約 3 分鐘即達

手信坊的創辦人曾於日本百年菓子老店中拜師學藝，並把精緻絢麗的日式和菓子帶入九份。他率先改用日本養生食材的葛粉，研製出Q彈有勁的餅皮，獨創出「雪藏不硬化，室溫不融化」的招牌雪菓，七彩的雪菓裡包裹著不同的味道，有抹茶、黑糖等，充滿新穎創意。同時，也為九份老街引入一門優秀的食品工藝與熱門的手信之選。

地址：新北市瑞芳區九份基山街 6 號
電話：02-24063817
營業時間：9:00am-6:00pm
頁：www.3ssf.com.tw/index.php

INFO

小蜜蜂之家 九金店

MAP 12-3A D1 22

沿九份老街(基山街)走約 3 分鐘即達

初聞九金店這個名字，完全理不出任何頭緒來。來到店前，才知道是賣蜂巢糕的手信店！他們的蜂巢糕與傳統的不同，除了原有的花蜜與奶香外，還加入了黑糖麻糬作餡，口感更鬆軟。不過，為什麼會叫蜂巢糕呢？它採用的可是龍眼花蜜，而非蜂蜜。原來，把它切開一半，便會看見一格格酷似蜂巢的空隙，這既是名字的由來，也是其鬆軟彈牙的秘密。

地址：新北市瑞芳區基山街 14 號
電話：0224-967-780
營業時間：9:00am-8:00pm
網頁：www.9gold.com.tw
INFO

尋夢的王國 米詩堤甜點王國

MAP 12-3A D1 23

沿九份老街(基山街)走約 3 分鐘即達

從遠處看，藍白色的米詩堤甜點王國與九份老街的棕紅調子雖有點格格不入，卻突顯了它的存在，招徠了途人的目光，也難怪店前常常人頭湧湧。店內熱賣的乳酪布丁和乳酪蛋糕都是由進口頂級原材料製成，入口嫩滑且甜度適中，幸福的滋味讓人一試難忘。米詩堤還有其他代表作，例如綿密細緻的九份芋卷，以及外層酥脆的番薯味黃金泡芙，都深受當地甜食者的喜愛，這裡絕對是甜食一族的夢想王國呢！

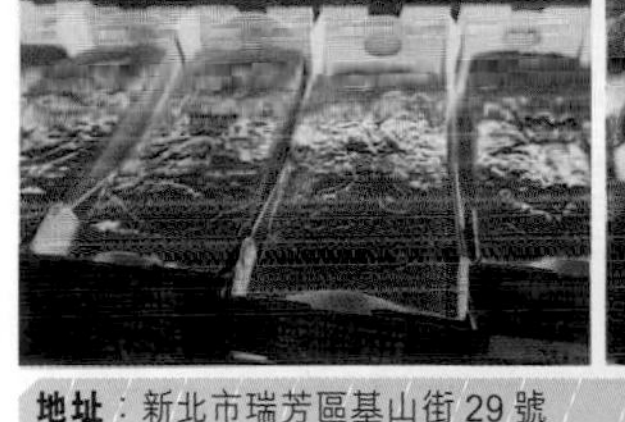

地址：新北市瑞芳區基山街 29 號
電話：0224-560-885 **營業時間**：9:30am-6:00pm
網頁：www.misty-cake.com.tw
INFO

MAP 12-3A D2 24

悠揚節奏 是誠陶笛

沿九份老街(基山街)走約 3 分鐘即達

遊走於橫街小巷，突然傳來一陣悠揚節奏，清脆的笛聲讓人不禁駐足停留。是誠陶笛的老闆坐在店外小小的攤位上，為途人吹奏自己設計及製作的陶笛，聲聲入耳。他表現友善，還會調皮地與客人攀談，甚至會說幾句廣東話呢！店內陶笛的造型五花八門，有各種小動物的，也有中國樂器的造型。

地址：新北市瑞芳區基山街 8 號
營業時間：10:00am-6:00pm
電話：02-24061721
INFO

九份 動靜皆宜的博物館 黃金博物園區 25

MAP 12-3B C2

搭乘火車至瑞芳火車站，轉乘基隆客運 788 延駛水湳洞（往金瓜石方向）至黃金博物館站下車即達

★★

有沒有見過淨重220公斤的999純金大金磚呢？在放滿各種金礦資訊的黃金博物館內便有，這個鎮館之寶還能讓人摸個夠本。此外，偌大的園區亦設有本礦坑體驗區及煉金樓，模擬出礦工的工作環境、坑道爆破的場景等，使遊客更容易從中理解礦業活動。喜歡靜態、日本文化及歷史的朋友則可繞道至太子賓館、四連棟宿舍等區域，慢慢細心觀賞日系的建築與生活美學。

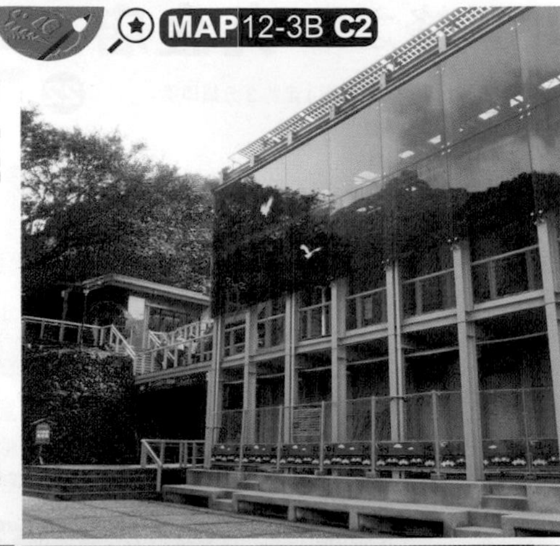

除了黃金這裡也有其他紀念品發售。

地址：新北市瑞芳區金瓜石金光路 8 號
電話：02-24962800
營業時間：9:30am-5:00pm；假日 9:30am-6:00pm；每月第一個星期一、農曆除夕、年初一及選舉日休館
收費：入園門票 NT80；坑道體驗 NT50、淘金體驗 NT100
網頁：www.gep.ntpc.gov.tw

★INFO

九份 平溪 烏來 鶯歌 淡水 基隆 桃園

的骰可愛 MAP 12-3B D2

無耳茶壺山 26

搭乘火車至瑞芳火車站，轉乘基隆客運至金瓜石（勸濟堂）站下車，再跟指示牌走約 13 分鐘即達登山步道

海拔約高580公尺的無耳茶壺山，是金瓜石重要的地標。在勸濟堂附近有條小路可通往無耳茶壺山步道，拾階而上，便會隱隱看見矗立在山峰上的「無耳茶壺」。經過長年累月的風化，以致其外形真如其名，就像一隻沒有耳朵的可愛茶壺。沿途坡度不太陡峭，即使是初學者也能輕鬆自如地踏步前進。還有漫山遍野的芒草迎風搖曳，微風相隨，帶給人一副舒暢的好心情，相信是行山愛好者的不二之選。

地址：新北市瑞芳區金瓜石無耳茶壺山

★INFO

27 金瓜石守護神

勸濟堂 MAP 12-3B D2

搭乘火車至瑞芳火車站，轉乘公車至金瓜石（勸濟堂）站下車即達

勸濟堂又被稱為「祈堂廟」，主祀關、呂、張、王四大恩主，是區內三大神廟之一。抬起頭，便能看見身高十多米的關公銅像，莊嚴又威武地安坐在廟頂，儼如守護神般照看及保佑著當地居民。另外大家不妨在離開廟之前，昂首瞧瞧樑上的油畫與彩繪雕像，很多皆出自國寶級大師之手。

地址：新北市瑞芳區祈堂路 53 號
營業時間：全年開放
收費：免費入場

★INFO

九份 浪漫攝影勝地 黃金瀑布 28

MAP 12-3B D1

乘台鐵火車至瑞芳站下車，搭乘基隆客運台灣好行 856（瑞芳 - 福隆）至黃金瀑布站下車即達

黃金瀑布並非因發現黃金而命名，而是因為河床在長年累月之下，受到重金屬類礦砂的沉積，以致水質氧化成獨特的金黃色調，因而得名。每逢日落時分，在夕陽的餘暉映照之下，瀑布會染上三層漸變的金黃光彩，閃閃生輝得猶如一座輝煌的金庫，非常注目。

地址：新北市瑞芳區黃金瀑布

INFO

陰陽海全景。（相片來源：維基百科）

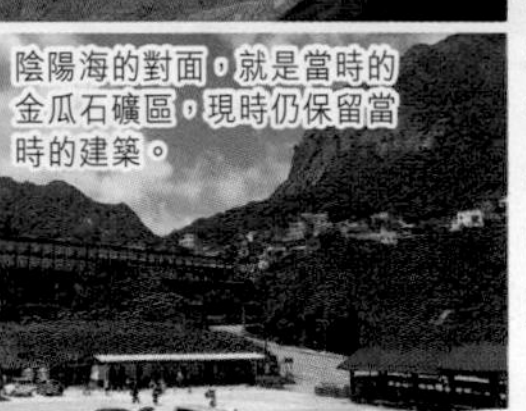

陰陽海的對面，就是當時的金瓜石礦區，現時仍保留當時的建築。

自然奇觀 陰陽海 29

MAP 12-3B D1

乘台鐵火車至瑞芳站下車，搭乘基隆客運台灣好行 856（瑞芳 - 福隆）至水湳洞站下車即達

所謂陰陽海，就是一種海水在視覺上呈現兩種色澤的特殊地貌。位於新北市瑞芳區水湳洞濱海地區的陰陽海，其成因與金瓜石礦區的黃鐵礦有關，當黃鐵礦風化後形成銅、鐵離子，並融入水中形成氫氧化鐵吸附泥沙而成黃褐色懸浮物，與外海的藍色海水相遇時，就產生了陰陽海的黃藍漸層景致。

地址：新北市瑞芳區濂新里

INFO

母親的味道 礦工食堂 30

MAP 12-3B C2

乘台鐵火車至瑞芳站下車，搭乘基隆客運 788、825、827 至金瓜石站下車，步行約 3 分鐘即達

以往的礦工們每天都會帶著家人準備的便當上班，他們吃的便當是什麼樣子的呢？答案可以在礦工食堂找到。叫一份礦工便當，打開包裹著鐵盒的風呂布及盒蓋，才發現裡面盛著一大塊炸得香脆入味的台式豬扒，以及一些豆干、酸菜及魚干等的地道配料，有如母親烹調的家常小菜，味道雖然平凡，卻滿載溫馨暖意。

地址：新北市瑞芳區金光路 8 號之一
電話：02-24961820
營業時間：10:30am-5:00pm，星期六日至 6:00pm

INFO

平溪

平溪區位於基隆河上游，也是基隆河的發源地，處新北市東北區。平溪最為人熟悉的，肯定是一年一度的天燈節(其實放天燈已成為平溪一年365日的活動)，與及外觀非常可愛的平溪火車支線。近年平溪區的猴桐因為貓村而人氣急升，更成為貓迷朝聖之地。

往返平溪交通

從台北出發

台鐵

正如往九份及金瓜石一樣，往平溪都是以瑞芳站為中轉站。不過往平溪旅客不用出站，只需在站內轉乘平溪支線即可。購票程序及台北往瑞芳火車時刻表(往蘇澳、花蓮列車)，與及台北往瑞芳巴士資訊，可參閱「九份、金瓜石」交通篇。

巴士

假如怕台鐵系統複雜，也可選擇在台北市乘客運795號往平溪地區。巴士由捷運木柵站開出，途經菁桐、平溪及十分車站，以野人谷/十分遊客中心為終站。服務時間由早上4:50至晚上10:40，全票NT45，車程約1.5小時。2023年5月20日至2025年8月31日使用電子票證可享半價優惠。

795號主要車站：

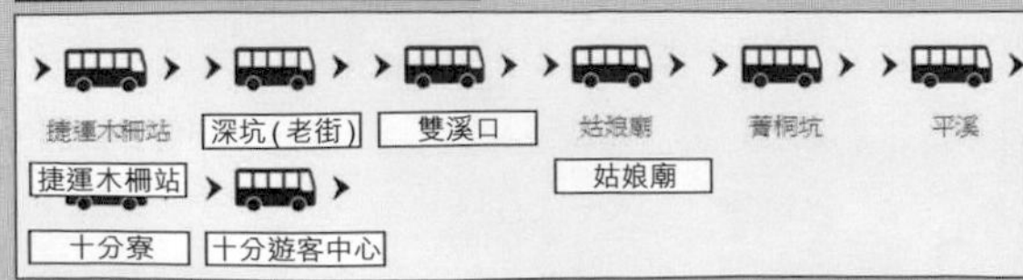

詳細路線及時刻表：

http://www.tpebus.com.tw/image/lineimage.php?imagetest=5163

平溪支線

平溪支線一日周遊券 票價NT80

平溪支線鐵路是目前台灣僅存的三大支線鐵路（平溪、內灣、集集）之一，支線沿路車站，分別為瑞芳，猴硐、三貂嶺、大華、十分、望古、嶺腳、平溪、菁桐站，一般旅客時間不多，會以濃縮版去遊走平溪線短線一天遊，大清早由瑞芳，猴硐，至傍晚回程至台北火車站止，但平溪線沿站不少風光，的確要慢步細看，故建議如果時間許可，還是分至少兩天慢慢感受大自然景色，總比走馬看花為佳！

乘坐平溪支線，旅客都會購買平溪支線一日周遊券，憑票可於當天在支線的車站無限次上落，非常方便。

平溪支線一日遊建議行程

台北車站→火車往瑞芳→轉乘平溪支線至猴硐→探訪猴硐貓村→乘支線往大華站→觀賞大華壺穴→乘支線往十分站→參觀靜安吊橋、眼鏡洞及十分瀑布→乘支線往平溪站→參觀平溪老街→乘支線→往菁桐站→參觀菁桐礦業生活館及鐵道故事館→乘支線往瑞芳→火車返台北

平溪/ 深澳線區間列車時刻表

* 注意，由於平溪支線班次比較稀疏，必須抓緊火車到站時間，否則下一班火車隨時要多等一至兩個小時。

平溪支線鐵路圖

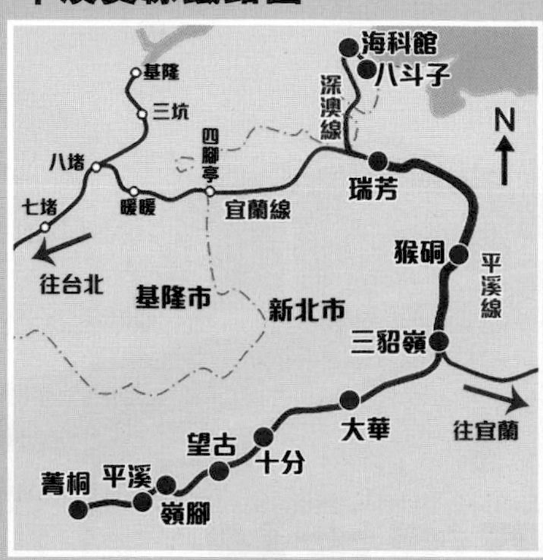

【平溪支線必遊景點】

猴硐貓村

猴硐煤礦博物園區

十分老街

【猴硐站】

靜安吊橋

平溪天燈

【十分站】

十分瀑布

【平溪站】

礦業生活館

Google Map 下載

孝子山步道

【菁桐站】

石底煤礦遺址

猴硐

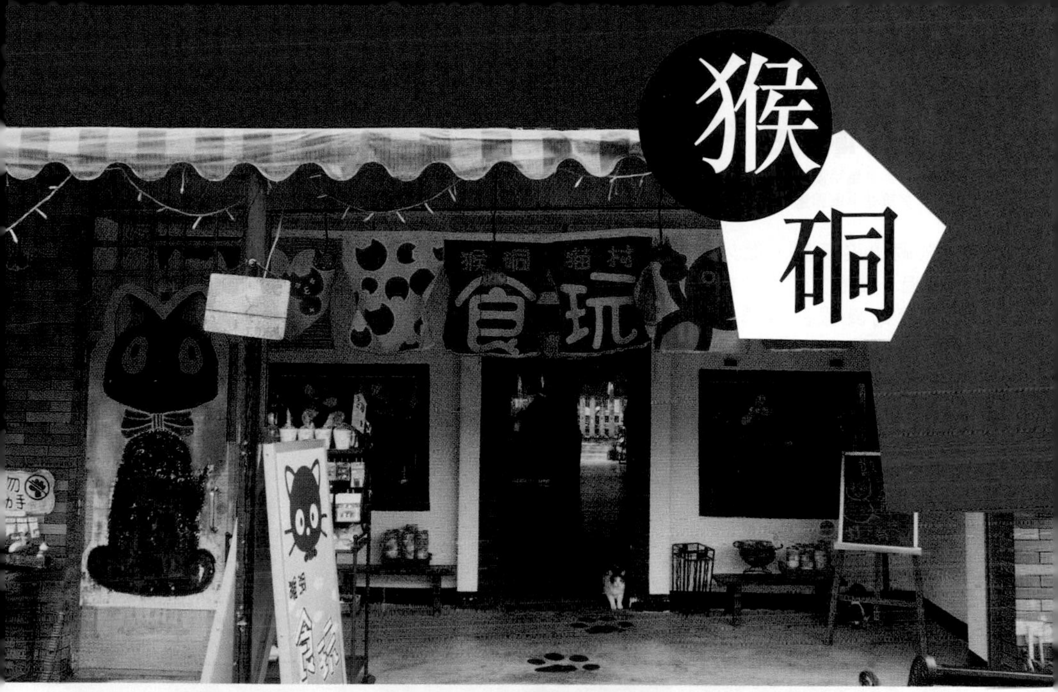

猴硐貓村
食玩

菁桐站 平溪站 嶺腳站 望古站 十分站 大華站 三貂嶺站 猴硐站 瑞芳站

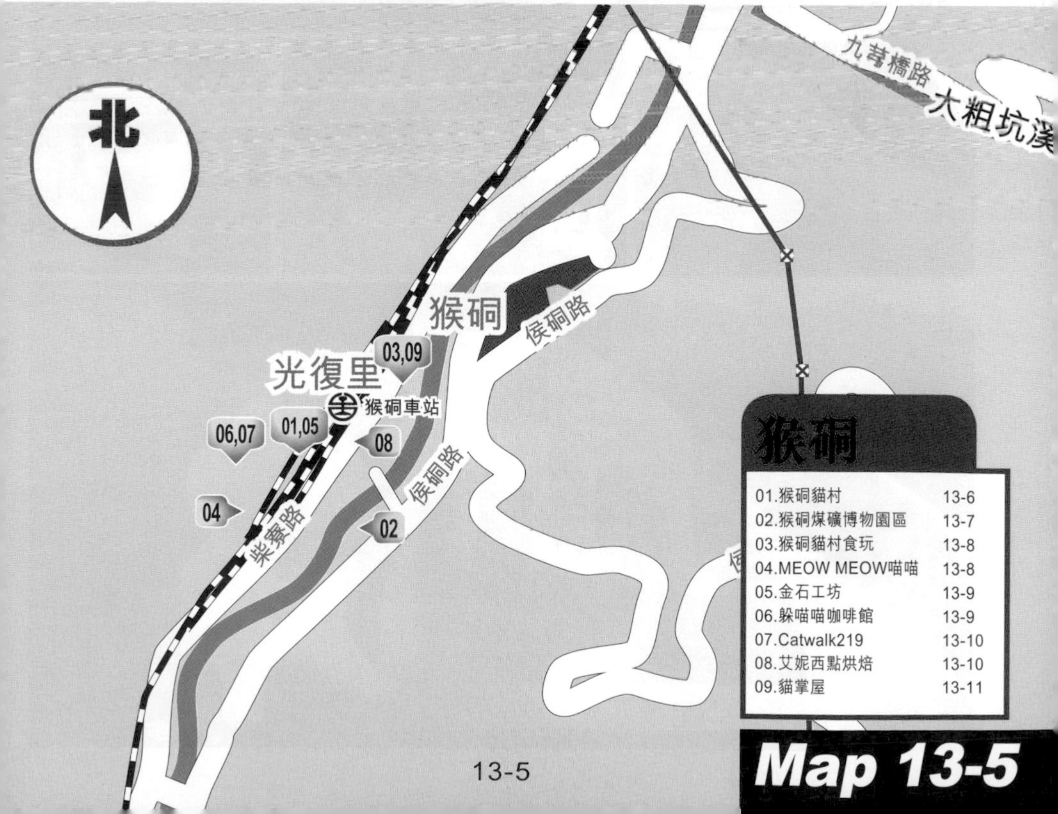

北
九芎橋路
大粗坑溪
猴硐
侯硐路
03,09
光復里
猴硐車站
06,07
01,05
08
04
02
柴寮路
侯硐路

猴硐

Map 13-5

平溪 貓奴天國 猴硐貓村

MAP 13-5 01

搭乘台鐵平溪線至猴硐火車站下車即達

★★★

　　猴硐出名玩貓，從火車站穿過「貓橋」更不時會遇見可愛的真假貓貓們。雖然這裡的貓咪可以任意逗玩，但大家也要遵守「不戳不打」的規則，讓貓咪可以自由自在地於貓村玩樂。貓咪除了會在貓橋及榕樹下出沒外，有時還能在彩繪壁畫或屋頂上找到「牠們」的蹤跡，到時候可能會真貓？假貓？傻傻分不清呢！

地址：新北市瑞芳區光復里柴寮路 70 號
電話：0224-971-266
營業時間：全年開放
收費：免費

★ INFO

見證台灣礦業歷史
猴硐煤礦博物園區

台鐵猴硐站出站即達

園區的前身是瑞三礦業選煤廠，曾是台灣最大的單一煤礦礦區。在1990年停止開採後，斥資二億台幣保存和修復，並於2022年正式開放為生態博物館，展示了猴硐地區的煤礦產業歷史和文化。

博物園區的主要設施有以下幾個：

瑞三礦業選煤廠	保持了原幢廠房架構及機械，加入多媒體互動科技，讓遊客親歷其景體驗昔日煤礦業歷史。
願景館	原為選煤廠的倉庫，現為介紹了猴硐的地理、歷史、人文和生態等特色的展廳。
礦工紀念館	原為礦工的浴室，現在是展示礦工的生活和工作的場所，有許多珍貴的文物和影像資料。
瑞三大橋	原為運送煤礦的橋梁，現在是連接園區內外的步道，也是欣賞基隆河美景的好地方。

地址：新北市瑞芳區柴寮路 42 號　**電話**：02-2497-4143
營業時間：8:00am-6:00pm　**門票**：免費入場

★INFO

MAP 13-5

貓奴入貨地 03 猴硐貓村食玩

猴硐火車站下車步行約 2 分鐘

猴硐貓村食玩有兩個入口，可從車站對面街或博物園區內進入。店內提供大量貓貓最愛的玩具、食品及設備等，還有一些貓咪造型的手工製品。為了不打擾到貓咪大人，店家還於多處貼上溫馨小提示，例如提醒大家貓貓們是夜間活躍、慢活的小動物等，讓人深切感受到其以貓為本的經營方針。

地址：新北市瑞芳區柴寮路 64 號
營業時間：10:00am-6:00pm

INFO

有貓作客 04 MEOW MEOW 喵喵

MAP 13-5

猴硐火車站下車，越過貓橋步行約 5 分鐘

小店走簡約清新風格，環境安靜舒適，老闆是愛貓之人，店內佈置了許多可愛的貓元素擺設，甚至擺了一座貓跳台，歡迎村內流浪貓進來歇腳休息，也是遊客歇腳好地方。位置於火車抵達猴硐車站後，下車越過貓橋通往貓村，於貓村第一條路左轉直走到底，其中有一間漆上灰牆、掛著貓鈴鐺的店便是喵喵。

地址：新北市瑞芳區猴硐柴寮路 261-1 號
營業時間：星期一二 12:30nn-6:00pm、
星期六日 12:00am-6:30pm、
星期五 1:00am-6:00pm；星期三四休息
網址：https://meowmeow.business.site

INFO

MAP 13-5

招財貓本舖
金石工坊 05

猴硐火車站下車，越過貓橋步行約 3 分鐘

眼前這一棟仿日式建築的店鋪，其實是一間以售賣招財貓為主的陶瓷工藝店。店中陳列着琳瑯滿目的招財貓商品，店主會根據不同所求或時節把招財貓擺放在不同角落，室內還留下早期原建築的舊牆壁，甚有風味。門外放置了一個日式小神社，吸引不少人拍照，偶然還會招來慵懶的貓咪躲在這裡睡覺呢！

地址：新北市瑞芳區柴寮路 249 號
電話：02-2497-7076
營業時間：9:00am-5:30pm；星期六至日 9:00am-6:00pm
網址：miaogift.com

INFO

Kawaii Cafe 06
MAP 13-5
躲喵喵咖啡館 Hide and Seek

猴硐火車站下車，越過貓橋步行約 5 分鐘

活潑的貓貓知客+超萌貓貓造型甜品，令躲喵喵咖啡館成為貓村內「冇得輸」的餐廳。除了食物花心思，原來老闆亦醉心藝術，所以在餐廳內掛滿她的作品，部分甚至變為紀念品出售。連人氣日本女星渡邊直美，到訪貓村時也特別進入餐廳幫襯，令餐廳紅到日本遊客都慕名光顧。

INFO

地址：瑞芳區柴寮路 223 號 **電話**：0922-823-717
營業時間：10:30am-6:30pm（星期四公休）
FB：https://www.facebook.com/Houtong.Hide.and.Seek.cafe/

九份 平溪（猴硐） 烏來 鶯歌 淡水 基隆 桃園

MAP 13-5 07

貓癡 Gallery Catwalk219

猴硐火車站下車步行約 5 分鐘即達

位於貓村內的Catwalk219，其外形有如貓咪主題的藝廊，淺藍色的大門相當顯眼。這家咖啡藝廊是兩位醫生為紀念自家愛貓而開的，店內放滿了店主搜集的各類貓咪創作，除了精緻的飾物雜貨外，還有富文藝氣息的明信片及掛畫等。不用趕行程的朋友，不妨點杯特色飲品如貓啤酒或沙冰，坐在木椅上一邊與店主飼養的貓貓作樂、一邊慢慢歎茶，靜度午後。

地址：新北市瑞芳區柴寮路 219 號
營業時間：12:00pm-5:00pm (星期三至 4:00pm)；假日 10:00am-6:00pm
網頁：www.facebook.com/houtong.empress

INFO

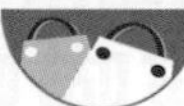

MAP 13-5 08

不一樣的鳳梨酥 艾妮西點烘焙

猴硐火車站下車步行約 2 分鐘即達

鳳梨酥是台灣常見的手信，不過貓樣的鳳梨酥又未知你見過沒有？貓咪鳳梨酥是艾妮西點烘焙店的獨門作品，有趣致貓臉和得意貓身可供選擇。而味道方面，也由原有的土鳳梨味，新增至有蔓越莓和藍莓等口味，給味蕾帶來全新的感受。

地址：新北市瑞芳區柴寮路 38 號
電話：02-24970636
營業時間：11:00am-5:00pm，星期六日 10:00am-6:00pm
收費：礦工餅 NT35、貓咪鳳梨酥 NT60

INFO

可愛小肉球
貓掌屋

台鐵猴硐站出站即達

貓掌屋創辦人Sunny本身是一位熱愛貓咪的藝術家，他將店舖的每個角落都佈置成貓咪的天堂，有各種貓咪的裝飾、玩具、書籍和畫作，許多更是老闆的原創。除了售賣貓咪精品，老闆也會定期舉辦各種與貓咪相關的活動，例如貓咪攝影、插畫、手作、教育等，讓客人和遊客都能參與並學習更多關於貓咪的知識和技能。貓掌屋也會與當地的愛貓人士和組織合作，幫助流浪貓咪找到新家或提供醫療和食物等資源。

INFO

地址：新北市瑞芳區柴寮路 60-1 號
電話：0956-671-204
營業時間：10:00am-5:00pm
網址：https://www.facebook.com/catpawshouse

請明白猴硐的貓民都是流浪貓，牠們不是在值班的公關貓。作為陌生人，不要一見到貓貓就馬上衝過去抱牠們，更不要因為好玩而讓小孩追逐貓咪；請務必遵守勿觸摸及餵食的原則。當地有義工定點、定時餵養，遊客毋須額外餵食。

拒絕5個NG行為

1. 不打戳：請愛護動物，勿使用貓棒或任何尖銳物戳打貓咪。
2. 不觸碰：這裡的貓雖不怕人，但不要隨手撫摸及擁抱；如果每人都摸一下，可能會造成感染問題及打擾貓咪作息。
3. 不餵食：避免貓咪進食過量；切勿把糧食撒在地上餵食，會令環境髒亂、讓細菌滋生。
4. 不放閃：拍照時禁用閃光燈。
5. 不打擾：貓咪一天要睡15個小時，遇見甜睡中的貓咪，勿吵醒牠們。

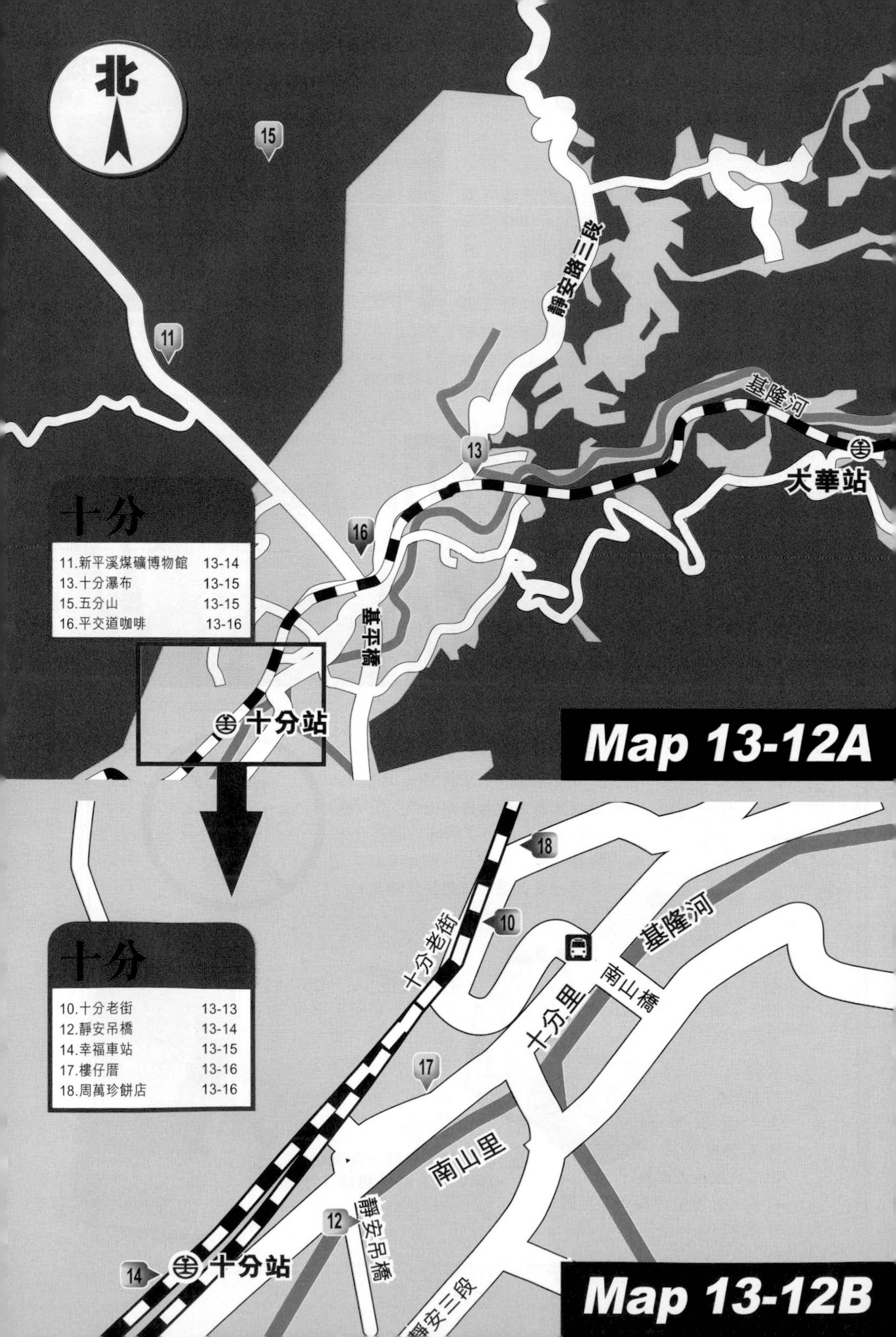
北
Map 13-12A
十分
11.新平溪煤礦博物館 13-14
13.十分瀑布 13-15
15.五分山 13-15
16.平交道咖啡 13-16
靜安路三段
基隆河
大華站
基平橋
十分站
Map 13-12B
十分
10.十分老街 13-13
12.靜安吊橋 13-14
14.幸福車站 13-15
17.樓仔厝 13-16
18.周萬珍餅店 13-16
十分老街
基隆河
南山橋
十分里
南山里
靜安吊橋
靜安三段
十分站

MAP13-12B 古鎮風情

⑩ 十分老街

搭乘火車至瑞芳站，再轉乘平溪支線火車至十分車站下車即達

與鐵道、民宅緊密相連的十分老街，即使遠離台北鬧市卻也不乏煩囂。街上人群隨處可見，小食店、手工藝店沿鐵道兩旁林立，尤其手信店更是人山人海，儼如都市商圈。來到這裡，記得要做個既定動作，就是在路軌旁找家售賣天燈的店，放個天燈，讓它把願望帶上天際，祈願便會成真了！

地址：新北市平溪區十分老街

INFO

平溪

學韓星當一天礦工
新平溪煤礦博物館 ⑪

MAP 13-12A

十分車站沿十分里步行約 30 分鐘即達

★★★

原來位於十分里的煤礦博物館已搬了新家，來到離老街較遠，但空間偌大的新寮里。前身是新平溪煤礦公司的煤礦博物館，保留了當時煤礦業留下的文物、歷史文件及採礦工具等。另外，還在園區內搭建一大型模擬礦坑，讓遊客親歷其境，體驗當年的礦坑內的種種情況，寓學習於娛樂。就連韓國知名偶像團體 Super Junior 都有試玩過呢！

地址：新北市平溪區新寮里頂寮子 5 號
電話：02-2495-8680　**收費**：入場 NT200
營業時間：9:30am-5:00pm；星期一休館
網頁：www.taiwancoal.com.tw

★ INFO

MAP 13-12B

⑫ 藍色風光
靜安吊橋

十分車站步行約 5 分鐘即達

靜安吊橋全長128公尺，當年為了運送煤礦而建，現在經過修葺後，便成為通過十分里與南山里的重要橋樑。由於其位置鄰近十分老街，橋底又是清澈的基隆河，使其成為旅遊熱門景點。藍白交錯的吊橋，縱橫於十分老街、車站之間，形成一道鮮艷獨特的風光。

地址：新北市平溪區靜安吊橋　**營業時間**：全年開放
收費：免費參觀

★ INFO

台版尼加拉瓜 十分瀑布

MAP 13-12A

13

十分車站沿十分里步行約 30 分鐘即達

人稱「台灣尼加拉瓜瀑布」的十分瀑布，由於岩層與水流呈相反方向，因而形成一道垂簾式瀑布，猶如重重的幕簾卻清澈非常。水潭之上總瀰漫著濃濃的水氣，若巧遇陽光折射，還能幸運地看到一道彩虹輕掛於瀑布上，所以又有「彩虹淵」的美名。若想拍得美照，建議可在早上到訪，順光拍攝。

地址：新北市平溪區南山里乾坑 11 號
營業時間：9:00am-5:00pm；除夕休館

INFO

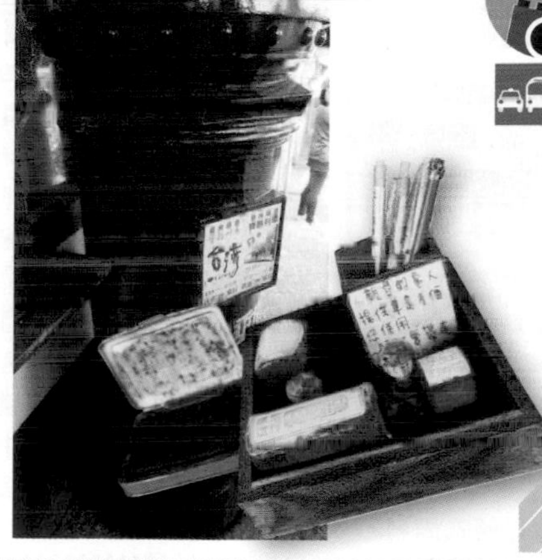

美麗傳説 幸福車站

MAP 13-12B

14

十分火車站出站即達

日本有幸福車站，台北也有一個。只是這裡的幸福車站，實際上是一家手信店。店內賣得最火熱的貨品非「十分幸福」的虛擬車票莫屬，上面印有從十分往幸福站的字樣，寓意一生幸福美滿，深得女性遊客的歡心。雖然沒有真正的幸福站及幸福列車，但取十分的國語諧音便能得出「幸福」二字。所以，當地人也把十分車站稱作幸福車站，為十分增添一個美麗傳說。

地址：新北市平溪區十分街 51 號 (十分車站出口處)
營業時間：9:00am-7:00pm

INFO

涼爽行山之旅 五分山

15

MAP 13-12A

十分火車站沿十分里步行約 32 分鐘即達

位處平溪、瑞芳與暖暖區之間的五分山，海拔約756.7公尺，山上視野極佳，飽覽瑞芳山色與基隆港的怡人景致。想征服五分山，可先在新平溪煤礦博物館旁步道入口上山。由於步道曾修築過故不難行。而且它沿溪而建，所以登山時時有涼風吹送，沿路又可欣賞各類植物生態，讓爬山的過程變得更為舒適。

地址：新北市平溪區頂寮子 5 號
營業時間：全年開放
收費：免費

INFO

火車伴咖啡
平交道咖啡 ⑪

MAP 13-12A

由十分老街步行約 10 分鐘

★★

平交道咖啡顧名思義是設於平溪線的平交道口，距離十分老街很近，而且因門前有一大片空地，許多駕車人士都會停泊在此稍事休息。咖啡店的內部裝潢很溫馨，有木質的桌椅和沙發，還有一些火車和咖啡相關的裝飾品。店內有不少座位可以選擇，不管是室內還是戶外，都可以看到火車從旁邊經過，感受到火車帶來的震動和聲音。食物方面以輕食為主，招牌黑糖拿鐵用上大量的黑糖粉，讓咖啡和牛奶的味道更加香濃，喜歡的甚至可以選購咖啡禮盒回家沖泡。

地址：新北市平溪區新寮里頂寮子 5 號
電話：02-2495-8680　**收費**：入場 NT200
營業時間：9:30am-5:00pm；星期一休館
網頁：www.taiwancoal.com.tw

INFO

MAP 13-12B

老屋的第二春
樓仔厝 ⑰

十分火車站下車沿十分老街步行約 6 分鐘即達

樓仔厝，是當地家族傳承下來的豪宅俗稱，而住進去就是民宿老闆的兒時夢想。得償心願的他，把歷史悠久又氣派的樓仔厝改造成民宿與餐廳合一的地方，提供一個富保育意義的休閒場所，與旅客分享平溪的美好。民宿部分沿用木板地和室的設計，營造古老小鎮的風情。而餐廳則以簡餐、輕食為主，當中以招牌鍋物和鐵板套餐最受歡迎。另設有三款經典素食餐，連素食者也照顧周到。

地址：新北市平溪區十分街 74 巷 3 號
電話：0966-502503
網頁：louachu.okgo.tw
營業時間：10:00am-10:00pm
收費：入住一晚 NT1,980 起 / 晚（平日）、2,280 起 / 晚（假日）
收取加一服務費

INFO

傳統糕點名牌
周萬珍餅店 ⑱

MAP 13-12B

十分火車站下車沿十分老街步行約 14 分鐘即達

「周萬珍」是早期十分的糕餅店「名牌」，即使在盛行西式糕點的現代，它還是一如既往地採用黑豬肉製作充滿古早味的傳統餅，例如1/4改良款大餅、黃金酥餅、咖哩餅、綠豆餅和紅豆餅等。唯一改變的是它融入了現代的健康觀念，追求少油、少糖的製法。而且每天現焗現賣，堅持不添加防腐劑，所以它賣的餅只能保存最多5天。

地址：新北市平溪區十分村 120 號
電話：02-2495 8225
營業時間：7:30am-8:00pm

INFO

平溪

菁桐站 平溪站 嶺腳站 望古站 十分站 大華站 三貂嶺站 猴硐站 瑞芳

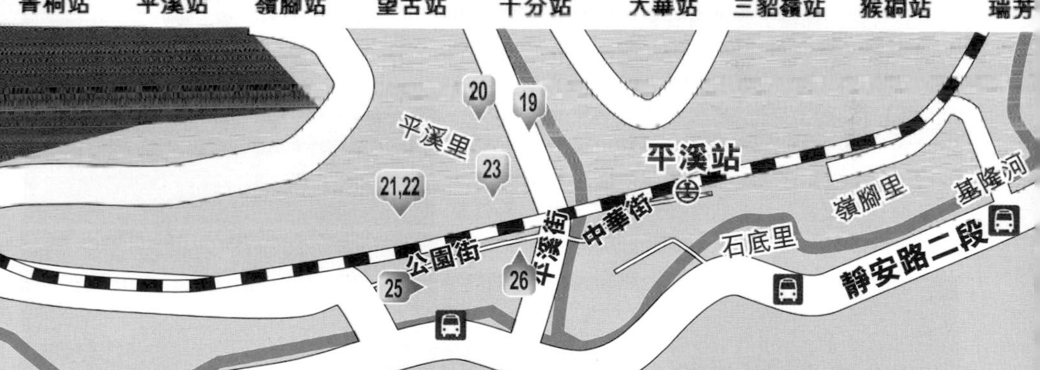

平溪

19.平溪老街 13-19
20.平溪郵局 13-19
21.日據防空洞 13-20
22.八仙洞 13-20
23.報鐘亭 13-21
24.孝子山步道 13-21
25.紅龜麵店 13-22
26.平溪芋圓地瓜圓 13-22

Map 13-17

平溪

九份

平溪
平溪）

烏來

鶯歌

淡水

基隆

桃園

讓天燈衝上雲霄
平溪天燈

搭乘火車至瑞芳車站，換乘平溪線火車至平溪火車站下車

放天燈，早已成為平溪的代名詞。由早到晚，在各站的鐵路上都總會看到旅客在彩色的天燈上寫願望，然後再放開天燈，讓它衝上雲霄！只是，知道天燈是有分種類的嗎？紅色代表身體健康及好運平安、粉紅色代表愛情順利、桃紅色祈求婚姻美滿、黃色橙色祈求開運一路發、天藍色求工作順利、白色求前途、紫色求智慧，而綠色則祈求升官發財……每種顏色都代表不同願望，大家要花點心思去選擇呢！

地址：新北市平溪區平溪老街
收費：單色 NT100 起、雙色 NT120 起、四色 NT150(只作參考)
網頁：www.pingshi-skylighthome.com
(公布每年農曆正月天燈大會舉行時間及地點)

INFO

火車在上空穿梭 19

平溪老街 MAP 13-17

平溪火車站下車沿平溪老街步行約1分鐘即達

甫進平溪老街，兩旁古舊的鐵路，以及斜斜的山坡小路，頗有古樸的日系風味。老街內的店家大多是傳統小食店、手信店等，街上還不時會出現各種手繪畫作，當中最知名的便是「張君雅小妹妹」的彩繪石壁，已被旅客納入平溪的攝影熱點之一。每當火車駛過老街上方的鐵路時，耳邊就會傳來轟隆轟隆的聲響，對於在市區長大的朋友，是一個非常有趣的經歷。

地址：新北市平溪區平溪老街
營業時間：全年開放

INFO

MAP 13-17

台北最老的郵筒

20 平溪郵局

平溪火車站下車沿平溪老街步行約4分鐘即達

想知道台北現存最遠古悠久的郵筒在哪裡？就在平溪老街內的平溪郵局。郵局前的直立式郵筒，相傳是從日佔時期便存在至今，由於它們太佔空間，所以不少舊式郵筒都被淘汰，買少見少。所幸，平溪的老郵筒因為位處地勢較高的山坡地，所以被保留下來。而旅客也多會特意在此投寄明信片給友人，以茲紀念。

地址：新北市平溪區平溪街42號
電話：02-2495 1062
營業時間：8:30am-12:30nn、1:00pm-4:30pm；星期六、日休息
收費：免費參觀

INFO

平溪

昔日秘密基地 MAP 13-17
日據防空洞 21

平溪火車站下車沿平溪老街步行約 5 分鐘即達

在觀音巖的右側山壁上有五個大洞口，原來是日佔時期挖鑿下來的防空洞。當時，為免平溪鄉民飽受空襲轟炸之苦，這個躲避空襲的避難所便應運而生，最多還可以容納到百人。如今的防空洞已失去原來避難的作用，卻成為紀念平溪昔日歷史的重要基地，也是遊逛平溪時旅客常到的景點之一。

地址：新北市平溪區石底村觀音巖側
營業時間：全年開放
收費：免費參觀

INFO

炎夏避暑勝地 MAP 13-17
八仙洞 22

平溪火車站下車沿平溪老街步行約 5 分鐘即達

在觀音巖的另一側，便是冬暖夏涼的八仙洞。洞內鄰近門口的位置安放了一觀音像，走道卻錯綜複雜。每遇到一個分岔口，便會看見整齊排放的石枱和石椅可供旅客休憩，還有一些路是互通的，玩捉迷藏一流！八仙洞外寫有一副對聯：平溪觀音岩八仙洞，洞天福地技巧神功，神仙殿堂冬暖夏涼，相信便道出它的最大作用，除了守護當地居民，就是在炎炎夏日時，當旅客與居民的避暑勝地。

地址：新北市平溪區石底村觀音巖側
營業時間：全年開放
收費：免費入場

INFO

九份 平溪（平溪） 烏來 鶯歌 淡水 基隆 桃園

尋找平安鐘 報鐘亭

MAP 13-17

23

平溪火車站下車沿平溪老街步行約 7 分鐘即達步道口

報鐘亭是日佔時期的產物，因為它地勢居高臨下，所以權充警哨站的作用。當時，日本人為確保平溪煤礦開採和運煤火車的安全，兼監視美軍飛機，便在觀音巖上方的山坡裝設報鐘亭，遇有狀況便敲響鐘聲以發布警報，所以也被他人稱作「平安鐘」。由於日久失修，現在亭子已出現裂痕，周遭也是雜草橫生，上落枕木步道時要多加留意。

地址：新北市平溪區孝子山
營業時間：全年開放
收費：免費

INFO

台北小黃山 孝子山步道

MAP 13-17

24

平溪火車站下車沿平溪老街步行約 12 分鐘即達步道口

孝子山由於外形酷似中國黃山，故又有「小黃山」之稱。它出名的並非高度，而是因山頂上一段幾乎懸空的鐵梯，而得到一眾登山發燒友的垂青。其山勢頗陡峭，上山時稍費體力，不易征服。反而，沿同一步道而上的另一山峰——慈母峰反而相對平緩，比較好走。若然還有氣力，從慈母峰再度出發，還可以登上普陀山。不過，切記登山前要做足準備呢！

地址：新北市平溪區孝子山
營業時間：全年開放
收費：免費

INFO

平溪

麵食一哥 紅龜麵店 25

MAP 13-17

平溪火車站下車沿平溪老街步行約 4 分鐘即達步道口

紅龜麵店賣的不是烏龜，而是單純的地道麵食及小菜。例如老闆娘推薦的招牌頭骨肉，味道清爽，簡單地滾燙過後，再配上店家特製的微甜醬汁，沒有掩蓋肉本身的鮮味，而且肉質偏瘦相信定能擄獲女士歡心。而陽春麵則可選擇清湯或沙嗲撈麵，店家還直接用韭菜取代蔥花令配色更為鮮艷。

地址：新北市平溪區公園街 10 號
電話：09-5651 2987
營業時間：7:00am-6:00pm

INFO

QQ 透心涼 平溪芋圓地瓜圓 26

MAP 13-17

平溪火車站下車沿平溪老街步行約 4 分鐘即達步道口

平溪芋圓地瓜圓內售賣的都是老闆娘每日親手製作的，芋圓、地瓜圓內包的都是真才實料的芋頭粒與番薯粒，極富咀嚼感。基本的做法是把蜜豆、紅豆和綠豆置底，再由老闆娘即席泡冰，最後加上招牌的芋圓、地瓜圓，予人三重不同口感的享受，而且份量也很多，的確是夏天消暑恩物。

地址：新北市平溪區平溪街 23 號
電話：02-2495 2108

INFO

菁桐

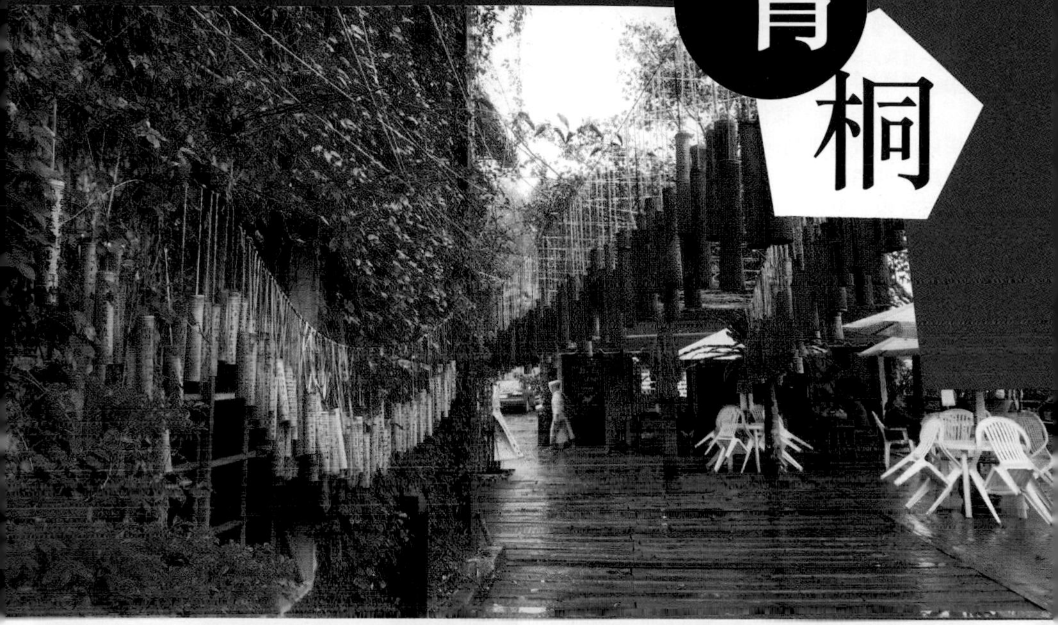

菁桐站 平溪站 嶺腳站 望古站 十分站 大華站 三貂嶺站 猴硐站 瑞芳站

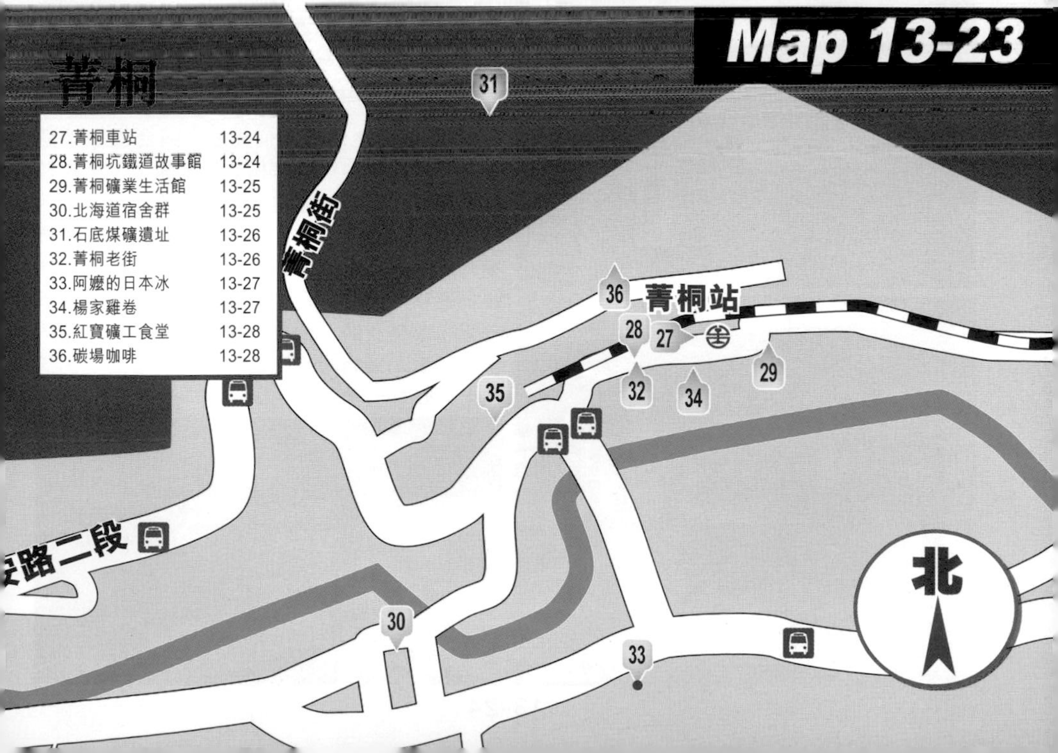
Map 13-23
菁桐
27.菁桐車站 13-24
28.菁桐坑鐵道故事館 13-24
29.菁桐礦業生活館 13-25
30.北海道宿舍群 13-25
31.石底煤礦遺址 13-26
32.菁桐老街 13-26
33.阿嬤的日本冰 13-27
34.楊家雞卷 13-27
35.紅寶礦工食堂 13-28
36.碳場咖啡 13-28
菁桐街
菁桐站
安路二段
北
27
28
29
30
31
32
33
34
35
36

平溪

那些年我們一起去過的
菁桐車站 27

MAP 13-23

搭乘火車至瑞芳車站，換乘平溪線火車至菁桐火車站下車即達

★★

受《那些年，我們一起追的女孩》的電影效應，菁桐車站一炮而紅，成為遊客爭相到訪的熱門地。大家都想仿傚劇中的沈佳宜和柯景騰，為即將逝去的青春、愛情留下倩影，順便朝一朝聖。此外，這座上了年紀的舊式車站還保留了日佔時期的原貌，因此亦招徠很多日本文化發燒友慕名而至，人潮絡繹不絕。

《那些年》場景(網上圖片)

地址：新北市平溪區菁桐車站　**營業時間**：全年開放
網頁：www.railway.gov.tw

★INFO

MAP 13-23

28 鐵道迷領地
菁桐坑鐵道故事館

菁桐火車站沿老街步行約 1 分鐘即達

同屬鐵道迷的老闆何先生，與台鐵交涉過後，終於在鐵道旁的菁桐老街上開了一家鐵道故事館。故事館特意仿50年代的木造兩層樓的建築，從火車及車廂的模型、懷舊車票、車長模型和木製明信片等周邊商品，無一不是鐵道迷的最愛。另外，店家還設有代寄服務，只須選購木製明信片，便會為旅客蓋上店內專享的祝福印章，並自行投進仿古的日治時期老郵筒內，把心意一一寄送出去。

地址：新北市平溪區菁桐街 54 號
電話：02-24951258
營業時間：9:00am-7:00pm

★INFO

平溪礦業小百科 MAP 13-23

菁桐礦業生活館 29

菁桐火車站沿老街步行約 2 分鐘即達

菁桐礦業生活館是由過去的台鐵員工宿舍改建而成，館內展示了菁桐礦業的發展史。除了介紹平溪鄉的各種自然景觀和文化背景外，還有文物展示區，重現早期煤礦相關文物，使遊客更易透過此而加深對當地歷史文物，以及鄉土人情的認知。館內還會不定期舉行地方文化特展，如「平溪鐵道傳奇」、「百變基隆河」等以文化特色或人物為題的展覽，豐富其類型。

地址：新北市平溪鄉菁桐村菁桐街 117 號
電話：02-2495 2749 **收費**：免費參觀
營業時間：9:30am-5:00pm；星期一休館

INFO

日劇起居體驗 MAP 13-23

30 北海道宿舍群

菁桐火車站沿老街步行約 7 分鐘即達

北海道宿舍群原是煤礦場配給高級日籍職員的宿舍，雖然目前只剩下寥寥數間，但還是能夠從中體驗日本幕府時期的起居生活。民宿周邊還伴有山澗叢林，景色怡人，鳥語花香，非常適合度假、度蜜月。民宿還設獨立庭園供住客任意使用，例如燒肉聚會或知己好友小酌一杯等，自由度頗高。

INFO

地址：新北市平溪區白石里白石腳 1 號
電話：0910-306722 **收費**：免費參觀
網頁：http://www.taconet.com.tw/aeiou223300/

平溪

回頭已是百年身

MAP 13-23

石底煤礦遺址 31

菁桐火車站沿老街步行約 10 分鐘即達

★★★

以前的石底大斜坑遺址原來就在菁桐火車站上方，雖然已殘破不堪，無復舊貌，但仍是能從遺缺之中找到礦業歷史的蛛絲馬跡。走到跟前，便可看到由石塊堆砌而成的礦坑口，以往由石底開鑿煤礦並經大斜坑集中運送的景象彷彿浮現眼前，好不真實。漫步在滿布青苔綠葉的遺址之中，或許能讓人產生回到百年前的菁桐的錯覺。

地址：新北市平溪區菁桐村
營業時間：全年開放
收費：免費參觀

INFO

32 鐵道迷朝聖地

MAP 13-23

菁桐老街

菁桐火車站下車即達

菁桐老街原名為菁桐坑，由於黑金煤礦的興起而形成的村落，現在也只剩下煤礦遺跡與古老的鐵道。菁桐老街與車站路軌並行，又是平溪支線的總站，所以遊客更易肆意走近鐵道欣賞及拍照，尤其吸引復古派鐵道迷的到訪。在老街還能隨時看到一街的許願竹筒，原來是早前的「願愛情鐵路長長久久」的情人節活動，因為當時反應熱烈，所以這個手法與傳說也就在街中流傳開來。每個竹筒，都代表一個人的愛意與冀望。

地址：新北市平溪區菁桐老街

INFO

味道依舊 MAP 13-23
阿嬤的日本冰 33

菁桐火車站沿菁桐街及雙菁公路步行約 8 分鐘即達

阿嬤的日本冰搬家了，現在改在天燈派出所附近。阿嬤還是那樣的硬朗親切，一看見筆者便問要點什麼、從那裡來、新店好不好找等問題，讓人稍稍招架不住。與平常一樣，店裡主打的還是日本梅花冰，有花生、朱古力、士多啤梨、情人果、芒果等多種味道，令人眼花繚亂。除此之外，今年阿嬤還賣起天燈和有助消暑解熱的礦工青草茶，以後放天燈又多個選擇了！

地址：新北市平溪區靜安路二段 198 號
電話：02-24951425
營業時間：8:00am-8:00pm
網頁：https://www.facebook.com/GrandmaStore/

INFO

34 雞卷無雞肉？
MAP 13-23 楊家雞卷

菁桐火車站沿老街步行約 2 分鐘即達

楊家雞卷賣的雞卷沒有雞肉，大概都是街知巷聞的事。不過，雞卷無雞肉，那麼入面包的又是什麼東東？原來是紅蘿蔔、芋頭、洋蔥及絞碎的肉，再以豆腐皮包裹再炸，吃起來鬆脆爽口。其實，雞卷原是一種閩南小食，而雞卷在當地方言中有「多捲」的意思。早期的台灣人生活艱苦，每逢祭祀時便只好用雞卷代替牲畜，以表誠心。日復一日，這種作法便流傳至現代，成為當地可口熱賣的地道小食。

地址：新北市平溪區菁桐街 127 號
電話：02-2495 1056
營業時間：9:15am-5:30pm

INFO

平溪

前礦工福利社 紅寶礦工食堂 35

MAP 13-23

菁桐火車站沿老街步行約 4 分鐘即達

★★

在菁桐老街巷尾有一家紅寶礦工食堂，以前是石底礦坑的礦工福利社。食堂內特意掛上早期礦工採礦時的紀錄照、菸酒公賣招牌和老舊的電影海報，藉以回復民國初年的懷舊風貌。為此，店家還推出礦工套餐、麵茶等經典美食，盼能勾起大家塵封多年的回憶。由於食堂毗鄰車站，只要坐在靠窗的用餐位置便能邊看著鐵道路軌邊進食，同時感受戶外的清新氣息與堂內的溫馨古意。

INFO

地址：新北市平溪區菁桐街 58 號
電話：02-2495 2168
營業時間：11:00am-6:00pm，星期二休息

36 呷一口百年風味 碳場咖啡

MAP 13-23

菁桐火車站步行約 8 分鐘即達

位於菁桐之上的碳場咖啡，由百年的選洗煤場搖身一變，成為充滿復古氣息的紅磚咖啡館。老闆早在門外等候客人到來，在櫃枱點了一杯招牌的海鹽拿鐵後，便走進如學校禮堂般寬敞的用餐空間。一組組木枱、木椅整齊地排列在一起，枱上留有手寫的斑駁印痕，讓人不禁想起了小學的愉快回憶，滿腔懷念。

INFO

地址：新北市平溪區菁桐村菁桐街 50 號
電話：02-24952513
營業時間：8:00am-5:00pm，
星期六日 8:00am-7:00pm；
星期二不定期休息
網頁：www.facebook.com/pages/ 碳場咖啡

烏來

烏來位於新北市新店區，烏來Ulai即為泰雅族語「沸水」之意，是台北盆地南緣主要的溫泉發源地，而冬季泡溫泉更是遊烏來的指定活動。這裡被群山環繞，又充滿泰雅族的風情，加上交通方便，民宿眾多，所以很早更成為北投區以外台北泡溫泉勝地。

烏來區郵遞區號233

烏來區郵遞區號233

台北往返烏來

從台北出發

遊客可選乘捷運新店線至新店站，於站外轉乘「新店客運」巴士「烏來 －新店」線至烏來總站，全程約35分鐘，車費每位NT40。亦可直接由台北車站乘坐849號巴士直達烏來，全程約75分鐘，車費每位NT70。

捷運新店站

由新店至烏來的巴士站就在捷運站外

清楚列明乘的士往烏來的收費，防止司機濫收

網頁：http://www.sindianbus.com.tw/modules/tadnews/page.php?ncsn=7&nsn=19

烏來台車和登山纜車

到達烏來巴士總站後，可先在附近遊覽，然後橫過南勢溪徒步至台車烏來站，乘坐台車到瀑布站觀賞瀑布。台車10-15分鐘一班，全程約7分鐘，成人(13歲以上)車費為NT50，長者及7-12歲小童NT30。纜車是連接山腳至雲仙樂園的主要交通工具，成人車票為NT300，學生及3-11歲小童為NT230，65歲長者NT150，服務時間為每日9:00am-5:00pm，每10分鐘對開一班。

烏來台車：https://recreation.forest.gov.tw/Forestry/FR?typ=11&typ_id=0200041

雲仙樂園：https://www.yun-hsien.com.tw/page/about/index.aspx?kind=3&lang=TW

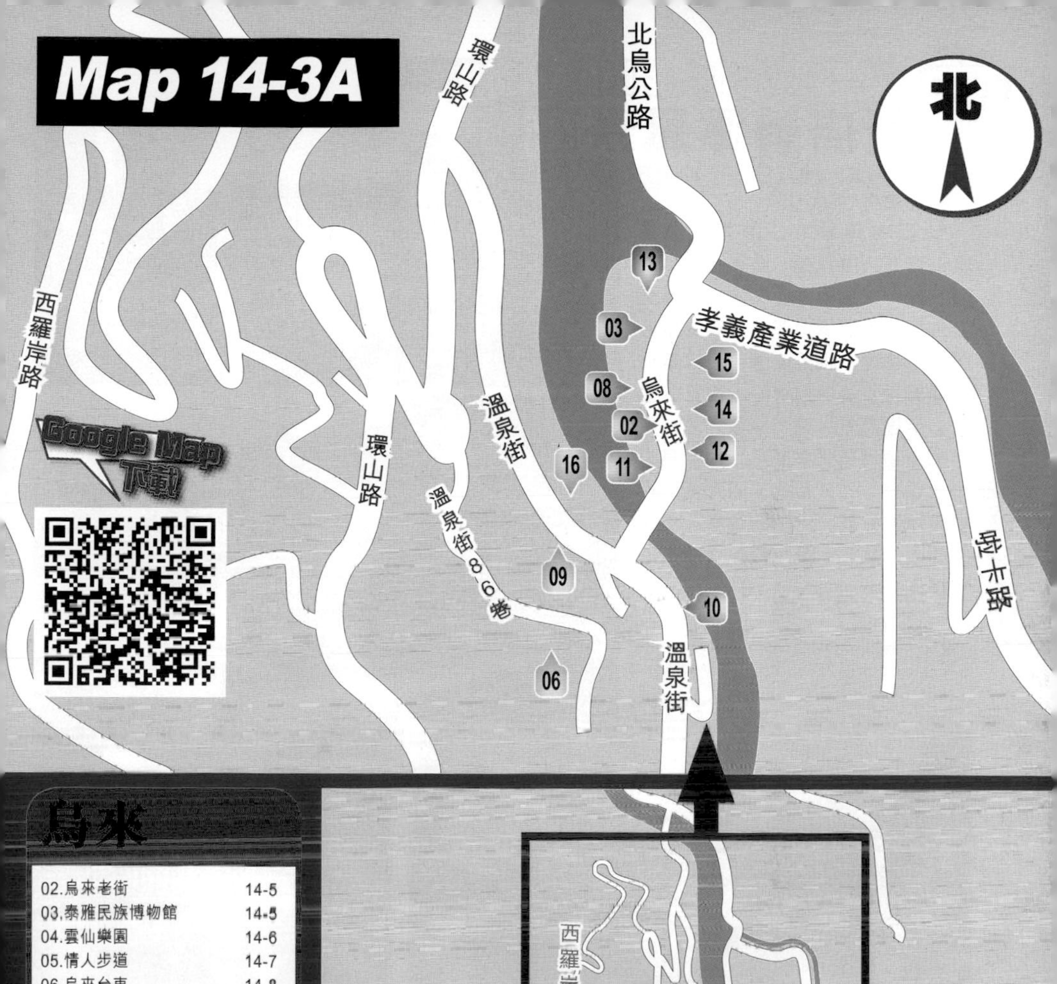

Map 14-3A

北

Google Map 下載!

烏來

Map 14-3B

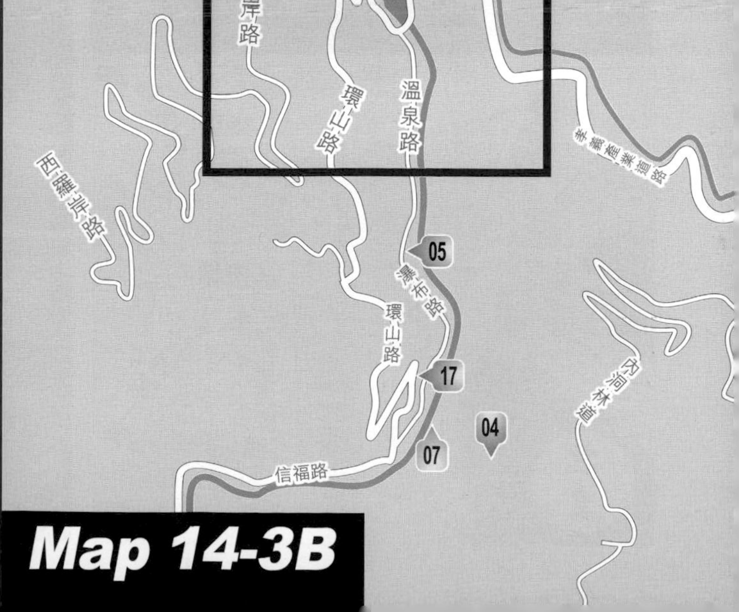

烏來

市中心的後花園 新店碧潭風景區 01

★ MAP 14-4

搭乘捷運至新店站下車，步行約 5 分鐘即達

★★★

毗鄰捷運新店站的碧潭風景區，實為石屎森林中難得一見的大型花園，交通既方便又快捷。滿園春色混合著清清河溪，淡雅的景致與煩囂的鬧市相互交融，也算是旅客閒晃散步的中途大站。反正去烏來必定途經新店站，旅客大可在朝早先去碧潭風景區閒逛，再到烏來覓食玩樂；又或自烏來歸來後，再到碧潭看看五光十色的夜景，然後搭捷運回旅館，都是輕鬆又順暢的行程安排。

地址：新北市新店區新店碧潭風景區
電話：02-2913 2579 **收費**：免費參觀
營業時間：全年開放

★ INFO

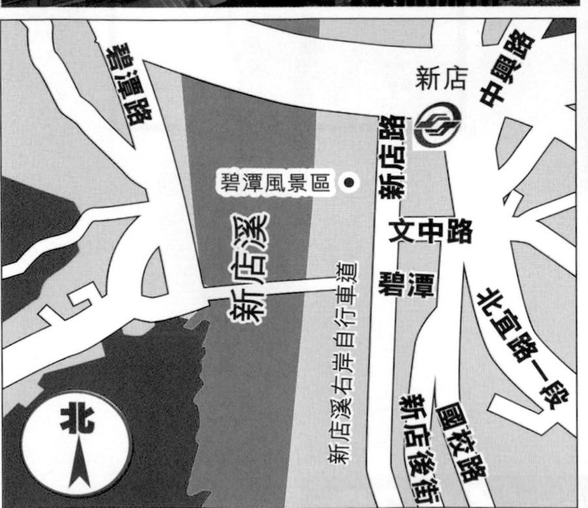

九份
平溪
烏來
鶯歌
淡水
基隆
桃園

九份 平溪 烏來 鶯歌 淡水 基隆 桃園

好山好水 MAP 14-3A
烏來老街 02

搭乘捷運至新店站下車，換乘 849 公車或的士至烏來老街站下車即達

經常傳來小販叫囂聲，以及地道小食發出的香味，熱鬧的烏來老街可算是旅客覓食的好去處。除了經典的山豬肉料理外，還有一大堆當地特有的土產名菜，只要一想到嘴巴就流滿口水。當你越過塗滿泰雅族專屬花紋的大橋時，各種溫泉旅館瞬間呈現眼前，浸泡的類型多不勝數。在嘗盡美食過後，到會館或公共浴池浸個熱騰騰的溫泉，一解整日下來的疲倦也不錯呢！

地址：新北市烏來區烏來老街
營業時間：全年開放

INFO

MAP 14-3A 03
認識烏來話事人
泰雅民族博物館

烏來老街內

知道烏來的真正主人是誰嗎？只要去一趟泰雅民族博物館便有分曉了！館內放置了各種泰雅族的生活文化，從衣、食、住，乃至種族歷史和生活概況都一覽無遺，例如族內男子要具備狩獵，而女子要懂編織，才有資格紋面和嫁娶等。相信，只要走遍館內三層樓便能成為「烏來通」了！另外，烏來與泰雅族也有非常密切的關係，在泰雅族語中「Ulay」即「溫泉」的意思，與烏來同音之餘，似乎也道出了此乃溫泉勝地的含義。

地址：新北市烏來區烏來街 12 號
電話：02-26618162
營業時間：9:30am-5:00pm
（星期六及日）9:30am-6:00pm；
每月第一個星期一休館
收費：免費參觀
網頁：www.atayal.ntpc.gov.tw

INFO

04

山之巔、雲之端
雲仙樂園與纜車

從烏來老街搭乘台車至瀑布站，沿瀑布廣場走約 7 分鐘便能到達纜車站前，轉乘纜車便可直達樂園門口

位於山上的雲仙樂園，可算是烏來最大型的主題樂園，只是要前往這山中樂土，就必須要坐接駁纜車。卡廂式的纜車筆者還是頭一次見，雖然人多時有點擠迫，不過卻相當穩陣安全。喜歡各種自然生態，又或者首次去親子遊的朋友，不妨選擇處山野之上、接近雲之端的雲仙樂園。園內設有多個植物生態園境、遊樂設施，以及兒童樂園。最受歡迎的莫過於租借小艇的活動，與子女、情人泛舟湖上，好不溫馨浪漫。樂園另設住宿服務，想玩盡一天或留宿的旅客可另行預約。

地址：新北市烏來區瀑布路 1-1 號
電話：02-2661-6510
營業時間：（纜車）9:00am-5:00pm，假日至 5:30pm
每隔 10 至 15 分鐘對開一班
收費：成人 NT300、及學生及 3 歲以上未滿 12 歲 NT230、65 歲或以上 NT150
網頁：www.yun-hsien.com.tw

MAP 14-3B 05

賞櫻觀溪秘道
情人步道

搭乘的士或 849 公車至烏來老街站下車，沿老街走約 12 分鐘即達

想體驗落櫻之美，以及被綠樹環繞、山河包圍的感受？那麼便要趁春夏之際，走到烏來的情人步道散散步。這條連接烏來瀑布與老街的步道，可讓觀瀑過後的遊客邊賞春櫻，邊輕輕鬆鬆地走回熱鬧的老街。走在步道上，還能時不時聽見「嗚嗚」發響的台車在山嶺上穿梭而過，恍如走進鄉間小路，的確挺適合喜歡靜靜散步的朋友，又或喜歡親親大自然的甜蜜愛侶。

地址：新北市烏來區瀑布路與溫泉路之間
營業時間：全年開放
收費：免費

INFO

穿梭山野間 MAP 14-3A
烏來台車 06

烏來老街走約 2 分鐘即達

★★

傳說中的烏來台車原是伐木業的附屬品，用來運送從山林中砍伐而來的木材。不過當伐木業式微後，小巧可愛的台車便被改為載遊客用的工具。千萬別小看這輛藍色小台車，它外表雖然樸實，實際卻兵貴神速地遊走於山林之中。每天，定時定候穿梭往返於烏來老街與瀑布廣場。而且台車與情人步道相鄰，故建議可搭乘台車上山，下山時再沿情人步道走，可使旅程變得更輕鬆。

地址：新北市烏來區覽勝大橋與溫泉路口交會處
電話：02-26617826　**收費**：單程 NT50
營業時間：8:00am-5:00pm；
7 至 8 月 9:00am-6:00pm；
每月第一個星期二休息

INFO

地址：新北市烏來區瀑布路

INFO

MAP 14-3B 白色水道
07 烏來瀑布

從烏來老街搭乘台車至瀑布站，全程約 8 至 10 分鐘；又或沿情人步道而上，約 15 分鐘左右即達

搭過烏來台車，又或沿著情人步道走，便可到達高80公尺的烏來瀑布。在瀑布廣場前有多處觀望台，靜靜仰望潺潺流水傾瀉而下，形成一圈又一圈的白色水波，清澈非常，每每吸引遊客駐足觀賞。

瀑布廣場春天時分開滿櫻花，非常漂亮。

九份 平溪 烏來 鶯歌 淡水 基隆 桃園

100% 純天然溫泉 MAP 14-3A

小川源溫泉會館 08

烏來老街內

去烏來，就一定要去浸溫泉。只是不習慣在公共場所泡湯的話，大可在烏來有名的溫泉街，隨意挑間喜歡的溫泉會館浸個舒適的溫泉湯。比如在老街轉角就到的小川源溫泉會館，其供應的溫泉水可是100%純自然的，保證讓大家試到「原汁原味」的正統溫泉水，而且絕不使用普通的山泉水和自來水來濫竽充數。

地址：新北市烏來區烏來街 32 號
電話：02-2661 6222
網頁：www.protospring.com.tw

INFO

MAP 14-3A 發現美顏神水！

09 伊豆溫泉會館

烏來老街經過攬勝大橋步行約 5 分鐘即達

烏來的溫泉被專稱為「美人湯」，因其溫泉水質屬於無色、無硫磺味的透明泉水。這種水質對皮膚是有非常滋潤的功能，既可保濕、去角質與消炎，據說還有去疤的神奇功效，當地人更稱此湯為「天然化妝水」呢！而伊豆溫泉會館中便有提供此溫泉湯，愛美的朋友只要經常浸泡，便不用再往臉上亂搽各種美顏產品了！

地址：新北市烏來鄉溫泉街 72 號
電話：02-26617818
收費：雙人房 NT3,200-3,600
網頁：www.twem.idv.tw/3/9/1/a102.htm#mo

INFO

烏來

無敵靚河景 MAP 14-3A
51溫泉會館 ⑩

烏來老街經過攬勝大橋步行約 5 分鐘即達

★★

在往返情人步道時，便會發現這家依偎著河堤上街道而建的溫泉會館。為了讓旅客能更舒適自在地浸泡溫泉，店主不惜花錢花心思來重新裝潢店面，利用自然樸實的木材與石磚來作會館主題，還增設景觀湯屋和客房，讓旅客能邊欣賞河濱海景，邊浸泡溫熱的溫泉湯。此外，店家還設有住宿服務，為旅客提供一個愉悅輕鬆的中途驛站。

地址：新北市烏來區溫泉街 51 號
電話：02-26617847
網頁：www.power51.idv.tw/index.php

★ INFO

MAP 14-3A ⑪ 停不了的好滋味
雅各原住民山豬肉香腸

烏來老街街尾

出自當地原住民之手的山豬肉香腸，其香噴噴的肉香滿溢於老街之中，讓人垂涎欲滴。每次經過攤檔，總看見不少人在排隊等候新鮮炭火燒製的山豬肉腸，可見它有多人氣。攤內還有另一推薦小食—山豬後腿腱子肉，肉質鮮美，他們會預先把它燒烤好並再放進紙袋裡，如果只點它的話可直接跟店家説，便不用跟吃香腸的朋友擁擠在一起了！而且，想一嘗當地傳統食法的朋友，還可自行在店前拿取新鮮的蒜頭一起食用，吃起來會更鮮、更惹味。

地址：新北市烏來區烏來街 84 號
電話：0955-167-796
營業時間：10:00am-8:00pm
收費：山豬肉香腸 NT40/ 一條、山豬後腿腱子 NT110/ 一支
Fb: 烏來老街 - 雅各原住民山豬肉香腸

★ INFO

就是愛滑溜 12 MAP 14-3A

高家冰溫泉蛋

烏來老街內

曾經上過多家台灣電視頻道的高家，賣的便是招牌的自創冰溫泉蛋。他們取用南勢溪的水和秘製的滷水汁煮浸過的雞蛋，蛋黃部分被煮至半熟狀態，又經冰鎮過，比起全熟的口感更為滑溜和富彈性。而且為了增加大家的購買慾與信心，老闆還在攤位上放了一個已切開的樣本，顯示其蛋白的部分也被染成濃濃的醬油色，可見他們的蛋非常入味。

地址：新北市烏來區烏來街 135 號
電話：02-26617458，0978-929-725
營業時間：8:00am-8:00pm

INFO

MAP 14-3A 13

必食民族小店

泰雅婆婆美食店

烏來老街內

位於烏來老街的泰雅婆婆美食店，賣的就只是泰雅族的傳統美食。單看店內外的裝潢，就已經滿滿地感受到一股自然與民族風情。炒幾碟時令的當地小菜，如水中蓮勇士便是必叫菜式，其真身實是烏來的時令蔬菜—水蓮根，與山豬肉一起炒熱，味道清新又爽口。再配上特色的竹筒飯，甘甜軟熟的糯米，口感如常煙韌，最適合午飯與晚飯時段入席。

INFO

地址：新北市烏來區烏來街 14 號
電話：02-26616371
營業時間：10:00am-9:30pm
（假日至 10:00pm）

烏來

老家風味 14 MAP 14-3A

阿春美食小吃

烏來老街內

★★

因台灣電視節目《食尚玩家》而聞名的阿春美食小吃，備有葷素二食。他們最大的賣點就是當地的地道小菜。當造的漁獲、新鮮的蔬菜，經過店家的巧手便成了一道道的家鄉小炒，例如生炒放山豬、炒山香菇、福山放山雞、水蓮根、馬告雞湯等等，無一不是充滿山澗風味的料理。

地址：新北市烏來區烏來街 109 號
電話：02-26617718　**營業時間**：11:00am-8:00pm
網頁：https://zh-tw.facebook.com/bestinwula

★ INFO

MAP 14-3A 手信熱賣點 15

麗芳特產店

烏來老街內

來到烏來自然也要逛逛手信店，為家人及朋友準備紀念品吧？可是，比起各種工藝手信，烏來最知名的莫過於酒品與甜食。在麗芳特產店便備有百多款酒類供遊客選購，如小米酒、梅子酒、水果酒等，單是小米酒的牌子就已經多到令人眼花繚亂了！此外，傳統口味與新款水果味的麻糬，還有當地自製的蜂蜜及各式醃菜也是手信的良選呢！

地址：新北市烏來區烏來街 93 號
電話：02-26616583
營業時間：8:30am-8:00pm

★ INFO

九份 平溪 烏來 鶯歌 淡水 基隆 桃園

免費溫泉共享
露天溫泉 ⑯

MAP 14-3A

烏來老街經過攬勝大橋步行約 5 分鐘即達

沿老街走並穿過大橋向右轉，不難在河邊發現一充滿人潮的地方，那就是免費開放的坊間溫泉區。由數個較大的浸浴區，還有浸腳專用的小石池聚合而成的溫泉區，除了是街坊的老地方，也是遊客必訪景點之一。在老街吃飽後，輕鬆地散散步之餘，還可以不花一分錢去享受溫泉體驗，真是一樂也！

地址：新北市烏來區溫泉街烏來露天公共浴池

INFO

探索烏來的過去
⑰ 林業生活館

MAP 14-3B

從烏來老街搭乘台車至瀑布站，沿瀑布廣場走約 7 分鐘即達

來到瀑布廣場前，不難發現一簇新又富設計感的現代化建築物，走近才知道是烏來林業生活館。它的前身是烏來台車博物館，所以館內也有一經改裝的彩色台車模型，非常搶眼奪目，是不少遊客爭相拍照的地方。館內設有多個林業模擬情境，好讓旅客更容易了解當地的林業發展歷史。在頂樓的兒童展覽區，還有不少DIY手作可供他們玩樂；而大人們則可靜靜地透過玻璃窗遠眺烏來瀑布，悠閒地與小孩作樂或休憩。

地址：新北市烏來區瀑布路 1-2 號　**電話**：02-2661 6780
營業時間：9:00am-5:00pm；星期二休館　**收費**：免費入場
網頁：https://www.facebook.com/wulai.localvoice/

INFO

鶯歌三峽

鶯歌區是台灣新北市下的一個市轄區，因為境內盛產窯土，所以陶瓷製造工業特別發達。三峽原名三角湧，處於大漢溪、三峽河（三峽溪）、橫溪三河的匯流之口。鶯歌和三峽兩地相隔甚近，且兩地早於清朝已發展，留下不少美麗的古建築，成為近年廣受歡迎的文化之旅熱點。

台北往返鶯歌、三峽

遊客可選乘台鐵由台北直往鶯歌，車程約30分鐘，車費NT47。除了鐵路，也可選擇由台北市捷運府中站(府中路)乘702線巴士前往。巴士途經鶯歌及三峽，以三峽一站為終站，車費NT30。

台鐵網址：https://tip.railway.gov.tw/tra-tip-web/tip
台北客運網址：http://www.tpebus.com.tw/

A
B
C
D
1
2
3
4
中山路
中正一路
行政路
文化路
鶯歌站
國慶街
育英街
南雅路
建國路
建國路
文化路
重慶街
尖山路
Google Map
下載
北
Map 15-1
01
02
03
04
05
06
07
08
09

鶯歌

鶯歌

全台第一 01 鶯歌陶瓷博物館

MAP 15-1B4

乘搭台鐵火車至鶯歌火車站下車，由文化路出口右轉共步行約 8 分鐘即達

★★★ 位於文化路的鶯歌陶瓷博物館，是全台首間以陶瓷為主題的博物館。全館共設四層，包括一樓的服務區、多媒體教室、窯與製作工具展示區；二樓的常設展示場，如台灣傳統製陶技術、傳統陶瓷發展、鶯歌區及台灣史前原住民陶藝、台灣工藝陶瓷、工業和精密陶瓷等，全都與陶瓷有關。走進館內，還會被它新穎富現代感的內觀，以及滲於館內每一角落的裝置藝術所驚艷，處處皆見文藝美感。另外，館方專為4至8歲的兒童設置一個「土」的體驗區，為小孩提供一個可以無拘無束地接觸土與陶的自由學習空間。

地址：新北市鶯歌區文化路 200 號
電話：02-86772727
營業時間：9:30am-5:00pm；假日 9:30am-6:00pm；每月第一個星期一休館
收費：NT80
網頁：https://www.ceramics.ntpc.gov.tw/

★INFO

鋼架時光走廊 MAP 15-1 D3

三鶯龍窯橋 02

鶯歌火車站乘的士 5 分鐘即達，也可在火車站附近租自行車前往

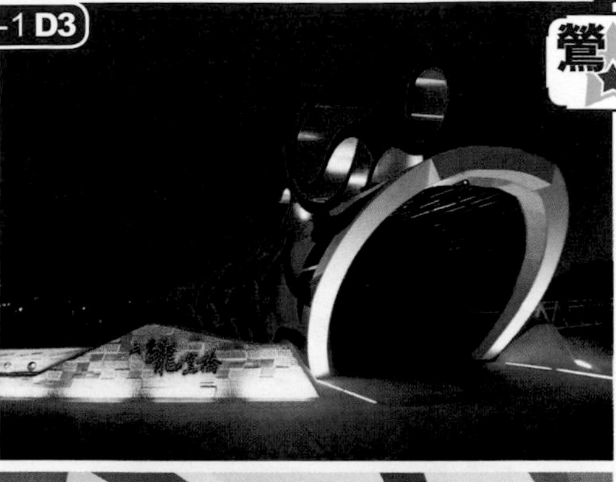

若想在鶯歌悠閒地騎單車，三鶯龍窯橋可算是不錯的選擇。它橫跨鶯歌溪並串連了新北市和桃園的單車徑，由於單車線路比一般的長，故旅客可更長久地享受騎乘的樂趣，還能欣賞到沿途的迷人風景。全長85公尺的龍窯橋，可是採用富現代感的鋼構桁架的建築模式，外形猶如祥龍獻瑞的龍身，威武地橫跨於河岸之上。到了晚上，橋身還會出現璀璨耀眼的燈光秀，使人更目不暇給。此外，沿線還設置了單車停靠處、解說的標誌及指標等相關設施。

地址：新北市鶯歌區環河路

INFO

MAP 15-1 D1 03 巨鳥傳說？鶯歌石

鶯歌火車站出站後左轉走文化路，經過平交道後，沿成功街直行即達

這塊位於鶯歌區中正路與成功街後山麓的大石，由於其外形酷似鸚哥因而得到鶯歌石一名，並隨著時日推移成了鶯歌的重要地標之一。雖然現在的鶯歌石附近已被開發為公園，但原來在明末之際，它還有一個因巨鳥轟然落地，遂化成巨石匍匐於山腰的出生傳說，著實帶趣。沿一方旁階梯而上，旅客更可登上山頂的景觀平台，飽覽鶯歌市景、大漢溪河谷及三峽鳶山的美妙景致呢！

遠看鶯歌石確有點巨鳥屹立的神態。

地址：新北市鶯歌區中正路成功街後山麓

INFO

鶯歌陶花源
三鶯藝術村

鶯歌火車站從文化路走約 12 分鐘即達

經規劃重生的三鶯藝術村，除了擁有一大片寬廣的綠化草地，還備有單車徑及大型展覽區與遊藝空間。在藝術村內設有不少陶瓷的裝置藝術品，讓創意與自然相融，可算是旅客拍照的大本營。而村內還設有各種藝術工作坊，例如紙黏土捏塑、皮雕、兒童彩繪等，都十分適合親子活動，讓大人小孩把充滿回憶的作品一起帶回家留念。此外，村內還有街頭藝人表演、玩偶戲劇與藝術講座等觀賞性活動，盡量滿足各種類型的旅客。

在藝術村旁的「新北市美術館」戶外部分已開幕，遊客可以順道參觀及使用園區設施。

地址：新北市鶯歌區館前路 300 號
電話：02-86782277
收費：免費參觀，DIY 工作坊另行收費
營業時間：9:30am-5:00pm；
假日：9:30am-6:00pm；
每月第一個星期一休館

★ INFO

「陶」寶勝地 05 MAP 15-1 A3

鶯歌陶瓷老街

鶯歌火車站自文化路右轉並沿文化路步行約 11 分鐘即達

在鶯歌的文化路、尖山埔路和重慶街一帶，都被納入陶瓷老街的範圍。為何會叫陶瓷老街？因為這裡可是鶯歌區內陶業最早發跡的地方，甚至有「台灣景德鎮」的美名。與一般的老街不同，在這裡有著成群的陶瓷專賣店，如仿古瓷、結晶釉、文趾陶等的茶具及餐具等用品，價格也比街外的便宜，幸運的話或許可以尋到瑰寶呢！

地址：新北市鶯歌區文化路、尖山埔路

INFO

MAP 15-1 B2 24小時壽司店

06 阿婆壽司

鶯歌火車站前站出口左轉走建國路，到中正一路右轉並步行約 5 分鐘即達

深夜餓了，想覓食？不妨去一去阿婆壽司吃個飽。這裡的壽司飯非常彈牙，而且為了遷就當地人的口味，店家還特意改良做法並調整食材。這裡的壽司種類雖然有十多種，但餡料卻不是我們常吃到的日式刺身，反而是以卷物作主打，外形猶如韓式的紫菜飯卷，只是包裹的食材更多元化而已。店內的壽司大件夾抵食，加上又改作24小時營業，所以總是不乏人潮。

地址：新北市鶯歌區中正一路 63 號
電話：02-26709345
營業時間：24 小時
收費：壽司大盒 NT65、味噌湯 NT25

INFO

用料十足 鶯歌蚵仔麵線

MAP 15-1 B2 07

鶯歌火車站前站出口到中正一路右轉並步行約 10 分鐘即達

來到鶯歌，當然要一嘗當地的平民美食—老牌鶯歌蚵仔麵線啦！一小碗蚵仔麵線果真吻合「麻雀雖小，五臟俱全」的道理，碗雖小但用料十足，而且蚵仔更是又大又鮮甜，一點腥臭也沒有。配上滷過的大腸，讓綿滑溫順的麵線更添口感，可算是絕佳的午後茶點或宵夜。

地址：新北市鶯歌區中正一路 91 號
電話：02-26781891
營業時間：7:00am-7:00pm（星期二公休）

INFO

MAP 15-1 A2 08

不羶的羊肉 滋味嘉羊肉麵

鶯歌火車站下車沿建國路走至光明街，再左轉入南雅路即見

曾在電視節目《食尚玩家》、《美食鑑定團》等打得火熱的滋味嘉羊肉麵，是路經老街時必吃之選。羅老闆走遍了南北各地嘗鮮，並研製出自家的紅燒羊肉麵。藥膳湯底香醇濃郁，羊肉大塊卻沒有一絲羶味，麵條也彈牙順滑，讓原來不好羊肉的筆者也決定要重新愛上羊。只是，老闆到底是怎樣去羶味的呢？據透露其重點在於羊肉預先用熱水燙過，而剩下的就要你們自己去試試才知道了。

地址：鶯歌區建國路 108 號二樓
鶯歌美食廣場第三第四攤
電話：02-8677-5873
營業時間：10:30am-8:00pm，
星期五六至 8:30pm
（星期一公休）

INFO

鶯歌彰化 CROSS-OVER 彰鶯肉圓

MAP 15-1 B2 09

鶯歌火車站前站出口，到中正一路右轉並步行約 10 分鐘即達

所謂的肉圓，就是讓QQ彈牙的粉皮裹起肉餡的小食，口感層次相當豐富，就算是吃一小碗也頗有飽肚感。而這家彰鶯肉圓便是在彰化肉圓的製法上，加上鶯歌的色彩，採用甜甜的水果醬搭配肉圓，使這道小食頓時成了飯後甜品般的存在。醬汁是由店家自家調配，清新香甜，加入一小匙蒜泥更能增添風味，讓人多吃不膩。

地址：新北市鶯歌區行政路 35 號
電話：02-26701841
營業時間：10:30am-7:30pm（星期二公休）
收費：NT50

INFO

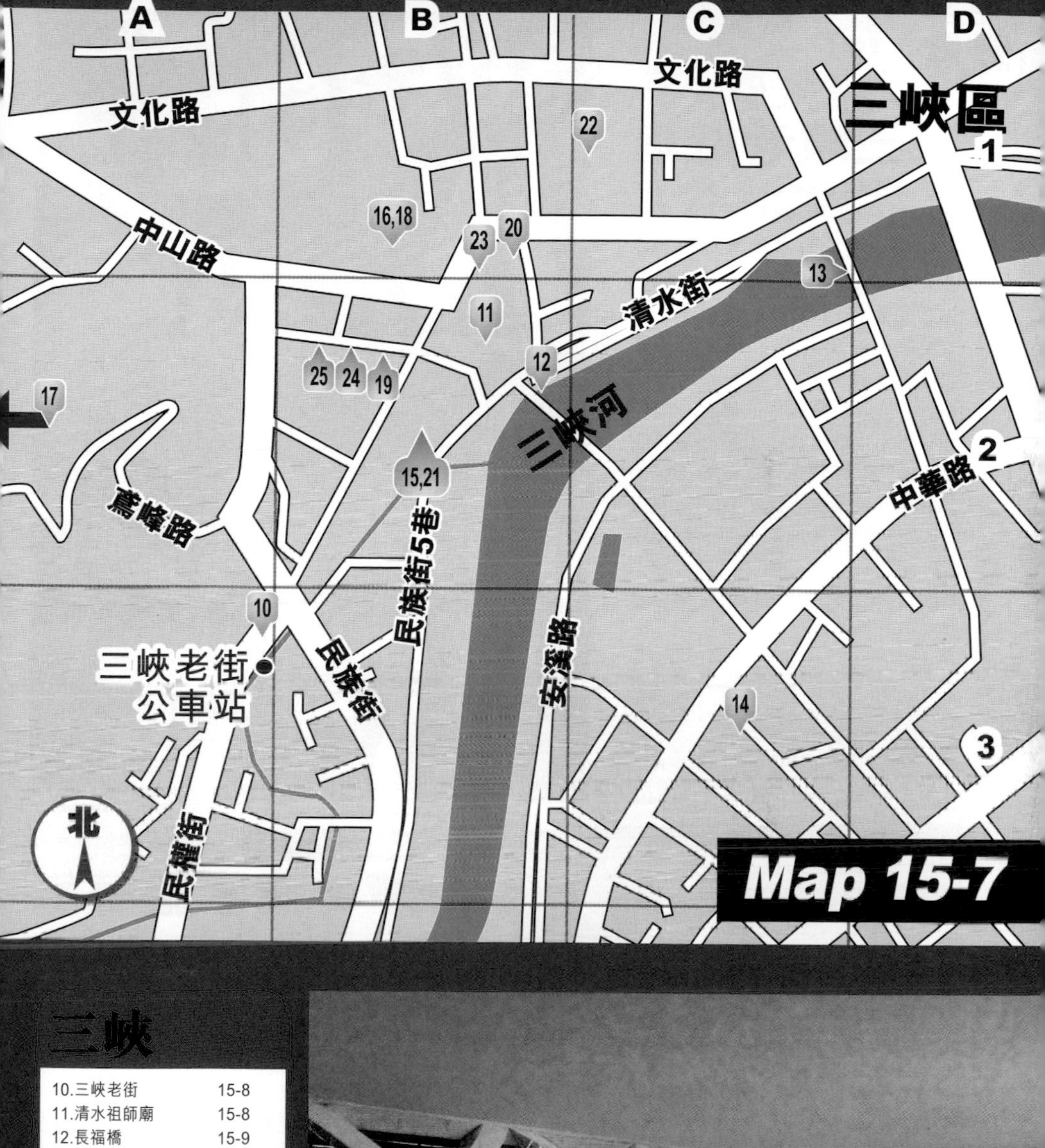

A
B
C
D
文化路
文化路
三峽區
中山路
清水街
三峽河
中華路
鳶峰路
民族街5巷
民族街
安溪路
三峽老街
公車站
民權街
北
1
2
3
10
11
12
13
14
15,21
16,18
17
19
20
22
23
24
25
Map 15-7

三峽

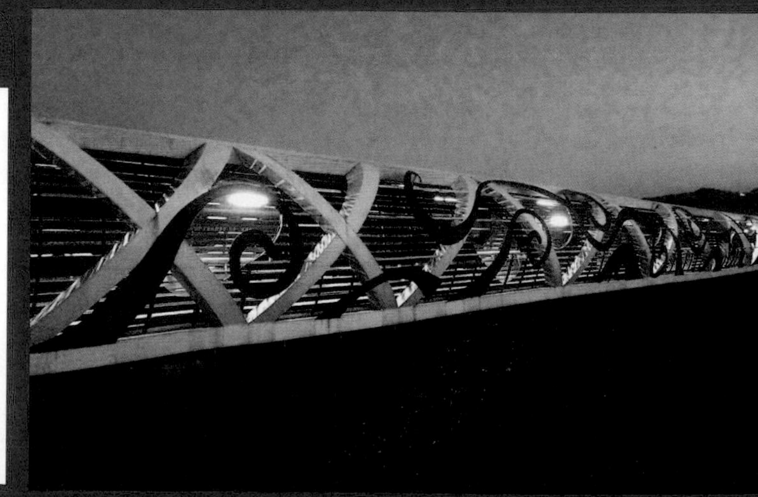

古雅紅磚拱廊

三峽老街 ⑩

★★★

乘搭捷運至永寧站下車，轉乘公車 812 或 940 至三峽老街站下車即達

三峽老街的紅磚拱廊和巴洛克式建築的風格，使它在現代的街巷中更見獨特與懷舊。在和平街、仁愛路、中山路及民權街上，都能看到很多日佔時期留下來的老房子，有些刻著舊主的姓氏，有些是以往商行的堂號，很多都別具古昔意義，見證著一代代三峽居民的活躍興衰。各種平民小食、往昔古玩，以及貴重的地區手藝，都能在食店商舖林立的老街中找到，雖然無復當時繁盛的鬧市境況，但也為舊街小路帶來新氣象。

地址：新北市三峽區民權路
電話：0985-296943
網頁：sanxias.com.tw

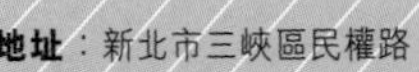

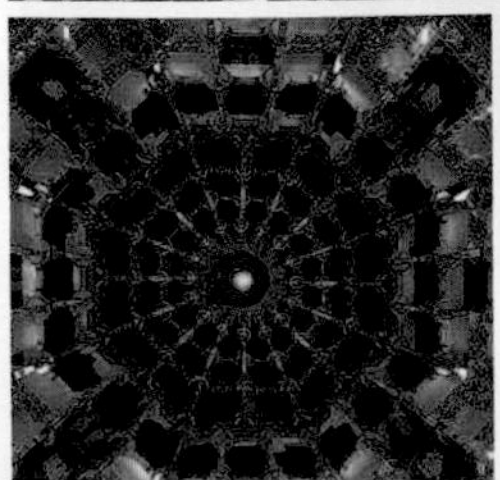

MAP 15-7 B2

心誠則靈

⑪ 清水祖師廟

三峽老街車站步行約 6 分鐘即達

這座古廟與李梅樹先生有著深遠的關係，原來中國風情的廟宇建築，在他主張之下糅合了西方藝術色彩，同時也確立了清水祖師廟的藝術與文化地位。據説廟內的祖師爺，其實是北宋開封府人，因受封而建立這座祠堂，事後隱居於清水巖，故讓祖師廟冠上「清水」二字。由於清水祖師爺非常靈驗，所以多年來都是三峽民眾重要的經典信仰源地。

地址：新北市三峽區秀川里長福街 1 號
電話：02-26171031
營業時間：5:00am-9:30pm
收費：免費參觀
網址：http://www.longfuyan.org.tw/

INFO

古道上的鬧市 MAP 15-7 B2

長福橋 ⑫

三峽老街車站步行約 6 分鐘即達

這道古色古香的長福橋，是通往清水祖師廟的重要走道。橋上只供行人使用，所以也算是安全休閒的觀光之橋。橋上護欄雕有138頭石獅，中段部分更設有七座中國風滿載的涼亭，予人一種恍如置身於古代京城的錯覺。走在橋上，眺望三峽河上的清清水色，感覺醉人。到了假日，還能在橋上遇到擺賣童玩的攤販，又或打陀螺等古玩表演，紛紛使人們拍手叫好，好不熱鬧。

地址：新北市三峽區長福橋 INFO

MAP 15-7 C1

走進生活之中的老橋

三峽橋 ⑬

沿三峽老街走往清水街，步行約 10 分鐘即達

這道古舊且富有歷史氣息的三峽拱橋，橫跨三峽河並連接起兩岸的居民。雖然有新建的三峽大橋來分散人們的使用率，不過還是有不少的居民喜歡駛進或走進舊道，延續一直以來的生活習慣。在進入拱橋之前，又或離開橋道之後，都會見到一系列的小店，有些賣三峽小食，有些擺賣服裝、飾品，甚至是日常用品與新鮮食材，而這也成了三峽拱橋的獨有風光了。

地址：新北市三峽區三峽大橋 INFO

鶯歌

三峽藝術大師 李梅樹紀念館 14

MAP 15-7 C3

沿三峽老街走並穿過長福橋，再沿中華路步行約 9 分鐘即達

★★★

以紀念三峽當地知名畫家李梅樹教授而設的紀念館，只有在假日才會開放。館內空間雖然不大，但卻藏有李梅樹先生一生的藝術傑作，以及各項與其相關的文物資料。他素來喜歡以台灣鄉土風情作題，當中尤其鍾情於繪畫三峽的風光，故其作品也與三峽老鎮有著微妙的關係。若有時間，不妨接受導覽員的講解服務，聽聽李梅樹的兒子對父親作品的見解與詮釋，或許能從中得到更多有趣的資訊與小故事呢！

地址：新北市三峽區中華路 43 巷 10 號
電話：02-26732333
營業時間：星期六及日 10:00am-5:00pm
收費：入場費 NT100　**網頁**：limeishu.org.tw

INFO

MAP 15-7 B2

另類觀光場所 茶山房 15

三峽老街車站步行約 4 分鐘即達

茶山房的前身是「美盛堂化工」，主要盛產純天然的浮水肥皂，至今已有五十多年的歷史。雖然曾在第二代時差點不保，但憑藉著其手工肥皂的獨特之處，以及店家主動轉型和努力，現在的茶山房既是肥皂工房，也是文化體驗的場所。走進寬敞的店內，一旁放滿大量的肥皂產品及簡介，另一邊則設有肥皂知識區、製皂探索區、DIY體驗區等。店面雖不大卻有如觀光體驗工廠的規模，方便旅客吸收相關知識，還可以動手製作自家肥皂，留念與送禮皆宜。

地址：新北市三峽區民權街 79 號　**電話**：02-86718822
營業時間：9:00am-6:00pm　**收費**：免費參觀
網頁：www.teasoap.com.tw

INFO

日洋合璧小紅屋
三峽歷史文物館 16

MAP 15-7 B1

沿三峽老街往中山路步行約 6 分鐘即達

眼前養眼的紅磚建築物，原為日佔時代的舊鎮公所，現在則蛻變成三峽歷史文物館。它，曾被稱作全台最美的辦公大樓，也是活化文物的成功之作。館內分設兩層，一樓當地藝術家展覽廳，主要展示各類當地創作的美術作品；而二樓則是三峽人文史蹟文物展覽廳，藏有為數眾多的當地珍貴史料與文物，協助旅客更易了解三峽故事。

INFO

地址：新北市三峽區中山路 18 號　**電話**：02-86743994
營業時間：星期二至日 9:00am-5:00pm；逢星期一休館　**收費**：免費參觀
網頁：https://www.facebook.com/ 三峽歷史文物館 /1374838385962508/

詩意處處
鳶山風景區 17

MAP 15-7 A2

沿三峽老街往鳶峰路步行約 20 分鐘即達

在老街後有一條乾淨的小路，可通往鳶山風景區，觀賞那片隱藏於鬧市背後的寧謐景致，享受登山的逸趣，到郊區喘口氣。拾級而上，登上鳶山的瞭望台便能看到土城、板橋及鶯歌等地區的煩囂風光。當夜幕低垂時，登山步道上還有被滿天繁星包圍的錯覺，細看山下萬家燈火，浪漫又富情調。到了五月，更能欣賞到油桐花開的詩意畫面呢！

地址：新北市三峽區鳶峰路
營業時間：全年開放
收費：免費參觀

INFO

體驗傳統工藝 三峽藍染展示中心

MAP 15-7 B1 18

沿三峽老街往中山路步行約 6 分鐘即達

★★

在文物館旁有一個藍染展示中心，與老街後方的藍染公園可算是同出一轍。旅客可在此體驗三峽有名的藍染工藝，參加中心提供的DIY工作坊，一嘗做染坊工人的滋味，順便帶走一條獨一無二的made by me藍染方巾。在等待乾涸的時間，還可以慢慢欣賞中心內的藍染發展史，以及選購各款精緻的藍染手工作品，親身感受三峽地區獨具代表性的民俗工藝魅力。

地址：新北市三峽區中山路 20 巷 3 號
電話：02-8671 3108
營業時間：星期二至日 10:00am-4:00pm；逢星期一休館
收費：免費參觀，參與藍染 DIY 則另行收費

★INFO

19 媽祖降臨民間 興隆宮

MAP 15-7 B2

三峽老街車站步行約 5 分鐘即達

這家處於老街之中的興隆宮媽祖廟，它見證了中國八個朝代的興衰，也曾經過烽火的洗禮，卻仍屹立至今。現在，它可是三峽區內居民信仰的中心，一同保佑與守護三峽人民的生活。興隆宮祭拜的是媽祖，亦即天上聖母，是由一群福建原籍的先人們興建並請進三峽老街，以求漁業平安。在日佔時期，興隆宮在原廟址上只分配到一間民房作宮殿，自此媽祖便被請入民間，隱身於凡間了。

★INFO

地址：新北市三峽區民權街 50 號 **收費**：免費參觀
電話：02-2671 6230 **營業時間**：8:00am-10:00pm
網頁：https://www.facebook.com/Sanxia.Matsu/

以多口味取勝 MAP 15-7 B1

金三峽牛角 20

三峽老街車站步行約 4 分鐘即達

這裡的金牛角(牛角包)口味繁多，從原味、奶酥、咖啡、紅豆，乃至朱古力味都有，選擇多得令人心思思。店家主張以新西蘭進口的酥油及乳品作食材，並保證絕不使用市面上出售的香精與咖啡粉。例如其中一款人氣的朱古力味金牛角，只是把可可粉加入麵糰以帶出啡黑色澤，餡料則是用融入了牛奶的朱古力磚製作，既新鮮且不含任何防腐劑。常溫下的三峽金牛角可保存三天，若經冷藏更能保存至20天之久。

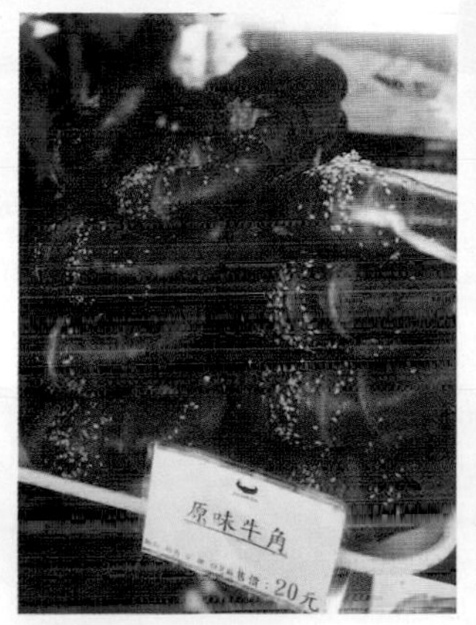

地址：新北市三峽區民權街 7 號
電話：02-2680-6777 **營業時間**：7:00am-10:00pm
網址：https://jsx.tw/ **收費**：NT40 起

INFO

MAP 15-7 B2 惹味開胃菜

鄭記豬血糕 21

三峽老街車站步行約 4 分鐘即達

知道什麼叫豬血糕嗎？其實就是豬血再混入米粒所製的台式小食。而在三峽老街上的鄭記，就能找到味道Q軟又有嚼勁的豬血糕。原來平凡無味的豬血糕在煎煮過後變得香口，再加入大量濃郁的花生粉，以及少量的辣椒粉及香菜，鬆脆的口感與惹味開胃的調味，使鄭記的豬血糕牢牢地吸引住旅客的味蕾。

地址：新北市三峽區民權街 87 號
電話：0922 975 583
營業時間：10:00am-6:00pm；逢星期二休息
收費：NT20

INFO

鶯歌

人氣鄉間名店 福美軒餅舖 22

MAP 15-7 C1

三峽老街車站步行約 6 分鐘即達

每次走到福美軒餅舖，都會被店外長長的排隊人龍嚇倒，不禁產生「這家平平無奇的餅店真旺，它到底有何吸引力呢？」其實，到這裡的客人目標都非常一致，就是為了那一試難忘的金牛角，忘不了那外酥內軟的口感，還有那濃郁的奶油香。既然來到三峽，自然要吃始祖店的福美軒啦！金牛角除了熱吃外，即使冰過了也能吃到豐富的口感，外皮香脆而內裡Q軟彈牙。

地址：新北市三峽鎮信義街 25 號
電話：02-26711315
營業時間：8:30am-6:00pm；逢星期一休息
收費：金牛角 NT30 一個
網頁：www.fms1948.com

INFO

客家米食手藝 23 古伯米苔目

MAP 15-7 B1

三峽老街車站步行約 5 分鐘即達

原來是西裝店老師傅的古老闆因為時勢所趨，而到新竹取經，習得一手傳統客家米苔目的好手藝，更在三峽老街中打響名號。古伯的米苔目用古法製作，以不黏、鬆散卻香硬的在來米作原料，研磨再壓條搓揉後，便成我們看到短小白滑的米苔目。而他們能讓食客一再回來幫襯的秘訣，在於以中火熬製兩小時的豬骨湯底，加入了蝦米和扁魚的湯頭更加清甜鮮美。

INFO

地址：新北市三峽區民權街 9 號
電話：02-26716889 **收費**：米苔目 NT50-70、嘴邊肉 NT60
營業時間：8:00am-7:00pm；星期六及日 8:00am-8:00pm；公休不定期

咖啡文藝別館 MAP 15-7 B2

甘樂文創 24

沿三峽老街走往清水街，步行約 6 分鐘即達

由老舊的樓宇改建而成的甘樂，擁有咖啡館的外表，卻也有文藝創作園地的內涵。店內每處都可見到文藝氣息，除了本地創作的掛畫、各式精緻擺設及新興藝術家的作品外，店家還會定期舉行小型音樂會或電影日等活動，讓店內滿溢獨特有趣的文化氛圍。在老街走累了，不妨躲到甘樂文創避避暑寒，點杯特色飲品，便能輕鬆度過休閒的一天。

地址：新北市三峽區民權街 84 巷 12 之 1 號
電話：02-2671 7090
營業時間：10:00am-6:00pm
收費：免費參觀；飲品食物另行收費
網址：http://www.thecan.com.tw/

INFO

台味古早劇場 MAP 15-7 B2

東道飲食亭 25

沿三峽老街往中山路步行約 7 分鐘即達

在三峽老街上，很容易便被東道飲食亭的偽古早大型電影海報所吸引。店內還處處盡現台式懷舊風情，例如肥雪大戲院等的舊招牌、古老電視機及電單車等，都是80後店主走訪深郊鄉村而搜羅回來的成品，非常獨到。不止店面走傳統風，就連食物也主張媽媽的味道，令人勾起對兒時回憶的緬懷。當中，鎮店之寶的古早味排骨飯更試過一日賣了500多碗，簡直是人氣必選。

地址：新北市三峽區仁愛街 7 號
電話：02-86715692
營業時間：11:00am-8:00pm，六日至 9:00pm；逢星期二休館

INFO

熱帶雨林VS溫泉的雙重體驗
大板根森林溫泉度假村

MAP 15-18　26

三峽老街乘的士至度假村，車程約25分鐘

★★

大板根森林溫泉度假村位於新北市三峽區大豹溪流，是全台唯一同時擁有「低海拔熱帶雨林」、「優質溫泉」的溫泉度假村。度假村佔地20公頃，前身是台灣最大的第一座製茶廠，後改建成眼前的度假村。村內有著百年的熱帶雨林，更請來技師開發出泉質優良的碳酸溫泉，讓遊客可以感受雨林、溫泉、SPA的養生新概念。

地址：新北市三峽區插角里插角79號
電話：02-2674 9228
收費：露天溫泉SPA每人NT450起；酒店雙人房NT8,400起；度假村雙人房NT7,400起；入園門票NT450起
網頁：https://www.thegreatroots.com/

★INFO

瀑布與野生生態的天堂

滿月圓森林遊樂區

27

由三峽搭乘台北客運往樂樂谷方向之班車，下車後步行約 30 鐘即可抵達

滿月圓國家森林遊樂區位於新北市三峽區東南方，海拔介乎300至1,728公尺，總面積達1,573公頃，是台北近郊森林與瀑布最多的森林浴場。遊樂區受群山所環抱，其形狀似滿月而得名。區內多為高山丘地，林木茂密，溪流瀑布橫貫其中，鳥類資源更是豐富，是賞鳥、登山、瀑布的必去之處。

地址：新北市三峽區有木里 174-1 號
電話：02-2672-0004
營業時間：8:00am-5:00pm；假日 7:00am-5:00pm
收費：平日 NT80、假日 NT100

尋找鱘龍的足跡
千戶傳奇生態農場 28

MAP 15-18

乘搭捷運至永寧站下車，轉乘公車 916 或 812 至三峽 1 站下車，再轉乘公車 807 於熊空站下車即達，車程約 50 分鐘

原名叫「山中傳奇」的千戶傳奇生態農場，本來是一個專門養殖虹鱒的地方，不過隨時日遷移，慢慢地加設了休憩的場所、用餐區如咖啡廳與中式餐廳，讓原來的農場儼如一個生態公園。園內養有不少魚類可供遊客觀賞並附有解説，而當中最有名的莫過於鱘龍魚。想有親親鱘龍的旅客，不妨參與園方提供的抓魚體驗活動，與滑溜溜的鱘龍來個親密接觸。

地址：新北市三峽區有木里有木154-3 號
電話：02-2672-0748
營業時間： 11:30am-6:00pm；逢星期一、二休館
網頁：www.fishfarm.tw

INFO

淡水八里

淡水區位於新北市西北沿海處、淡水河出海口，昔日是台灣第一大港，也是西方文化及勢力進駐台灣的首站。淡水擁有美麗的港灣風光，與及富殖民地特色的古蹟建築。對岸的八里亦擁有風光明媚的海岸公園和單車徑，是假日郊遊及騎單車的好地方。

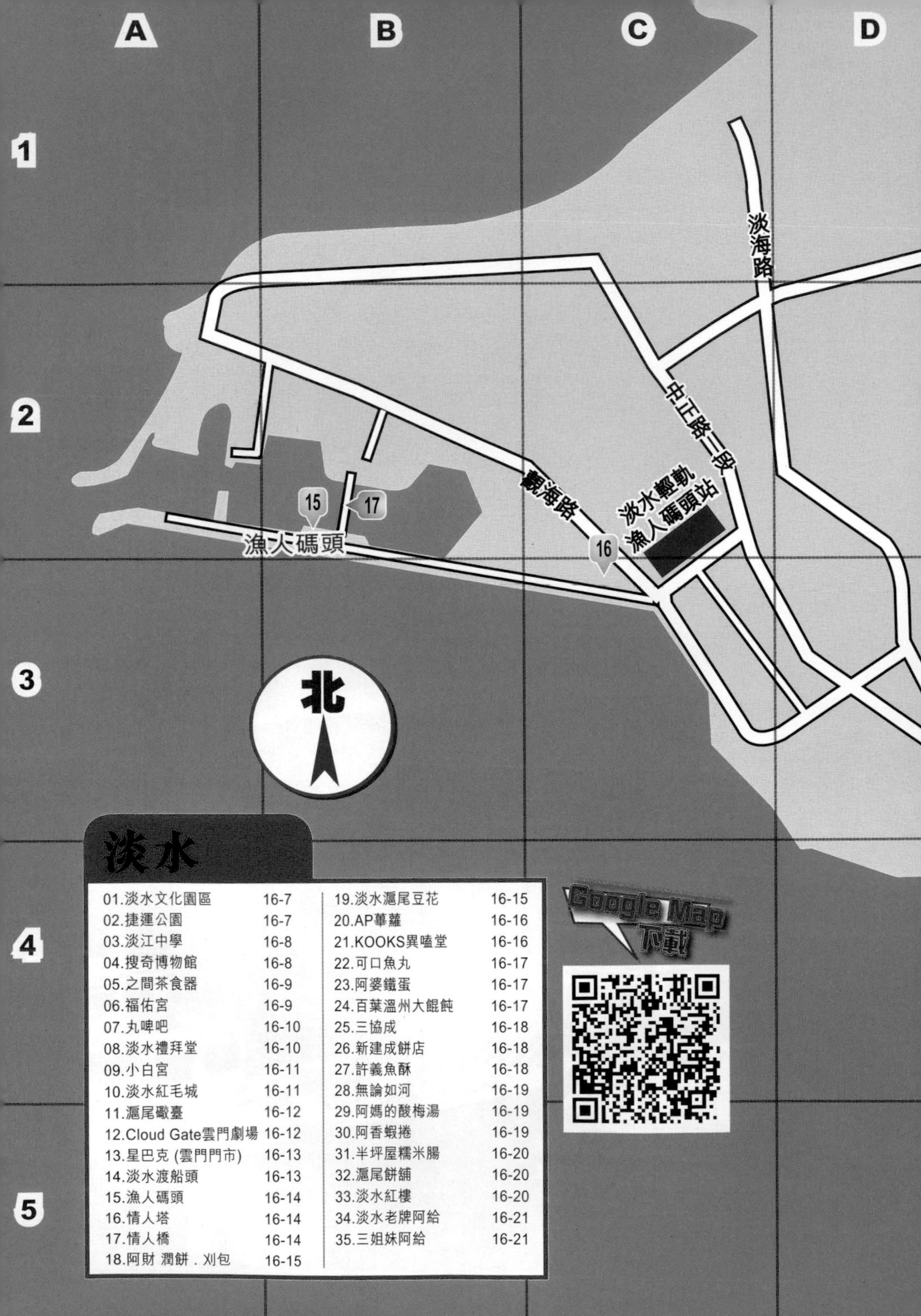
A
B
C
D
1
2
3
4
5
淡海路
中正路一段
觀海路
淡水輕軌
漁人碼頭站
16
15
17
漁人碼頭
北
淡水
01.淡水文化園區 16-7
02.捷運公園 16-7
03.淡江中學 16-8
04.搜奇博物館 16-8
05.之間茶食器 16-9
06.福佑宮 16-9
07.丸啤吧 16-10
08.淡水禮拜堂 16-10
09.小白宮 16-11
10.淡水紅毛城 16-11
11.滬尾礮臺 16-12
12.Cloud Gate雲門劇場 16-12
13.星巴克 (雲門門市) 16-13
14.淡水渡船頭 16-13
15.漁人碼頭 16-14
16.情人塔 16-14
17.情人橋 16-14
18.阿財 潤餅．刈包 16-15
19.淡水滬尾豆花 16-15
20.AP華蘿 16-16
21.KOOKS異嗑堂 16-16
22.可口魚丸 16-17
23.阿婆鐵蛋 16-17
24.百葉溫州大餛飩 16-17
25.三協成 16-18
26.新建成餅店 16-18
27.許義魚酥 16-18
28.無論如河 16-19
29.阿媽的酸梅湯 16-19
30.阿香蝦捲 16-19
31.半坪屋糯米腸 16-20
32.滬尾餅舖 16-20
33.淡水紅樓 16-20
34.淡水老牌阿給 16-21
35.三姐妹阿給 16-21
Google Map
下載

Map 16-2

E
F
G
H
1
2
3
4
5
淡水老街
Map 16-3
淡水站
往淡水碼頭巴士站
捷運公園
淡江戲院
淡江高中
淡水國小
往漁人碼頭
中山路
中正路
中山北路一段
新生街
重建街
清水街
長興街
原德街
英專街
學府街
水源街一段
大智街
大信街
建設街
三民街
馬偕街
新民街
公明街
碼頭
中正路二段

淡水八里交通

由台北乘捷運淡水線，即可直達淡水站。由淡水往八里或漁人碼頭，可於淡水渡船頭乘坐小輪前往，再於八里碼頭外乘紅13線巴士往十三行博物館等景點。

藍色公路

因為淡水近海，所以亦開闢了多條小輪路線，稱為藍色公路，最遠可航至大稻埕碼頭，沿途欣賞淡水河景色。

藍色公路各航程：

淡水地區航線、票價、交通概況表

航線	淡水渡船頭—八里渡船頭	淡水客船碼頭—淡水漁人碼頭
經營	順風航業	順風航業 台北航運
票價	全票NT34 半票NT17	全票NT60 半票NT30

淡水漁人碼頭航線、票價、交通概況表

航線	淡水漁人碼頭—八里渡船頭	淡水漁人碼頭—淡水客船碼頭
經營	順風航業	順風航業 台北航運
票價	全票NT60 半票NT30	全票NT60 半票NT30

順風航業 http://www.shuf168.com.tw/ 2619-1478 / 0986-660989
台北航運 2805-9022 / 0932-135163
好樂好 https://haloha.kktix.cc/ 02-2558-5519

淡水渡船頭

淡水渡船頭　八里渡船頭

淡水客船碼頭

關渡碼頭　淡水碼頭

漁人碼頭

八里左岸　漁人碼頭

淡海輕軌玩樂攻略

淡海輕軌是新北捷運的一部分，分有綠山線、藍海線、八里線及三芝線等4條路線，行經淡水、三芝區及八里等地區。綠山線及藍海線已率先開通，其餘路線則尚在規劃及興建當中。

由捷運紅樹林站步行 3 分鐘即到達淡海輕軌紅樹林站。

淡海輕軌路線圖

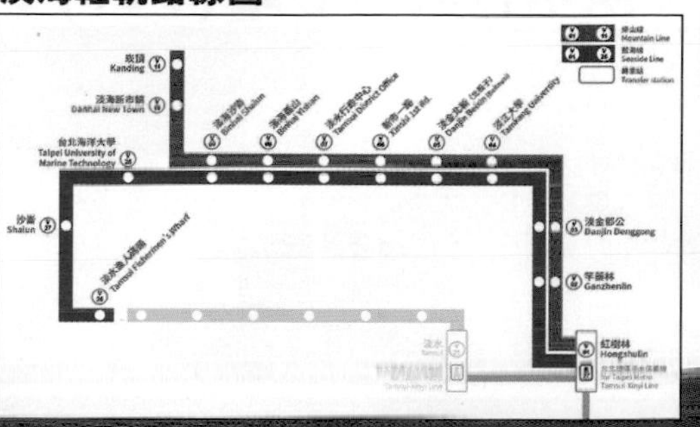

資料來源：新北捷運

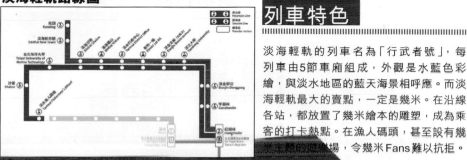

列車特色

淡海輕軌的列車名為「行武者號」，每列車由5節車廂組成，外觀是水藍色彩繪，與淡水地區的藍天海景相呼應。而淡海輕軌最大的賣點，一定是幾米。在沿線各站，都放置了幾米繪本的雕塑，成為乘客的打卡熱點。在漁人碼頭，甚至設有幾米主題的遊樂場，令幾米Fans難以抗拒。

車廂內部座位不多。

要按制車門才會打開。

淡金鄧公站

漁人碼頭的幾米雕塑及遊樂場。

崁頂站

淡水

【紅樹林站 (V01)】

玩樂景點

由於淡海輕軌綠山線以行經淡水區的民居為主，玩樂的景點並不多，不過下列景點仍值得一遊。

面積廣達 76 公頃的紅樹林。

紅樹林自然保留區

捷運紅樹林站出站即達

鄰近台北最大的濕地公園，設有紅樹林生態教室，亦可在生態小徑步行或騎單車欣賞紅樹林的風光。

【淡水行政中心站 (V07)】

淡水舊鎮50年代枝仔冰

淡水行政中心站步行約5分鐘

冰店賣的都是偏古早味的口味，老闆堅持用純天然的材料炮製，吃起來非常清爽，百香果還可以吃到細細果肉，握柄是用像是竹筷子插進去。冰棒共有13種口味，包括芋頭、米糕、凍頂茶、梅子、檸檬、百香果、鳳梨等等，每枝NT15-20有交易。

地址：淡水區淡金路二段 270-1 號　**電話**：886-2-2625-2267
營業時間：平日 11:00am-6:30pm、周六及日 10:00am-7:00pm

【崁頂站 (V11)】

淡海美麗新廣場

崁頂站步行 10 分鐘

淡海美麗新廣場可算是淡水區最新最大型的商場，其中最大的賣點是商場的影城，擁有25米長、13.5米寬的超大銀幕，在這種香港已絕跡的超級影院欣賞荷里活大片，感受截然不同。

地址：淡海輕軌
營業時間：6:00am-12:00mn
費用：NT20
網頁：http://www.ntmetro.com.tw/

見證百年芳華 MAP 16-3 H3

淡水文化園區 01

乘搭捷運至淡水站下車，在捷運站 1 號出口走約 2 分鐘即達

昔日淡水捷運站一帶的地方被稱為「鼻仔頭」，而現時活化了的淡水文化園區便是當時殼牌公司的儲油倉庫及油槽，是見證了淡水黃金時代的重要遺址。為了重現百年的風華，除了設有紀錄殼牌歷史的展覽館外，還有服務中心、露天舞台、展演中心和鐵道區等，經常會舉辦各種文藝活動，與民眾同樂。另外，靠近岸邊的地方還設了咖啡廳，好讓旅客可以有個舒適的地段靜靜地欣賞淡水河。

地址：新北市淡水區鼻頭街 22 號
電話：02-26221928
營業時間：9:00am-5:30pm；逢星期一休館
收費：免費參觀
網址：http://www.tamsul.org.tw/

INFO

悠閒加油站 MAP 16-3 G3

淡水捷運公園 02

捷運淡水站出站即達

淡水捷運公園位於淡水捷運站旁邊，公園內有廣場、草地、自行車道，亦有不同的藝術裝飾，十分適合一家大小來此遊玩。每逢周末或假日都有不同類型的街頭藝人於此表演，如音樂、舞蹈、繪畫、魔術等等。公園內提供觀景的座椅，夕陽時分伴隨淡水河倒映的餘暉更是美不勝收，分外醉人。

地址：新北市淡水區捷運淡水站旁
營業時間：全日開放
收費：免費參觀

INFO

不能說的秘密 03 淡江中學

捷運淡水站沿淡水老街走並轉入真理街後即達，需時約 20 分鐘

透過周杰倫主演的《不能說的秘密》，我們認識了建築復古優雅的淡江中學，也見識了周董的母校。校園只在學生上學的時間開放，除了課室及活動室外，遊客可隨意在校園內參觀，又或埔頂鐘聲、種滿椰子樹的舊校舍大樓朝聖一番，順便感受校園的青春氣息，懷緬舊日的學生歲月。

《不能說的秘密》場景（網上圖片）

地址：新北市淡水區真理街 26 號
電話：02-26203850
營業時間：9:00am-4:00pm
收費：免費參觀

INFO

信不信由你 04 搜奇博物館

MAP 16-3 G3

捷運淡水站沿淡水老街走約 6 分鐘即達

顧名思義，館內自然展示了大量古怪有趣的展品，大多是標本或剪報的複製品，動物的話也有雙頭烏龜、鸚鵡和黃金蟒蛇等，滿是千奇百趣的展品。就連傳說中不知割了多少人頭的血滴子也有展出，雖然詭異卻令人滿懷好奇。當中，就連妓女許可證、古代不貞之婦的刑具、貞操帶、大笨象的「寶貝」等等都有展覽，真的信不信由你！

地址：新北市淡水區公明街 67 號
電話：02-26233140
營業時間：11:00am-9:00pm
網頁：https://www.zhenqi999.com/

INFO

MAP16-2G4 05

食藝空間
之間 茶食器

捷運淡水站沿淡水老街步行 15 分鐘

位於淡水老街尾段，沒有如老街街頭般熱鬧，環境更幽靜。店主在空間及食物設計皆花盡心思，所以在2015年獲日本Good Design Award的殊榮。店名稱為茶食器，故不論是茶品及盛載的器皿都非常講究，菜式也很有心思，標榜不時不吃。最特別是闢了一間精緻的小和室，定時開設不同的課程，如和菓子班，歡迎有興趣的客人一起學習，把食物與藝術與人分享。

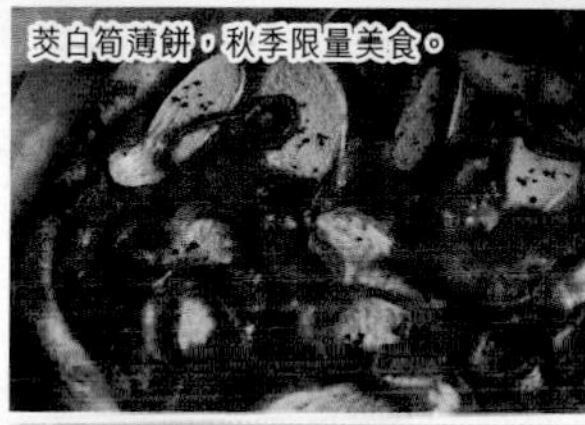
茭白筍薄餅，秋季限量美食。

餐廳內設有小和室，讓店主開班與客人交流。

鐵蛋奶油娃娃菜意大利麵，阿婆鐵蛋配嫩脆的娃娃菜，充溢奶香味和鐵蛋的蛋香。

地址：淡水區中正路 330 號
電話：886-2-2629-7709
時間：12:00nn-9:00pm（星期二公休）
FB：https://www.facebook.com/BetweenTeaHouse/

INFO

MAP16-3 F2 06

摸獅頭保平安
福佑宮

捷運淡水站沿淡水老街走約 8 分鐘即達

在熱鬧的淡水老街上，有一座歷史悠久的媽祖廟——福佑宮。正殿上有一刻塊「翌天昭佑」的牌匾，相傳是光緒帝御賜以讚揚媽祖於中法之役中顯靈助戰之功，非常寶貴。宮門前擺放了兩頭石獅子，本體是行船時確保平衡的壓船石，還曾經為居民護航渡海呢！據説其頭部特別光亮，故有保佑信徒平安的效用。下次經過時，記得要學當地居民摸一摸獅頭，保君安康。

地址：新北市淡水區中正路 200 號
電話：02-26211731
營業時間：6:00am-8:30pm
網址：https://www.tamsuimazu.com.tw/

INFO

啤酒配魚蛋 丸啤吧 07

MAP 16-3 F2

捷運淡水站沿淡水老街步行 10 分鐘

★★

有70年歷史的登峰魚酥把魚丸、魚酥形象大翻新，在淡水老街開設一家結合魚丸、魚酥和精釀啤酒的概念門市。丸啤吧的特色是提供熱烘即食魚酥、客製化魚丸湯和多款精選的精釀啤酒，讓顧客可以在舒適寬敞的工業風空間，享受古早味與時尚風味的結合。丸啤吧的魚丸湯可以自由選擇魚丸、湯底和配料。魚丸都是用新鮮魚肉製成，口感紮實Q彈。而啤酒則是與台灣知名的精釀啤酒廠合作，提供多種不同風格和口味的啤酒，搭配魚丸、魚酥，是一種新穎又美味的享受。

店家在外賣盒的設計上亦花盡心思，方便客人在戶外用餐。

★INFO

地址：新北市淡水區中正路 117 號　**電話**：02-2629-3312
營業時間：11:00am-8:30pm，星期六日至 9:00pm　**網頁**：https://www.fish-ball.com.tw/

謎一般的歌德建築 淡水禮拜堂 08

MAP 16-3 E2

捷運淡水站沿淡水老街走約 14 分鐘即達

淡水禮拜堂位於淡水區馬偕街，現今外貌乃改建於1932年，既是台灣法定古蹟之一，亦是淡水最大的教堂。禮拜堂的建築採用仿歌德式設計，伴有一座別致的方形燈塔。堂內鋪設木架天花板，還有一部1909年開始使用的古風琴，極具歷史價值。由於外形特別，所以吸引到不少畫家到場寫生，又或用作電影取景地。不過，現時內部只供崇拜或聚會才開放給相關人士，遊客只能在外參觀而已。

★INFO

地址：新北市淡水區馬偕街 8 號
電話：02-26214043　**收費**：免費
營業時間：只於崇拜時開放

淡水 | 九份 | 平溪 | 烏來 | 鶯歌 | 基隆 | 桃園

清朝建築 MAP 16-2 G4
淡水小白宮 09

捷運淡水站轉紅 26、836 公車至小白宮(淡水分局)下車,經過行人天橋步行 5 分鐘

位於淡水半山上的小白宮,前身為清代淡水關稅務司的官邸,雖然是法定古蹟,但也全面開放給旅客參觀。小白宮有別墅風的瓦屋頂和白色牆壁,還有幾道對稱的拱圈迴廊,予人一種置身於歐洲國度的美好錯覺,也吸引了不少新人到場拍攝婚紗照。另外,白宮前還有一片繁花盛放的花園,而園內鋪設了木板地的空曠地段更是遠眺淡水夕照的最佳觀景台,不容錯過。

地址:新北市淡水區真理街 15 號 **電話**:02-26282865
營業時間:9:30am-5:00pm;假日 9:30am-6:00pm;每月第一個星期一休館
收費:NT80(小白宮、紅毛城及滬尾礮臺聯票)
網頁:https://www.tshs.ntpc.gov.tw/

INFO

淡水歷史最悠久的古蹟 MAP 16-2 F4
淡水紅毛城 10

捷運淡水站轉紅 26、836 公車至紅毛城(真理大學)下車

淡水紅毛城有著三百多年的歷史,是台灣現存最古老的建築之一。淡水紅毛城最早是由西班牙人在1628年所興建的「聖多明哥城」,後被荷蘭人摧毀,並在1644年於原址興建新城堡。因漢人稱荷蘭人為「紅毛」,故稱此城堡為「紅毛城」。紅毛城經歷了西班牙、荷蘭、明鄭、清朝和英國的經營,保留了不同治理者的遺跡。當中包括前英國領事官邸的一座兩層式洋樓,外觀優雅,內部陳設豪華。它不只是一座美麗的古蹟,也是了解淡水文化和歷史的好地方。

地址:新北市淡水區中正路 28 巷 1 號
電話:02-2623-1001
營業時間:9:30am-5:00pm,星期六日至 6:00pm
收費:門票 NT80(小白宮、紅毛城及滬尾礮臺聯票)
網頁:http://www.tshs.ntpc.gov.tw/

INFO

淡水

淡水軍事重鎮 11
滬尾礮臺 MAP16-2 E3

捷運淡水站轉 836 公車至滬尾砲台（雲門劇場）下車

★★

滬尾礮臺是清代軍事遺址，也是淡水現存最完整和最大規模的古砲臺。它建造於1886年，佔地約8公頃，是台灣第一位巡撫劉銘傳為了防衛淡水港而主導建造的十座新式砲臺之一。砲臺採用西式堡壘的形式，由德國籍工程師巴恩士監造，使用水泥等進口材料，並在多場戰役中發揮了作用。可惜在1895年甲午戰爭後，日本人佔領淡水，並把大砲拆除。直至2007年，砲臺復修工程完成，人們才可以再次目睹它的風采。

地址：新北市淡水區中正路一段 6 巷 34 號　**電話**：02-2629-5390　**網頁**：http://www.tshs.ntpc.gov.tw/　★INFO
營業時間：9:30am-5:00pm，星期六日至 6:00pm　**費用**：門票 NT80（小白宮、紅毛城及滬尾礮臺聯票）

雲門舞集基地 MAP16-2 E3 12
Cloud Gate 雲門劇場

捷運淡水站轉 836 公車至滬尾砲台（雲門劇場）下車

雲門舞集是台灣的舞蹈天團，由林懷民先生於1973年創辦，舞團的風格融合了神話、民俗、歷史等不同觀念，並運用了現代舞、芭蕾、京劇動作、武術等多種演繹手法，成為世界知名的藝術表演團體。雲門劇場由林懷民先生發起，於2015年開幕，是台灣第一個由民間捐款建造的劇院。劇場的建築群包括一個400多席的劇場，兩個小劇場，與及可容千人的戶外綠地。劇場建築結合了自然、歷史和藝術的創意空間，建築師參考了雲門舞集的舞蹈風格和淡水的地理環境，創造出一個與周遭景觀和諧共生的建築群。

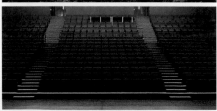

地址：新北市淡水區中正路一段 6 巷 36 號
電話：02-2629-8558
營業時間：戶外空間開放 6:00am-8:00pm
網頁：https://www.cloudgate.org.tw/cgt
註：劇院特設導覽＋身體體驗課程，
約 120 分鐘（導覽 60 分鐘＋體驗 60 分鐘＋活動緩衝時間）
成人每位平日 NT650，假日 NT800
舉辦日子於網上公布

★INFO

雲門概念 Cafe
 MAP 16-2 E3
星巴克(淡水雲門門市)

 雲門劇場內

18 

星巴克淡水雲門門市是全台灣與雲門舞集合作的唯一一家門市。它的外觀是一座木造的玻璃屋，前方有一座蓮花池，上面有一座名為「旋的冥想」的青銅雕像，是為了紀念已故雲門舞者羅曼菲女士而創作的。內部主要吧台和座位區以流線型設計，呼應「旋的冥想」雕像的流動和圓弧感。藝術主牆面則以手繪顏料的層次繪畫方式呈現咖啡地景，反映了星巴克對於環境保護的承諾；三面都是大型的落地窗，讓戶外綠意透入，與雲門劇場的自然主義風格相呼應，表達了與自然和諧共存的理念。

INFO

地址：新北市淡水區中正路一段6巷32-1號
電話：02-2805-5247
營業時間：10:00am-5:30pm，星期六日 9:30am-6:30pm
網頁：https://www.starbucks.com.tw/

MAP 16-3 F2　14

往返八里要塞
淡水渡船頭

捷運淡水站沿淡水老街走約 10 分鐘即達

位於老街之中的淡水渡船頭，是前往八里的重要渡船碼頭，也是藍色公路的重要起航點。據說從這裡往返八里，已是日佔時期延續至今的經典航線，而浮動式的碼頭設計也是為了方便觀光小船停靠。傍晚時分，走到淡水渡船頭旁稍微休息一下，邊看波光粼粼的夕照河景，邊吃剛剛在老街上買來的淡水小食倒也不錯。

地址：新北市淡水區淡水渡船碼頭
營業時間：7:00am-8:00pm
收費：搭船 NT23 起

INFO

觀光散步熱點 漁人碼頭

MAP 16-2 B2

15

淡水輕軌漁人碼頭站步行 10 分鐘，或於淡水站 2 號出口右轉至公車轉運站搭乘紅 26 或 837 前往

★★

原只是一個傳統小漁港的漁人碼頭，在加入了三百多公尺的木棧道、堤岸咖啡和港區公園後，現在已蛻變成一個著名的旅遊景點。幾乎碼頭的每一角落都可以看到海岸風光，所以每逢假日成為旅客觀光散步熱點。而且在此還可搭乘唯一政府許可民間經營的觀光遊艇——藍色公路，暢遊淡水名城、八里海岸、關渡等地，欣賞沿途的河岸與市鎮風光。

★ INFO

地址：新北市淡水區沙崙里觀海路 199 號一樓
電話：02-28058476 **營業時間**：全日開放 **收費**：免費參觀

珍愛一生的全視野 情人塔

MAP 16-2 C3

16

淡水輕軌漁人碼頭站步行 10 分鐘，或於淡水站 2 號出口右轉至公車轉運站搭乘紅 26 或 837 前往

在福容大飯店旁的情人塔，是台灣第一座百米觀景塔，坐在塔內可360度觀看漁人碼頭與淡水河岸的全視野景觀。一次最多可以容納80人，而且塔內大都採用透明的強化玻璃鋪設，無阻觀景視野的同時，也間接在考驗旅客的膽量呢！

地址：新北市淡水區觀海路 83 號 **電話**：02-26287777
營業時間：星期五六日 10:30am-6:30pm
收費：入場費平日 NT200、假日 NT250

★ INFO

台灣八景之一 情人橋

17

MAP 16-2 B2

淡水輕軌漁人碼頭站步行 10 分鐘，或於淡水站 2 號出口右轉至公車轉運站搭乘紅 26 或 837 前往

沿著漁人碼頭走便可去到「情人橋」，純白且富流線型的橋身，頗具藝術氣息。一邊欣賞對岸風光，一邊與友人散步般越過大橋，感受陣陣海風迎面吹來，別有一番浪漫情趣。到了日落黃昏之時，在橋旁的木棧步道還能看到台灣八景之一的「淡江夕照」的怡人景致。每每都能看到很多情侶漫步談心的甜蜜身影，以及龍友們捕捉黃昏美景的忙碌背影，非常熱鬧。

地址：新北市淡水區觀海路 201 號 **電話**：02-28058476
營業時間：全日開放 **收費**：免費參觀

★ INFO

MAP 16-3 G2

傳統美食 阿財潤餅刈包 18

捷運淡水站沿中正東路走並轉入英專路，需時約 8 分鐘即達

潤餅和刈包都是台灣傳統美食，所謂刈包又稱為割包，就是把麵糰發酵蒸熟後，再夾入炕肉、酸菜及其他餡料。至於潤餅外觀似春捲，在餅皮鋪上餡料，製作簡單卻很飽肚。阿財潤餅刈包是淡水的老字號，提供四種口味的潤餅和刈包，分別是原味、辣味、醬油膏和芥末。潤餅和刈包的餡料都有高麗菜、豆乾、紅燒肉、蛋皮、蛋酥等，搭配自製的酸菜，清爽不油膩。

INFO
地址：新北市淡水區清水街路口號第五攤
電話：02-2622-7210　**營業時間**：12:00nn-11:00pm

MAP 16-3 G3

四色嫩滑豆花 19 淡水滬尾豆花

捷運淡水站沿中正東路走並轉入英專路，需時約 7 分鐘即達

純手工並由老闆娘每日親手製作的滬尾豆花，是英專路巷內享負盛名的傳統豆花店，曾經創下一天賣出2,000碗的紀錄。滬尾的豆花因為選用秘方的番薯粉製作，所以口感比街外的更嫩滑綿密。招牌豆花配有四款特製口味：原味豆花、甜甜的布丁豆花、濃郁的朱古力味豆花，以及芳香的杏仁味豆花，再配上花生、綠豆及粉圓作配料。

地址：新北市淡水區英專路 21 巷 9 號
電話：02-26227936
營業時間：11:00am-11:00pm
INFO

一里一店 MAP 16-3 G2

20 AP 華蘿

捷運淡水站步行 10 分鐘

AP 華蘿以兩棟老宅打通改造成融合展區，這裡既有個人工作室、餐廳、展覽場地，頂樓更設置魚菜共生系統，供應餐廳食材，提倡「將土地還給大自然」，讓在地的人文、藝術、物產，都成為生活的一部分，也算是淡水一個小型的文創中心。這裡由食物、文創產品以至藝術創作，都與淡水這個社區息息相關。店主盼望這種「一里一店」的計劃，能在全台灣遍地開花，讓每個社區，都能擁有獨有地方色彩，又能獨立營運的文創基地。

INFO

地址：淡水區英專路 139 號
電話：09-3231-9 897
時間：9:00am-5:00pm（星期日公休）
網頁：https://www.facebook.com/APTV.com.tw

超巨型大漢堡 MAP 16-3 H2

21 KOOKS 異嗑堂

捷運淡水站沿中正東路走並轉入清水街，需時約 9 分鐘即達

KOOKS 異嗑堂主打的招牌菜不是台灣特色小吃，而是大約有15cm高的美式大漢堡，這也招徠了不少外國旅客。KOOKS是由一對喜歡周遊列國，又熱衷於人文藝術的夫婦所經營。店內放了很多有趣的西方藝術掛畫、民族風情的擺設，就連書架上有一大半都是英文書籍，饒富異國情調。最特別的地方是每組座位旁都設有插座，方便旅客用電腦或手機充電，相當貼心呢！

地址：新北市淡水區仁愛街 18 巷 12 號
電話：02-26256161
營業時間：11:30am-9:00pm，星期三、四至 8:30pm

INFO

 MAP 16-3 F2 22 

淡水魚丸老牌
可口魚丸

 捷運淡水站沿淡水老街走約 12 分鐘即達

去淡水，一定要吃碗魚丸湯。獲當地人推薦的可口魚丸，賣的魚丸是以鯊魚肉並摻入少許的太白粉所製成，爽脆彈牙。清而鮮的豬骨湯配上少許芹菜碎，內餡是香氣十足的肉燥，咬下去還有爆漿的感覺，非常可口！除了招牌的魚丸湯外，古早味手工包子和餛飩湯也是店家的人氣商品，大家不妨試試，覺得好吃的話還可以一斤斤地買走呢！

地址：新北市淡水區中正路 232 號
電話：02-26233579
營業時間：8:00am-8:00pm

INFO

 MAP 16-3 F2

港人必買手信
23 阿婆鐵蛋

捷運淡水站沿淡水老街走約 12 分鐘即達

淡水的「阿婆鐵蛋」在香港人人知曉，硬身卻富有彈性，非常好嚼，也是必買手信之一。在老街中正路的渡船碼頭入口處，每次都會看到人潮湧湧的阿婆鐵蛋，大家都在搶購每包均一NT120的鐵蛋。不過，阿婆鐵蛋是用什麼製作的嗎？她的鐵蛋是用豉油與五香配方滷製而成，滷了數個小時後風乾，然後重複所有程序，持續了整整一周才做出現在的QQ鐵蛋。由於不含任何防腐劑，所以只能保存一個月左右。

地址：新北市淡水區中正路 135 之 1 號 **電話**：02-26251625
營業時間：9:00am-9:30pm **收費**：鐵蛋 NT120
網頁：https://www.apoironegg.com/ecommerce/

INFO

周董熱推小吃店之一 24
MAP 16-3 F2

百葉溫州大餛飩

 捷運淡水站沿淡水老街走約 13 分鐘即達

去得百葉溫州大餛飩，自然要點周杰倫套餐：烤雞腿與餛飩湯。這家店可是周董推薦的淡水小食店呢！烤雞腿算是皮脆肉嫩，味道中規中矩；但餛飩湯卻令人驚艷，餛飩粒粒都又大用料又厚實，湯頭也是鮮甜，絲毫沒有味精味。份量對女士而言很足夠，但男士的話最好再多點一款主食會較飽肚。據説另一人氣食品荔枝桂花冰，每到夏天也是當地居民必點的解渴聖品呢！

地址：新北市淡水區中正路 177 號
電話：02-26217286
營業時間：星期一至五 10:00am-2:00pm；4:30pm-8:30pm
星期六及日 10:00am-8:30pm，星期四公休
網頁：https://www.yeswonton.com/

INFO

糕餅任試任食

MAP 16-3 F2

三協成 25

捷運淡水站沿淡水老街走約 8 分鐘即達

★★

說到三協成自然會想起「糕餅任試」的關鍵字眼。當然，這並不是一家放題店，而是普通的老牌餅店。只是店內會隨時提供各式糕餅供顧客試食，同時還備有熱茶和座位供享用，所以便有了前所說及的印象。由於店家自英國領事館主廚習得英國水果派的製作方式，因此三協成的糕餅每每都融合了中式與西方的風味。店家在淡水老街上還設有糕餅博物館，陳列具年代感的製餅模具及相關的餅店文化，為旅客增添多個人文景點。

地址：新北市淡水區中正路 81 號
電話：02-26212177
營業時間：9:00am-7:00pm
收費：冬瓜肉餅 NT175、櫻花酥 8 個入 NT280
網頁：https://www.sanxiecheng.com.tw/

INFO

MAP 16-3 G3 26

牌子老產品卻不老

新建成餅店

捷運淡水站沿淡水老街走約 6 分鐘即達

藏身於淡水老街的新建成餅店，雖然是甚有名氣的老牌子，但他們在研製產品方面卻一點也不守舊，款式相當多元化呢！店內最暢銷的商品便是芝麻蛋黃餅，滿布芝麻的餅皮內塞滿了冬瓜和蛋黃的混合餡料，味道適中不會太甜。另一款旅客常買的便是「和生餅」，沿用中國傳統的餅模製作，但餡料選擇卻非常多，如鳳梨蒟蒻、紅豆沙核桃和咖哩肉等口味，客人可依自己的口味去挑選，頗具自由度。

地址：新北市淡水區公明街 42 號
電話：02-26211133
營業時間：8:00am-10:30pm
收費：芝麻蛋黃餅 NT210 起、和生餅 NT210 起
網址：www.shjc.com.tw/

INFO

古早零食老字號

MAP 16-3 F2 27

許義魚酥

捷運淡水站沿淡水老街走約 10 分鐘即達

在福佑宮旁的許義魚酥，以前叫味香魚丸店，是當地家喻戶曉的老字號。早期主要是製作新鮮的魚丸，後來老闆透過市面上常見的魚酥羹而忽發奇想，研製出今天的「淡水魚酥」。魚酥外形口感有點像蝦條，但卻充滿魚鮮味。他們的秘訣是什麼呢？原來，製作魚酥時需要油炸兩次，因為第一次油炸後的魚酥會比較濕潤及油膩，所以要再第二炸才能確保乾爽酥脆。

地址：新北市淡水區中正路 184 號
電話：02-26211414
營業時間：7:00am-6:30pm，星期六日至 7:00pmm
收費：魚酥 NT60

INFO

護理人的書店 28 MAP 16-3 G3

無論如河 Gutta Books&Coffee

捷運淡水站步行 10 分鐘

無論如河是一家淡水區的獨立書店，由四位護理背景的女性創辦，它的名字來自拉丁文「gutta cavat lapidem」，意思是「滴水穿石」，寓意書店的堅持和理想。書店匯集各種類型和主題的書籍，包括文學、藝術、哲學、社會、歷史、心理、教育等，也有一些雜誌、漫畫和兒童書。店內提供咖啡和茶飲等飲品，讓讀者可以在閱讀的同時享受一杯暖暖的飲料。它的咖啡豆是由台灣知名的咖啡師提供，而茶飲則是由店主們親自泡製，有紅茶、綠茶、花草茶等選擇。

地址：新北市淡水區中正路 5 巷 26 號 2 樓
電話：02-26256694 **FB**：無論如河
營業時間：12:00nn-9:00pm

INFO

MAP 16-3 F2 母親的手藝

29 阿媽的酸梅湯

捷運淡水站沿淡水老街走約 10 分鐘即達

在阿婆鐵蛋那條巷轉個彎就會找到阿媽的酸梅湯。開店的歷史雖然不算久，但卻備受居民喜愛，全因他們家的酸梅湯有著母親的味道。老闆繼承了媽媽煮酸梅湯的古老手法，除了主角的梅子外，還加入洛神花、薄荷、菊花等中藥作配，令酸梅湯更甘甜解渴。到了夏天，比起汽水等飲品，喝一杯酸梅湯感覺更加清爽解渴。

地址：新北市淡水區中正路 135-1 號
電話：02-26212119
營業時間：10:00am-10:00pm

INFO

一串接一串地吃 30

阿香蝦卷 MAP 16-3 F2

捷運淡水站沿淡水老街走約 12 分鐘即達

另一款淡水小食名物便是阿香蝦卷，堪稱經濟美味的小吃首選。蝦卷採用鮮蝦和豬肉作餡料，先把內餡包進薄麵皮上再捲成條狀，然後直接進鍋酥炸至金黃色。大部分是即叫即製，待店家在蝦卷上淋上特製的甜辣醬後便可食用。因為它的大小屬於「一口」類型，而一串只有三條，所以很容易就會一串接著一串地繼續買來吃呢！

地址：新北市淡水區中正路 230 號
電話：02-26233042 **收費**：蝦卷 NT30
營業時間：10:30am-8:30pm，星期四休息

INFO

淡水

宵夜之選 半坪屋糯米腸

MAP 16-3 F2 31

捷運淡水站沿淡水老街走約 12 分鐘即達

★★

為什麼叫半坪屋？因為這家賣糯米腸出名的小食店，連煮食及用餐區計起來真的只有半坪(約1.7平方米)空間而已，所以大多旅客都會選擇外賣。半坪屋的招牌是純手工製造的糯米腸，他們可是用真正的大腸去灌製；配上自製醬汁，令本來只有飯香的糯米腸變得甜甜辣辣的，非常開胃。店家另備各式滷味，如豬皮、大腸、豬肺、豬頭肉等，待離開淡水老街之際，買一些回去酒店當宵夜吃也不錯呢！

地址：新北市淡水區中正路 11 巷 4 號　**電話**：02-26224264
營業時間：11:00am-7:30pm，星期六日至 8:00pm
收費：糯米腸 NT60、滷味 NT30 起
網頁：https://www.facebook.com/banping.house1961/

INFO

創意花粉酥 滬尾餅舖

MAP 16-3 F2 32

捷運淡水站沿淡水老街走約 12 分鐘即達

滬尾餅舖擁有百年做餅的技術，更獨特地以花粉入餡，研製出鎮店之寶的花粉酥，為60年代時已存在的滬尾餅舖增添創意新穎的一筆。店家不單把古早的小食重新詮釋，還融入現代的健康概念，主張其生產的食品都是蛋素或純素，絕不添加任何防腐劑及色素等化學元素。店內每款餅都有設試食區，若在眾多的餅類之中不知從何挑選，不妨先試試再下決定呢！

地址：新北市淡水區中正路 85 號
電話：02-26200848
營業時間：9:00am-9:00pm

INFO

前文人雅士聚集地 淡水紅樓

MAP 16-3 F2 33

捷運淡水站沿淡水老街和清水街走約 15 分鐘即達

紅樓，因為其富殖民地色彩的紅磚外牆而得名。原是船商李貽和的宅第，另有「達觀樓」的雅稱，曾是文人雅士的重要聚會場所。見證了淡水發展的紅樓，現在卻變成了一複合式的餐廳與藝文館。店內主要提供中式特色料理及古早炭火銅鍋，到了晚上還有歌手現場演唱，饒富情調。而且，紅樓位處山腰之上，旅客還能邊用餐，邊飽覽淡水的繁華市景與海岸景色。

地址：新北市淡水區三民街 2 巷 6 號 1 樓
電話：02-86311168；咖啡館：02-2625 0888
營業時間：11:00am-9:00pm；
咖啡館 :12:00nn-9:00pm
FB：https://www.facebook.com/redcastle1899/
咖啡館：https://www.facebook.com/cafe1899/

INFO

古早味取勝 MAP 16-3 E1 34

淡水老牌阿給

捷運淡水站沿淡水老街和真理街走約 18 分鐘即達

話說，若想吃到老牌阿給的話，建議一定要在早上時段去才有機會吃到。像筆者走了兩遍，即使在2點前到達還是與它緣慳一面。阿給，其實就是一種油豆腐包冬粉，並用少量魚漿封口的淡水小食。老牌阿給用的醬與平時所見的紅色醬汁截然不同，反而是啡黑色的醬汁，味道也較濃郁且鹹一些。不過，它家的冬粉卻比任何一家的還要煮得更入味。

地址：新北市淡水鎮真理街 6-1 號 **電話**：02-26211785
營業時間：5:00am- 2 :00pm（賣完即止）；星期一公休
收費：阿給 NT40，魚丸湯 NT30

INFO

MAP 16-3 E1 辣度任選

35 三姐妹阿給

捷運淡水站沿淡水老街和真理街走約 18 分鐘即達

四十年老店的三姐妹阿給，她們家的阿給有五種口味：綜合、甜辣、輕辣、辣、重辣可供選擇。若非嗜辣的朋友，建議可選傳統的甜辣味。包裹在油豆腐內的冬粉，吸收了店家特製的甜辣醬汁的精髓，令阿給更加惹味加分。跟老牌阿給比較之下，三姐妹的油豆腐皮較薄，而且醬汁口味也明顯不同，還有三種辣度可以調整，口味選擇更多。

地址：新北市淡水鎮真理街 2 巷 1 號
電話：02-26218072
營業時間：6:00am-5:30pm
收費：阿給 NT45

INFO

A
B
C
D
1
2
北
挖子尾
49
十三行文化公園
淡水河
38
洪厝
47
博物館路202巷
博物館路
觀海大道
埤子頭
小崁腳
忠孝路
大崁腳
忠五街
48
文心街
西門
40
39
頂罟
八里區第二公墓
Map 16-22A
A
B
C
D
1
2
3
觀海大道
文心街
46
36
八里左岸碼頭
西門
41
37
八里渡船頭
42
43
44
45
八里
36.左岸公園 16-23
37.老榕碉堡 16-23
38.挖仔尾自然保留區 16-24
39.十三行博物館 16-24
40.陽光廣場 16-25
41.八里左岸自行車道 16-25
42.姊妹雙胞胎 16-25
43.福州兩相好 16-26
44.佘家孔雀蛤大王 16-26
45.宋記紅油心蛋 16-26
46.水灣餐廳Waterfront 八里店 16-27
47.To house兔子餐廳 16-27
48.芭達桑原住民主題餐廳 16-28
49.八里十三行文化公園 16-28
八里區第二公墓
Map 16-22B

踏青悠閒勝地 MAP 16-22B B1

左岸公園 36

從淡水乘搭渡船於八里左岸碼頭下船後，步行約 2 分鐘即達

左岸公園全長約有280多公尺，沿淡水河畔修建而成的河濱公園。園內設有單車租借站，旅客可在此出發，踩著單車前往挖仔尾自然保留區或十三行博物館等熱門景點。左岸公園還擁有一片綠油油的大草地，不時會看到大人與小孩玩樂、情侶散步、朋友野餐的悠閒畫面，十分寫意。喜歡咖啡的朋友，還可以在露天茶座內歎杯「左岸咖啡」呢！

地址：新北市八里區觀海大道
營業時間：全日開放
收費：免費參觀

INFO

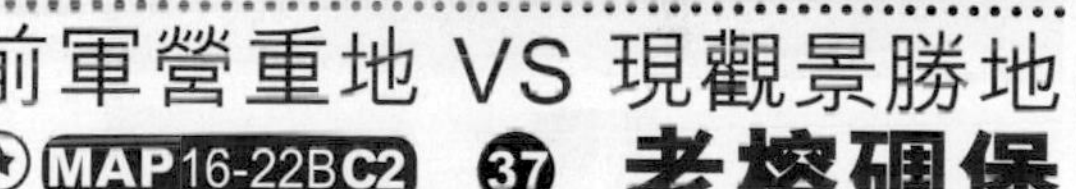

前軍營重地 VS 現觀景勝地 MAP 16-22B C2

老榕碉堡 37

八里渡船頭步行約 4 分鐘即達

這幢隱身於八里老街與左岸公園之中的老榕碉堡，原來竟是八里渡船頭軍營的地頭？不過，隨時間轉變，碉堡現已髹上迷彩的型格色調，一減以往的煞氣，蛻變成得意逗趣的文藝觀景台，為旅客提供一瞭望八里左岸的絕佳地點。由於位處榕樹之下，有遮蔭的效果，所以也是大家消暑休憩的熱門場所。

地址：新北市八里鄉北 52 線產業道路
營業時間：全日開放
收費：免費參觀

INFO

親子遊熱門地
挖仔尾自然保留區 38

MAP 16-22A B2

八里渡船頭沿觀海大道走約 25 分鐘即達

★★

説到挖子尾生態自然保留區，自然會想起區內的一大片珍貴的紅樹林，以及百種鳥類及魚類。每當潮退時，紅樹林間的潮溪便會變成白鷺等鳥類的覓食之地。旅客可以在木製步道上靜靜觀賞植物與動物共融的生活環境，還能仔細地觀察到名為水筆仔的生長過程，是親子遊的熱門場地呢！到了日落時分，還能在保留區內欣賞到夕陽餘暉的日落美景，堪稱一絕。

地址：新北市八里鄉
營業時間：全日開放
收費：免費參觀

INFO

MAP 16-22A A2 39

穿梭過去與現代
十三行博物館

八里渡船頭沿觀海大道及博物館路走約 45 分鐘；或騎單車前往

被列為國家二級古蹟的十三行博物館，設有各種大大小小與先民遺跡有關的主題展覽。博物館造型獨特，由三組不同形態的建築群組合而成，象徵山與海、過去與未來的想法。從博物館高層展覽區可遠眺蔚藍清澈的淡水河及八里市景，參觀完的旅客大可在咖啡座稍事休息，慵懶地欣賞自然景致。此外，館內還有一道頗具凌空感的「時光空橋」，透明的橋營造出恍如浮於館內、穿梭時空的錯覺，著實有趣。

地址：新北市八里鄉博物館路 200 號
電話：02-26191313 **收費**：NT80
營業時間：9:30am-5:00pm；
星期六、日及假日至 6:00pm；
每月第一個星期一休館
網頁：www.sshm.ntpc.gov.tw

INFO

九份 平溪 烏來 鶯歌 淡水 基隆 桃園

 MAP 16-22A A2 40 

逸樂處處
陽光廣場

八里渡船頭沿觀海大道及博物館路走約 45 分鐘；或騎單車前往

毗鄰十三行博物館的陽光廣場，是一個大型的休憩公園，時有文藝活動舉行。平日總會看到爸爸媽媽帶著小孩來郊遊野餐，甚至放風箏、踩單車。廣場內設有不少藝術裝飾品，當中最令人印象深刻的便數巨型木屋，空曠的木屋觀景台實際是提供給旅客避暑的場所，也是廣場內最醒目的地標。而且在其不遠處還有一個堆沙池供小朋友玩樂呢！

INFO
地址：新北市八里鄉博物館路 200 號十三行博物館旁
電話：02-26191313 **營業時間**：全日開放 **收費**：免費參觀

MAP 16-22B C2

人氣單車走道
41 八里左岸自行車道

八里渡船頭步行約 2 分鐘即達

八里左岸自行車道自觀音坑溪口一直延伸至八仙海岸，全長約有15公里。這條單車徑沿著淡水河岸而建，沿路經過關渡大橋及挖子尾生態保護區，最終可駛往十三行博物館。此徑由木板地與水泥地交錯鋪設，路面平坦寬闊，而且沿途盡覽明媚的海岸風光，相信定是大人小孩都會喜歡的行車路線。尤其在夏天行駛而過時，更能看到海面上金光閃閃的怡人景致呢！

地址：新北市八里鄉
電話：02-89699596
營業時間：全日開放
收費：免費參觀
INFO

台式牛脷酥改版？
 MAP 16-22B D2
姊妹雙胞胎 42

八里渡船頭步行約 2分鐘即達

八里必吃的小食就是雙胞胎，只是它其實是什麼呢？它的外形與口感都有點像我們在香港吃到的牛脷酥，只是雙胞胎的體形較小更酥脆。而且更多了一陣林鳳營的鮮奶味，感覺更鬆軟更香滑，這也正好抵消了原來的油膩感，令人想再吃多個。另外，每日新鮮現做的芋頭餅也是店家的另一招牌商品。利用兩塊餅乾夾著整片芋頭，製法與麥芽餅有點相似，但口感卻更紮實甜美。

INFO
地址：新北市八里鄉渡船頭街 25 號
電話：02-26193532 **營業時間**：9:00am-8:00pm

麻香鬆脆 43 MAP 16-22B D2
福州兩相好

八里渡船頭步行約 2 分鐘即達

★★

身為姊妹雙胞胎的勁敵，福州兩相好所賣的食品自然與姊妹雙胞胎相似。就造型而言，福州兩相好的雙胞胎比姊妹的小，不過口感卻更加鬆脆綿密。與姊妹的不同，福州兩相好的有淡淡的芝麻香，表層也不會很油膩。

地址：新北市八里鄉渡船頭街 30 號
電話：02-26194730
營業時間：10:30am-7:00pm
收費：兩相好 NT15
INFO

MAP 16-22B D2 大牌檔風味
44 佘家孔雀蛤大王

八里渡船頭步行約 5 分鐘即達

在淡水老街上也有一家佘家孔雀蛤(即青口)大王，但位於八里的才是總店。店內有一招牌菜式——炒孔雀蛤更在遊客中享負盛名，鮮美的蛤肉配上店家特製的醬汁，既惹味又下飯。由於八里盛產孔雀蛤，故店內採用都是台灣野生或新西蘭進口的新鮮蛤肉。除了招牌的炒法外，客人還可選擇配以蒜蓉蒸煮的烹調手法，不過筆者就覺得秘醬炒製的孔雀蛤更加美味！

地址：新北市八里鄉渡船頭街 22 號
電話：02-26103103
營業時間：11:00am-8:00pm
INFO

老街手信老牌 45 MAP 16-22B D2
宋記紅油心蛋

八里渡船頭步行約 5 分鐘即達

宋記算是八里老街中的一個有名老招牌，就算平日到訪也是大排長龍。為了搶購「紅油心蛋」，即泛著橙黃光澤的鹹鴨蛋，以及另一人氣高企的「溏心皮蛋」。由於紅油心蛋都是現蒸好的，所以老闆都會貼心地叮囑客人回去後記得放進雪櫃冷藏。而溏心皮蛋則有藍、紅二色的選項，紅色的是傳統原味，而藍色的則添加了茶葉醃製，所以味道會甜一點，兩者都毋須冷藏，而且室內可擺放三個月。

地址：新北市八里鄉龍米路二段 172 號
電話：02-26102456
營業時間：8:00am-8:00pm
INFO

九份 平溪 烏來 鶯歌 淡水 基隆 桃園

淺賞峇里島風情 46 MAP 16-22B B1

水灣餐廳 Waterfront 八里店

八里渡船頭沿觀海大道走約 12 分鐘即達

擁有濃濃峇里島風情的水灣餐廳，就連接待處也不馬虎，據說一旁的米色石板牆身，是店主從峇里島買回來再重新鋪砌而成的，而店內則配合休閒的度假風裝潢，務求讓客人恍如置身於島嶼般。而且，店內每個角落都能夠欣賞到河岸景色，這也是一大賣點呢！為了不阻礙視野，店家更採用玻璃間牆，讓客人同時保有私密的空間感。

地址：新北市八里鄉觀海大道 39 號
電話：02-26195258
營業時間：12:00am-7:00pm，
星期六日至 8:00pm
網址：http://www.waterfront.com.tw/

INFO

MAP 16-22A A2 47

治癒系小動物天堂

To house 兔子餐廳

八里渡船頭沿觀海大道及博物館路走約 46 分鐘即達

踩單車踩到疲累的時候，不妨到鄰近十三行的兔子餐廳。溫馨的小木屋內，滿布小鳥、魚、貓咪、刺蝟與兔子的足跡，儼如一個小小的動物天堂，充滿暖暖的治癒感。而且，店中央還設了一個偌大的綠色庭園，讓客人能夠歎茶之餘，還可輕鬆走動，與園內的小動物隨意互動，締造出一條自然舒適的散步小徑。

INFO

地址：新北市八里鄉博物館路 202 巷 46 號
電話：02-26191908
營業時間：11:00am-6:00pm，
星期六及日 11:00am-8:00pm，
星期二、三公休
FB：https://www.facebook.com/NewToHouse/

淡水

菜甜品皆出色

MAP 16-22A C2 48

芭達桑原住民主題餐廳

八里渡船頭沿觀海大道走約 14 分鐘

在八里鄉觀海大道對面的巴達桑，是一家以泰雅族為主題的餐廳。店內的裝潢以原木為主調，盡現原住民樸實及崇尚自然的一面。合菜的點餐模式，更適合一家大小或朋友成群的旅客到訪。餐單上的菜式種類繁多，除了傳統的竹筒飯和各式炒菜外，最讓筆者難忘的餐點卻是南瓜造型的手作雪糕，香甜棉滑又透心涼，是下午　茶首選呢！

INFO

地址：新北市八里鄉觀海大道 111 號
電話：02-26105300
營業時間：11:30am-2:00pm，5:00pm-9:00pm；假日 11:30am-10:00pm
網頁：https://www.facebook.com/badasanmiku/

MAP 16-22A A2

49

古蹟＋玩樂

八里十三行文化公園

八里渡船頭老街乘公車 704、963 或紅 22 於八里十三行文化公園站下車

八里十三行文化公園是一個以十三行遺址的考古文化為主題，打造了一個結合史蹟與地形的兒童共融式遊戲場。公園提供各種適合不同年齡層和能力的遊樂設施，包括滑草場、溜滑梯、溜索、鞦韆、翹翹板、沙坑等。其中最吸引人的是一座20公尺長的磨石子滑梯，它採用了陶罐造型，寓意著十三行遺址的考古發現。滑梯有三條不同速度和曲度的滑道，讓遊客可以體驗不同的刺激感受。另外，沙坑裡也埋藏了仿製的大坌坑陶片，讓小朋友可以模擬考古挖掘的過程。

INFO

地址：新北市八里區挖子尾街 111 號
電話：02-26191908　**營業時間**：24 小時
圖片來源：新北市政府 https://www.hrcm.ntpc.gov.tw/

基隆

很多人以為桃園市是台灣最北部分，其實基隆市位於東經121.6度、北緯24.9度，才真正是屬於台北最北端的市區。基隆市有山，亦有海，故景色變化甚多，很多朋友都到基隆品嚐海鮮，卻原來這一區可以欣賞的山景亦十分豐富。基隆分有7個行政區，分別是仁愛區、中正區、信義區、安樂區、中山區、七堵區及暖暖區。坐火車由台北市往基隆，車程不過1小時，故很多遊台北的朋友，近年也把基隆納入其行程中！

台北至基隆交通

台鐵： 由台北車站乘火車至基隆火車站，約60分鐘到達

客運： 由台北轉運站國光號往基隆，如果不塞車的話，反而較火車為快到達，車程約45分鐘，且一定有位子可坐

MAP 17-2
基隆火車站
基隆廟口夜市
Google Map 下載
北
基隆
01.碧砂漁港 17-3
02.和平島濱海公園 17-3
03.中正公園 17-4
04.基隆廟口夜市 17-4
05.基隆市原住民文化會館 17-5
06.海洋廣場 17-5
07.望幽谷 17-6
08.陽明海洋文化藝術館 17-7
09.卞家牛肉麵 17-8
10.全家福元宵 17-8
13.紀家豬腳原汁專家 17-10
14.阿華炒麵 17-10
15.陳記泡泡冰 17-11
16.鼎邊趖 17-11
17.連珍糕餅店 17-12
18.李鵠餅店 17-12
19.海洋科技博物館 17-13
20.深澳鐵路自行車 17-13

海鮮必食
碧砂漁港 01

由基隆火車站乘 103 路公車至碧砂漁港下車，或乘的士車程約 30 分鐘即達

基隆港最著名的莫過於海鮮，而碧砂漁港是近年於基隆最新的觀光漁市，就像南部墾丁的漁市場一樣。碧砂漁港海產店散落在兩座建築物內，分別是「漁市場」和「飲食街」，數得出的海鮮小吃你都可以自己慢慢挑選，價錢還十分便宜。漁港內可以選擇的海鮮店和海鮮的種類極多，選好的海鮮可交給老闆烹調。

INFO

地址：基隆市中正區北寧路
營業時間：8:00am-10:00pm

MAP 17-2 D1

台灣最北點 02
和平島濱海公園

由基隆火車站搭乘 101 號公車至和平島公園下車步行 6 分鐘，或乘的士車程約 40 分鐘即達

和平島可以走到台灣最北點，以往要到和平島的方法就只有從海路到達，今天由於和平橋已落成，這座橋連接了和平島和基隆市，故已可由陸路前往。在和平島上，可以看到天然的奇形怪石，也有平時難得一見的豆腐岩地質，最為人津津樂道的，要數島上的萬人堆，為拍照的最佳點呢！

地址：基隆市平一路 360 號

INFO

MAP 17-2 C1

基隆

基隆市理想休憩點 MAP 17-2 D3

中正公園 03

由基隆火車站步行約 20 分鐘即達

★★

台中有一個台中公園，而基隆便有一個中正公園，可說是基隆市的代表，民國66年(1977年)開始興建，園區內種滿了各種樹木花卉，為基隆市提供一個大型休憩的理想地點。

地址：基隆市中正區壽山路(基隆港東側山丘上)
營業時間：全天開放

INFO

基隆最熱鬧的夜市 04

基隆廟口夜市 MAP 17-2 C4

由基隆火車站步行約 10 分鐘即達

基隆市的廟口夜市，可謂全台灣最注目的夜市之一。夜市已有40年歷史，是北區最熱鬧的夜市之一，小吃種類甚多，價錢也十分便宜，且由於基隆市接近海岸，故小吃中海鮮料理也較豐富，著名小吃有鼎邊趖、天婦羅、肉羹、蚵仔煎與魯肉飯等。廟口夜市的店家，一般營業至凌晨2、3點，玩至深夜還可以到夜市大吃特吃。

地址：基隆市仁三路和愛四路旁(奠濟宮周圍)
營業時間：全天開放，但晚上最熱鬧

INFO

基隆的廟口夜市可謂由早至晚也十分熱鬧。

了解台灣原住民的生活 MAP 17-2 C1

基隆市原住民文化會館 05

由基隆火車站搭乘 101 號公車至職訓中心下車，或乘的士車程約 30 分鐘即達

台灣的原居民部落文代，要數泰雅族最為人熟悉，但其實台灣原住民才不只於泰雅族群，其它族群如凱達格蘭族、阿美族、達悟族等都有著自己獨特的文化，也有著自家的生活用具，文化會館一一展出了台灣原住民的生活文化，當中，室內火塘、占卜用具、木雕等實物十分珍貴，去一個旅行可以上一堂寶貴的課堂呢！

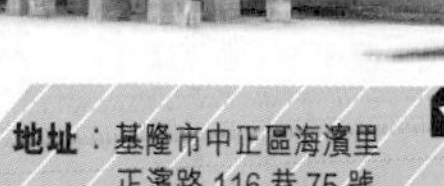

★ INFO

地址：基隆市中正區海濱里正濱路 116 巷 75 號

電話：02-24620810 **收費**：免費

營業時間：9:00am-5:00pm，星期一休館

充滿藝術氣息的廣場 06

海洋廣場 MAP 17-2 B3

由基隆火車站步行 3 分鐘即達

想親身感受基隆港的海風，到海洋廣場便最合適不過。在海洋廣場的中心，可以看到環海的景觀，令人感到基隆港的廣濶。隨著時間不同，海洋廣場的景觀也隨之變化，最美麗的時間莫過於黃昏時間，可以欣賞日落景色！這裡更是基隆市的客運終站，在此乘公車往台灣各處都非常方便。

地址：基隆市中正區孝二路與忠一路口

★ INFO

廣場上建有不同風格的雕塑品，令廣場充滿了藝術氣息。

世外桃園 望幽谷

由基隆市公車總站搭 103 號公車至北寧路、調和街交叉口下車，步行約 20 至 30 分鐘可達，或由基隆火車站乘的士約 30 分鐘車程

★★

這裡可謂一個世外桃園，由於地理環境關係，這裡為一大片翠綠草地，且山谷呈現一個個V型，遠望是基隆嶼，近看是八斗子漁港，景色優美令人煩惱全消，望幽谷的名字由此而來，又有人稱它為忘憂谷。這一帶是台北居民遠足野營的地方，除了觀看山海景色外，還有各種海洋生物、岩石地質可以看到。建議接近黃昏時段才到達，因為山谷上沒有樹木，白天特別是炎熱的夏季是十分難捱的。

地址：台灣基隆市中正區望幽谷

★INFO

近距離看到海岸景色。

沿山路階梯可到達谷底海邊，又是另一番景觀。

很舒服的綠色大草原。

基隆市十大歷史建築之一

陽明海洋文化藝術館

基隆火車站出站即達

陽明海洋文化藝術館是基隆市的地標建築，被評為基隆市十大歷史建築之一。藝術館建於1915年，帶有強烈的日本味道，因它是由日本人森山薰之助與井手薰設計並興建。藝術館展出了基隆市海洋文化的變遷，且位於火車站旁，交通非常方便。

地址：基隆市仁愛區港西街 4 號
電話：02-2421-5681
營業時間：9:00am-5:00pm
星期一休館
費用：NT150
網址：www.ocam.org.tw

基隆

與永康街不惶多讓
卞家牛肉麵

由基隆市搭乘市公車301、302或304路至十四號碼頭站，下車步行3分鐘即達，或由基隆火車站乘的士車程約20分鐘

★★

來到基隆市，你隨便找一位途人問問，大家都會推介這家牛肉麵店，有如台北市內你問吃牛肉麵的，便到永康街一樣。卞家牛肉麵在這區十分有名，由於位於山洞巖區，故有「山洞牛肉麵」的別稱，牛肉麵加上紅糟蕃茄等材料，喝一口濃濃的湯底已知是上等貨，如嗜辣的朋友更可加上小魚乾辣椒，必試。

地址：基隆市中山區中華路3之4號
營業時間：10:00am-3:00pm 賣完即止；星期一、四公休
電話：02-2429-2313

INFO

50年前的小吃
全家福元宵 10

MAP 17-2 C4

由基隆火車站步行約10分鐘即達

50年的老店全家福元宵，賣的是一粒粒自家製的湯圓，全以人手工製造，並不是坊間以機器大量生產，推介必吃的餡料為芝麻，由清洗，炒熟都是店主百分百心機，湯圓皮薄且口感十分Q，推！

芝麻湯圓
每碗7元
生元宵
每盒45元 40個

全家福元宵是有50年歷史的老店。

非常Old School的包裝，仲寫明「含豬油」，真正與別不同。

全家福
老牌
含豬油成份
基隆市愛四路50號之1
http://www.kcjfy.com
電話：(02) 24250784
傳真：(02) 24253221
全家福元宵

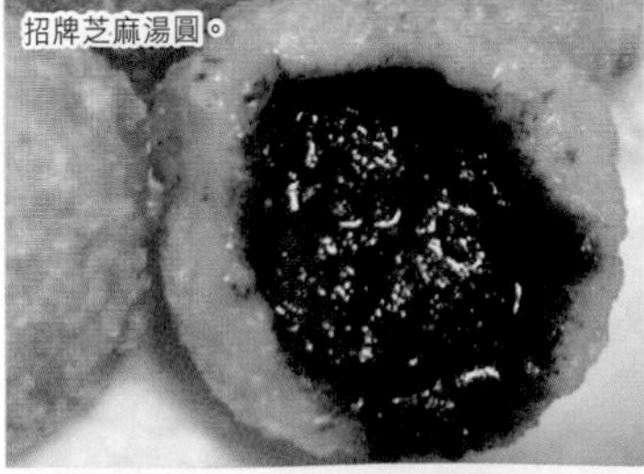

招牌芝麻湯圓。

地址：基隆市仁愛區愛四路50號（基隆廟口商圈）
營業時間：9:00am-12:00mn，星期一 12:00nn-10:00pm
網址：http://www.kcjfy.com.tw/

INFO

九份 平溪 烏來 鶯歌 淡水 基隆 桃園

無骨落地
安家雞肉飯⑪

基隆三坑火車站步行 2 分鐘

安家雞肉飯以提供嫩滑多汁的雞肉飯而聞名，店家選用的，都是黑羽土雞，這種雞飼養期較長（約4-5個月）、脂肪含量較少、肉質結實有咬勁。店家提供的雞肉飯只有六種，無論選雞腿或雞肉，都會先去骨及切成薄片，再淋上香濃的醬汁和青蔥，放在白飯上。而每碗訂價，只是NT50-75不等，完全是超值。除了雞肉飯，店家也提供燉品湯及鹽水小菜，都是一律NT60，難怪小店其門如市，吸引大量食客。

小店雖走平價路線，但無論餐具及佈置都很有和式風格。

荷包蛋另加NT15，必試。

地址：基隆市仁愛區龍安街 155 號
電話：0224252606　**營業時間**：11:00am-7:00pm
網址：https://m.facebook.com/SANBAOJIA/

INFO

食完透心涼 基隆三坑口 • 阿微剉冰⑫

基隆三坑火車站旁

夏天走到台灣北部，或許你會真的被酷熱的陽光擊倒。在炎夏，沒有任何食品比一碗刨冰來得好！要吃冰，推介你地基隆三坑口 • 阿微剉冰，傳統的製冰方法，以及多年來的傳統味道，不加任何添加劑，只靠新鮮配料便能取悅食客的心。冬天的話又怎麼辦？這家店在冬天提供了暖呼呼的紅豆湯，燒仙草及花生仁湯等，令你暖入心！

地址：基隆市仁愛區曲水街 1 號
營業時間：10:00am-9:00pm

INFO

五顏六色的不同口味，不含防腐劑和化學色素，食得安心。

南萬巒北紀家 MAP 17-2 C4 13

紀家豬腳原汁專家

基隆火車站出站沿忠一路直走步行約 100 米，右轉至愛四路即達

★★

台灣人很喜歡吃豬腳，南部有萬巒豬腳，北部則有紀家，已有45年歷史。挑選上等豬腳，經過一連串步驟，配合店家特有的高湯熬製而成，每啖豬腳都十分入味，且肉質豐富，另有腳筋也是必吃之選，在旅途中補補腳骨力出發罷！

地址：基隆市仁愛區愛四路 29 號
營業時間：（平日）4:00pm-1:00am，（假日）3:30pm-1:00am
電話：02-2425-0853

★INFO

豬腳的高湯呈奶白色，可以想像骨膠原是有幾豐富。

豬腳肉質軟硬適中，肉間中的腳筋咬下十分有啃勁。

平凡的外表 MAP 17-2 C5

阿華炒麵

14

基隆火車站步行 10 分鐘即達

基隆廟口知名美食眾多，要突圍不是易事，而阿華炒麵便憑著美味來吸引食客。位於不起眼的巷內，或許要細心一點才可找到，店外只有幾張座椅，以及一個紅色招牌作記認，咖哩湯汁配上新鮮的蝦子和豬肝，麵條吸收了濃濃的湯汁，必食什錦咖哩炒麵或米粉，沒有其它店的粉麵可以出色至此了！

阿華炒麵的麵身並沒有一般炒麵中的油膩感，加上配料十足，非常抵食。

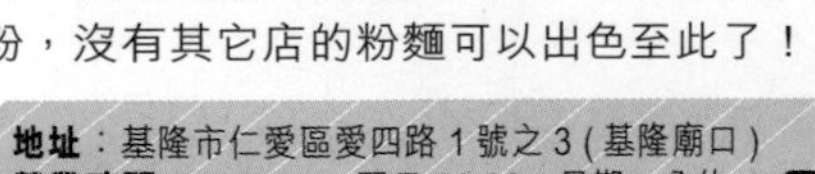

地址：基隆市仁愛區愛四路 1 號之 3 (基隆廟口)
營業時間：10:30am- 翌日 06:00；星期一公休

★INFO

店鋪的面積不大，幾乎任何時候都坐滿了食客。

九份 平溪 烏來 鶯歌 淡水 基隆 桃園

消暑妙品

陳記泡泡冰 15

MAP 17-2 C4

基隆火車站步行 10 分鐘即達

泡泡冰是廟口的代表，相信沒有人有意見，特別在炎炎夏天，更是人潮湧湧，消暑當然一流。陳記泡冰有十多款口味提供給食客，最為人喜歡為花生花豆味，滲有淡淡花生香味，一食再食！

多款口味，如雞蛋牛奶，熱情果，桂圓等可供選擇，一杯售NT50。

台灣傳媒藝人都大力推廣這家泡泡冰。

地址：基隆市仁愛區廟口夜市第 41 號攤位
營業時間：11:00am-11:00pm，星期六至 11:30pm
費用：NT 50

INFO

1919年的傳統小食

鼎邊趖 16

MAP 17-2 B4

基隆火車站步行 10 分鐘即達

基隆廟口的吳家鼎邊趖，可謂全台北都知道，在奠濟宮前方右側便可以見到此店，據説是基隆廟口最好生意的小食攤店之一，於1919年第一代便開始了這種傳統小吃，今天已是第三代了，人流依舊。所謂鼎邊趖，其實是由米漿在鼎邊添火加熱蒸烤成塊狀，配以金針菇、香菇、魷魚、丁香、竹筍、金勾蝦、高麗菜、蒜頭酥、芹菜等配料，加入肉羹來吃，為北部最傳統小吃之一。

這個便是從1919年開始的古老小吃，只有在廟口夜市才有機會品嚐。

地址：基隆市仁愛區仁三路 27 之 2 號
營業時間：10:30am-12:00mn，星期四公休
費用：NT 60
網址：www.100wu.com.tw

INFO

基隆

百年的名店 連珍糕餅店 17

MAP 17-2 B4

基隆火車站步行 10 分鐘即達

★★

基隆名產，百年餅藝的連珍糕餅店，完全手工產製，深具傳統口感的糕品，鬆軟香醇，入口即化，葷的八角糕和素的方糕塔搭配而成的禮盒，已是基隆人送禮與遊客伴手禮的最佳選擇。

地址：基隆市仁愛區愛二路 42 號 (基隆廟口夜市附近)
營業時間：8:00am-9:00pm **電話**：02-24223676
費用：www.lenjen.tw

INFO

連珍糕餅店的糕點外表平實，但鬆軟無比，糕點的香氣令人再三回味。

始創鳳梨酥 李鵠餅店 18

MAP 17-2 D2

基隆火車站步行 10 分鐘即達

想到台灣代表手信，必定有鳳梨酥的份兒，基隆市有一家鳳梨酥店，已有數百年歷史。由於餅店在1882年 (清光緒年代) 便聞名，所以台灣各地有很多同名的鳳梨酥店，但最老最正宗的，便是位於基隆此家。鳳梨酥依傳統手工製造，與其它大品牌的有著天壤之別，必買！

李鵠餅店是基隆一等一的著名手信店。

INFO

地址：基隆市仁三路 90 號
營業時間：9:00am-8:30pm
電話：02-2422-3007
網址：www.lee-hu.com.tw/about-us.html

九份 平溪 烏來 鶯歌 淡水 基隆 桃園

MAP 17-2D2 19

親親大海洋
海洋科技博物館

搭乘台鐵平溪線至海科館下車步行 10 分鐘即達

位於基隆市的海科館，總面積達48公頃，原址是日據時代已興建的火力發電廠。海科館設有「海洋環境廳」、「海洋科學廳」等9個展示廳，以生動活潑的多媒體手法，闡述海洋和人類生活的交互關係。周邊設有潮境海洋中心、潮境公園、環保復育公園、八斗子公園等遊憩設施，提供遊客多管道的生態體驗環境。

地址：基隆市中正區北寧路 367 號
營業時間：9:00am-5:00pm、假日 9:00am-6:00pm；每星期一、除夕休館
電話：02-24696000 **費用**：成人 NT200，小童 NT140
網址：http://www.nmmst.gov.tw/

INFO

MAP 17-2D2 20

無敵海景
深澳鐵道自行車

乘台鐵至瑞芳站下車，轉乘平溪／深澳線至八斗子站下車

2018年底新登場，讓一度被荒廢的深澳支線鐵道，搖身一變成為深澳鐵道自行車。鐵道自行車一台限坐2人，備有喇叭及手煞車拉桿，沿路會經過以海底為主題的山洞隧道，共有24輛河豚造型的車廂，是本地人的親子熱點。起點可選擇八斗子或深澳站，總長約1.3公里，車程約30分鐘。

八斗子月台：新北市瑞芳區建基路二段 121 號（八斗子火車站旁）
時間：9:00am-5:00 (假日至 6:00pm, 每小時一班)
深澳月台：新北市瑞芳區建基路二段 1-1 號（建基煤礦／深澳電廠旁）
時間：9:30am-5:30 (每小時一班)
票價：單程 NT150、來回 NT250
網址：www.railbike.com.tw（預約制）

INFO

桃園

以為桃園只有一個桃園機場？沒有甚麼景點嗎？這樣便錯了！桃園市其實為台灣第七大城市，這區早在清朝年間已開始發展，後因台灣本地移民把桃樹種植了整遍地區，故有桃仔園之稱，今天市政府把桃園市打造成藝術文化區域，隨著交通發達，高鐵等擴展，來往桃園的遊客漸多！

台北往桃園

可選擇乘坐捷運、客運或火車，班次非常頻密，車程約1小時。

台灣好行大溪快線

遊客可由桃客中壢總站或各停靠站搭乘台灣好行巴士，至慈湖站下車，一次過遊覽桃園縣各大景點。票價NT130，一日內不限次數上下車，可於桃園客運中壢總站或直接上車購票。

班次及行經路線：http://www.taiwantrip.com.tw

A
B
C
D
Map 18-1
桃園
04.大溪老街 18-4
20.大溪老茶廠 18-11
21.MITSUI OUTLET PARK 18-11
22.桃園酒廠 18-12
23.環球購物中心 18-12
24.華泰名店城 18-12
25.中平路故事館 18-13
26.樂牧· 樂食所 18-13
27.拉麵吧 18-13
28.中壢觀光夜市 18-14
29.好貳咖啡 18-14
30.布魯特餐廳 18-15
31.雪朵鬆餅 18-15
32.Att筷食尚 18-16
33.土地公文化館 18-16
34.桃園神社 18-17
35.まいにち。日和 18-17
36.祥儀機器人夢工廠 18-18
37.坑口彩繪村 18-18
38.東眼山國家森林遊樂區 18-19
39.達觀山自然保護區 18-19
40.小烏來天空步道 18-20
41.角板山行館風景區 18-20
42.慈湖雕塑紀念公園 18-21
43.慈湖陵寢 18-22
44.大溪陵寢 18-22
45.小人國主題樂園 18-23
46.味全埔心牧場 18-24
47.花海農場 18-24
48.竹圍漁港 18-25
49.老街溪河川教育中心 18-25
50.貓禾景觀咖啡 18-26
51.龍潭大池水岸休憩廣場 18-26
中正機場
中壢車站
西部濱海快速公路
中山高速公路
五股楊梅高架段
桃園環線
南勢街
中正路
東萬壽路
春日路
永安路
興豐路
長興路
康莊路二段
中正路三段
北
1
2
3
4
5
大溪老街
Google Map 下載!
大溪
01.大溪橋 18-3
02.大溪長老教會 18-3
03.大溪武德殿 18-3
05.大溪拿破崙派 18-5
06.蔡記麥芽花生糖 18-5
07.呂媽媽手工豆花 18-5
08.大溪和風手工豆腐酪 18-6
09.江家古早味花生糖 18-6
10.世達手工地瓜餅 18-6
11.木藝生態博物館-壹號館 18-7
12.老阿伯現滷豆干 18-7
13.木藝生態博物館-藝師館 18-8
14.游記百年油飯 18-8
15.焦點咖啡 18-9
16.乾麵居 18-9
17.賴媽媽豆花 18-10
18.金字塔三角湯圓 18-10
19.里長嬤碗粿 18-10
大溪客運站
愛路
和平路
登龍路88巷
登龍路
中央路
民權路
民生路
康莊路
慈湖路
中正路
中正東路
普濟路
中山路
復興路
民權東路
東和路
東一路
民權東路31巷8弄
和二路
和二路79巷19弄
慈湖路109巷
文化路
文化路75巷
文化路103巷

桃園交通

來往桃園各區至台北市有眾多的交通選擇，有連接台北車站的桃園捷運、台鐵、高鐵，也有往返各區的客運巴士。

鐵路

桃園機場捷運

桃園機場捷運線簡稱「桃捷」連結高鐵、台鐵及台北捷運各線，由台北車站直達桃園機場第一及第二航廈，車程僅需35-40分鐘，於桃園高鐵站至桃園機場第一航廈也只需20分鐘，比以前更快捷方便。

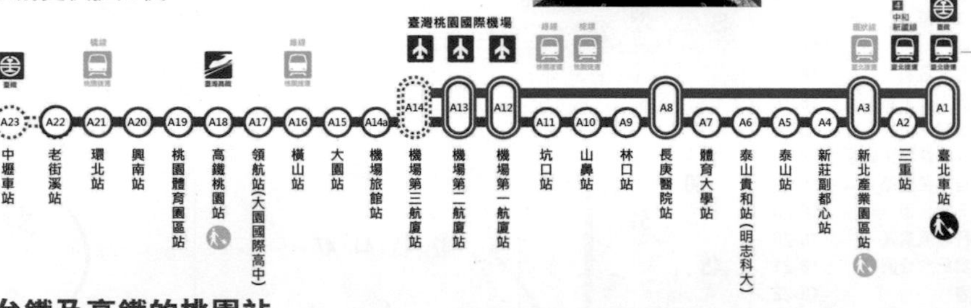

台鐵及高鐵的桃園站

高鐵與台鐵雖然各自有一個「桃園站」，但兩者車站相距甚遠，「高鐵桃園站」位於中壢區，可於此站轉乘桃捷線往機場，或坐統聯客運705接駁巴士到機場；至於台鐵的桃園火車站是位於桃園市中心地帶，前往大溪老街可於此轉乘公車，桃園火車站目前沒有與高鐵或桃捷相通，如前往機場可轉乘統聯客運706號公車。

台鐵台北火車站 ↔ 台鐵桃園火車站 - 約30分鐘	高鐵台北站 ↔ 高鐵桃園站 - 約20分鐘

巴士

前往大溪的巴士

台鐵轉車：台鐵桃園站下車，沿地下隧道往延平路方向走，出隧道後向前直行就會見到桃園客運總站，坐桃園客運5096線往大溪，於新街尾站下車即抵。

發車時間：由桃園站 6:00am-10:50pm
由大溪站 5:10am-7:40pm

班次：繁忙時段10-15分鐘、非繁忙時段15-20分鐘

車費：NT37

網頁：https://ebus.tycg.gov.tw/ebus/fare/5096

桃捷轉車：桃捷 A8長庚醫院站下車，在復興一路轉乘中壢客運702線往大溪，於新街尾站下車即達；但702線班次較少。

發車時間：由大溪站6:00am-7:00pm
由長庚醫院站7:20am-8:20pm

班次：約90分鐘一班車

車費：NT56

網址：http://yoyonet.biz/

觀光巴士

桃捷目前覆蓋的範圍仍有限，桃園很多主要熱門景點都不在桃捷站範圍內，假如你是坐台鐵到桃園，可利用「台灣好行」觀光巴士遊覽多條桃園熱門路線，推薦「小烏來線」車程約1個半鐘，停靠觀光景點如巧克力共和國、金蘭醬油博物館 、大溪老街、大溪陵寢、慈湖、大溪老茶廠、角板山行館、小烏來天空步道等。

票價：一日券NT150
（僅假日行駛）

購票點：各停靠站可上車購票或桃園客運總站

www.taiwantrip.com.tw/line/46

巴洛克建築 大溪橋

MAP 18-1 A4 01

1. 桃捷 A8 長庚醫院站下車，轉乘中壢客運 702 線往大溪於新街尾站下車
2. 乘台灣好行巴士慈湖線、捷順交通 710 線於大溪老街站下車

大溪最大的地標，位於中正公園下方的大溪橋，橫跨大漢溪，串連自行車道，全長330公尺；其巴洛克建築風格與大溪老街的老房子相輝映。穿越浮雕拱門，半圓形雕花拱頂宛如城堡，橋身兩側有石刻浮雕，沿紅磚瓦拼貼而成的橋面上行，可欣賞大漢溪的景色，每逢假日橋上遊人如鯽，橋上還有座位可以稍事休息。

大溪橋建於清朝，早期利用竹籠、石塊堆疊而成竹木板橋。日治時期1934年，由日人改建為鋼索吊橋，橋面上鋪設了小鐵道，直至1961年國民政府再改建成鋼筋混泥土橋。

地址：桃園市大溪區瑞安路一段
※ **大溪橋亮燈時間**：逢星期六、日 5:00pm-9:00pm

INFO

隱藏版地標 大溪長老教會

MAP 18-1 A4 02

新街尾站下車後沿慈湖路直行，右轉入中正路至普濟路再右轉即見

矗立於仁愛路與普濟路交叉口，其歌德式的建築風格，成為區內隱藏版地標之一，其左側為中正公園，沿教會左手邊的小路直行，可連接至大溪和平老街的入口處。大溪老街的長度並不長，但加上鄰近的大溪長老教會、大溪橋等景點，可以蜻蜓點水式的來個半日簡單行程。

地址：桃園市大溪區普濟路 90 號
電話：886-3-3888-995

INFO

日本神社武道館 大溪武德殿

MAP 18-1 A5 03

大溪老街「和平路」轉入登龍路，直行走到底左轉普濟路

從登龍路左轉入普濟路，經過大溪圖書館來到武德殿。這座日式建築是日據時期警察、青年子弟等練習柔道、劍道的武術館。武德殿建於1930年，外牆採用洗石子裝修，屋頂仍保持原先的木質結構與青銅裝飾，窗框為檜木製，護欄看起來有點像日式鳥居，結合莊嚴與簡約之美。武德殿因緊鄰大溪公會堂，1950年曾被充當為憲兵隊宿舍，數年後憲兵撤出後重新修整，現在成為桃園市立木藝生態博物館的公有館舍。

地址：桃園縣大溪鎮普濟路 33 號 **電話**：886-3-3888-600
營業時間：9:30am-5:00pm（星期一休館）
網頁:https://wem.tycg.gov.tw/

INFO

大溪老街 04

MAP 18-1C3

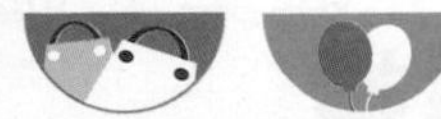

1. 台鐵至中壢站後站方向，走到桃園客運總站乘 5096 號客運往大溪，在新街尾站下車
2. 桃捷 A8 長庚醫院站下車，轉乘中壢客運 702 線往大溪於新街尾站下車
3. 乘台灣好行巴士慈湖線、捷順交通 710 線於大溪老街站下車

★★

大溪是桃園最早發展的地方，早年因與中國大陸通商，所以商店林立。日治時代，日本人把國內流行的巴洛克建築風格運用於桃園的和平路、中山路等老街，再融合傳統閩南裝飾圖案，造就了老街一座又一座的特色建築，包括希臘山頭、羅馬柱子和中式的魚、蝙蝠等祈求吉慶的圖案混合，衍生出大溪專有的特色。

和平老街開發較晚，老屋的保存狀況也較好，街上特色商店林立，小吃、木器店甚多，假日總是遊客滿滿十分熱鬧。

地址：大溪鎮和平老街、中山老街、中央老街

★INFO

桃園

僅此一家 MAP 18-1 A4 05
大溪拿破崙派

台鐵至中壢站後站方向，走到桃園客運總站乘5096號客運往大溪，在新街尾站下車

大溪老街的人氣西餅「拿破崙派」，也僅此一家店在老街之上，是離開老街後就再也吃不到的味道。所有拿破崙派都是當天即做，最多也只能冷藏三天就一定要吃完，當地居民很常買回家作午後甜品。雖然一買就要一整條，但為了體貼客人口味，店家也有提供試吃的服務，好讓大家吃後確認喜愛與否後再選購。

拿破崙派 NT220

地址：大溪鎮和平路 94 號 **電話**：03-388-0216
營業時間：9:00am-6:00pm
FB：https://www.facebook.com/daxinapoleon/

INFO

手工現做大溪小食 MAP 18-1 B4 06
蔡記麥芽花生糖

大溪老街和平路上

假如你周末或假日到訪大溪老街，可到蔡記購買即場製作的麥芽花生糖，整個製作過程呈現眼前，保證新鮮。現場即買即吃，極度鬆軟綿密，也不黏牙，讓人吃到停不了口。每人限買三盒，一盒內共有10塊，每盒NT120。

地址：桃園市大溪區和平路 57 號
電話：03-3889399
營業時間：平日：12:00nn-5:00pm
星期六及假日：10:00am-7:00pm
FB：https://www.facebook.com/tsai.peanutcandy

INFO

三代傳承古早味 MAP 18-1 B4 07
呂媽媽手工豆花

蔡記麥芽花生糖旁

呂媽媽手工豆花就在和平路上，豆花一碗NT40，大家可從六種配料中，選取最多三種自己喜愛的口味，例如紅豆、花生及Q圓都是大家愛點的配料。相比起賴媽媽的豆花，呂媽媽的糖水稍偏甜，而且花生的口感也是較香脆，與我們一向吃的軟綿口感不一樣，更為推薦給甜食控的朋友。

地址：大溪鎮和平路 35 號
營業時間：10:00am-5:00pm

INFO

消暑解渴冰品之選 大溪和風手工豆腐酪

MAP 18-1 B4

大溪老街和平路上

08

除了豆花，大溪老街還有一種叫豆腐酪的小食極具人氣。這間店專賣和風手工豆腐酪，是老闆自家研發的美食，只能在老街中才能吃到。四種口味分別是抹茶、黑芝麻、原味及杏仁，每一款都有其支持者。除了味道獨特的豆腐酪外，碗內還有紅豆、涼粉、Q圓、龍眼肉、花生等配料，口感豐富，售價也只是NT60，是消暑解渴的良品。

INFO

地址：大溪鎮和平路 54 號　**電話**：03-388-0206
營業時間：11:00am-6:00pm；星期日至 7:00pm；星期一二休息

獨門秘方花生糖 09 江家古早味花生糖

MAP 18-1 B4

台鐵至中壢站後站方向，走到桃園客運總站乘 5096 號客運往大溪，在新街尾站下車

江家古早味花生糖只在周五至日才開店，所以每次都會大排長龍，大家都在等待那即叫即做的花生糖，人多的時候少說也要排上一至兩個小時才能買到。江家的花生糖全手工製作，製作的方式及材料成份也是店家獨門秘方，純麥芽糖帶有淡淡的桂花香，是江家獨有的味道，也只有親臨老街才能試到。

INFO

地址：大溪鎮康莊路 39 號　**電話**：912-877-888
營業時間：星期五 9:00am-4:00pm；星期六及日 9:00am-5:00pm
FB：大溪江家古早味花生糖

傳統彈牙蕃薯餅 世達手工地瓜餅

MAP 18-1 B5

10

台鐵至中壢站後站方向，走到桃園客運總站乘 5096 號客運往大溪，在新街尾站下車

世達最有名的地瓜餅，又叫台式月光餅，圓圓扁扁的外形，入面包裹著結實的蕃薯餡，餅皮也帶點彈牙口感，非常適合做嘆茶甜品。在台灣有很多地方有賣這種傳統的地瓜餅，可是在大溪賣得出名堂的手工店卻只有世達，難怪不少人都慕名而來。除了地瓜餅之外，各種人氣的惹味滷豆干也是店內的熱銷商品之一。

招牌的地瓜餅。

大溪滷豆干。

INFO

地址：大溪鎮康莊路 70 號
電話：03-3885129
營業時間：6:00am-7:00pm

昔日的木器工業重鎮
木藝生態博物館-壹號館

台鐵至中壢站後站方向，走到桃園客運總站乘 5096 號客運往大溪，在新街尾站下車，往中正公園方向步行 8 分鐘

早於1810年大溪就已有木器業紮根於此，經過兩百年的發展，更讓這裡變成國內木器產業的重鎮。當地政府本著保存木藝、人民的文化資產等理念，繼而以「大溪木藝產業」和「大溪常民生活」此兩個核心為題，把原來的武德殿及22戶日式宿舍群重新修繕，串連當地各歷史街屋，把大溪打造成一座人文博物館。而這間「壹號館」就是第一個對外開放的館舍，原是1920年代興建的日式高架平房建築物，也曾是大溪國小校長的日式宿舍；館內展示了大溪的歷史變遷與木藝生態的資料。

地址：大溪鎮中正路 68 號　**電話**：03-388-8600
營業時間：9:30am-5:00pm（星期一休息）
網頁：https://wem.tycg.gov.tw/

★INFO

MAP 18-1 A5　12

大溪老字號滷味店
老阿伯現滷豆干

木藝生態博物館附近

招牌滷味

在大溪老街有一間叫老阿伯現滷豆干的滷味店，可算是老字號級數，每位老街坊口中都會推介這間小店，位置就在大溪公園旁邊。在大溪的總店一到假日就會聚滿人潮，大家都在選購滷得入味的豆干、滷蛋、海帶等小食。一份全餐不到NT320就能吃盡豆干、米血糕、大腸、蛋、海帶等，非常豐盛。如果想要分量少一點的話，可以選擇招牌套餐，價格也只是NT145。

地址：大溪鎮中正路 37 號　**電話**：03-388-3422
營業時間：8:00am-7:00pm

★INFO

大溪木藝文化
木藝生態博物館 - 藝師館

桃園客運大溪總站步行 3 分鐘

藝師館原是日治時期的大溪郡役所警察課的單身警察宿舍，建於1941年，屬於日式高架平房建築。這裡曾是蔣中正的專屬理髮師俞濟昌先生一家的住所，2012年，這棟建築被指定為歷史建築，並於2016年修繕後開放為藝師館。藝師館的展示內容包括大溪的木工藝品、木器、木雕、木刻等，展現了大溪木匠們的技藝和創意，也傳達了當地人「木器心」的理念，即尊重木材、愛惜木材、賦予木材生命的精神。

INFO

地址：大溪區普濟路 11 號後棟 2 樓
電話：03-388-8600
營業時間：9:30am-5:00pm，星期一休息
網址：https://wem.tycg.gov.tw/　**費用**：免費入場

MAP 18-1 B4

挑戰膽固醇的極限
游記百年油飯 14

由大溪客運站步行 10 分鐘即達

店主游老闆用上地道食材，如復興鄉香菇、阿根廷魷魚、上等溫豬肉等，加上祖傳獨特秘方，製成了店主獨家的香油飯。滿月油飯是這店的主打，幾乎人人都會叫一碗，還沒有把飯放入口已聞到香味。而店內的肉羹湯、四神湯、龍骨髓湯等都深得顧客讚賞，店家更設有各式各樣的手信，如特製香辣油，香蔥油等，把地道的味道帶回家！

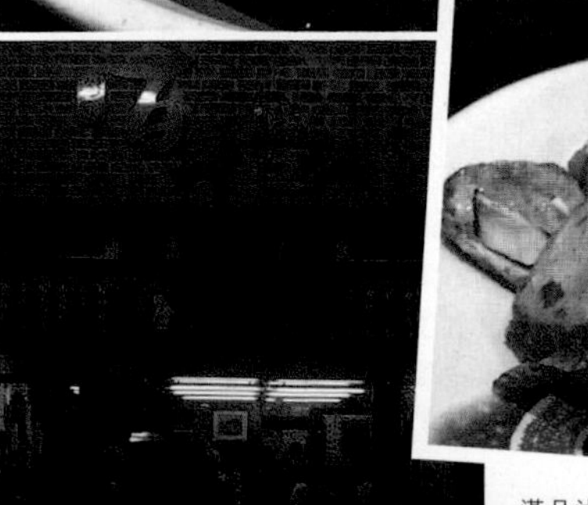

滿月油飯有點像糯米飯的味道，十分香口。

地址：桃園縣大溪鎮民權路 17 號（市場旁）
營業時間：11:00am-7:00pm；星期二、三休息
電話：03-388 1681
網頁：https://www.facebook.com/BaiNianYouFan/

INFO

必試好朋友麻吉鬆餅 15
焦點咖啡 MAP 18-1 A5

木藝生態博物館附近

初次走到焦點咖啡，誤以為只是普通民宅，事實上卻是一間溫馨愜意的咖啡廳，尤其是屋外那個利用回收素材搭建的水車，非常吸睛。店內很多角落都能看到大溪往昔的照片，甚至擺放著古董作裝飾，讓咖啡廳內滿溢一陣復古溫暖的氛圍。推薦的餐點有香甜的綿花糖吐司、Q彈的好朋友麻吉鬆餅等，都是人氣之選。

白雲好朋友麻吉鬆餅

波霸好朋友鬆餅

地址：大溪鎮普濟路 76-3 號
電話：03-388-2663　**營業時間**：11:00am-8:00pm
FB：焦點咖啡

INFO

MAP 18-1 C4 台式川味美食
16 乾麵居

台鐵至中壢站後站方向，走到桃園客運總站乘 5096 號客運往大溪，在新街尾站下車

來到乾麵居，絕對要先試試鎮店之寶的「紅油抄手」，一碟有12粒，每粒都非常飽滿且由人手包製，配上香麻的辣醬，非常惹味。再來推薦的是辛辣乾麵，店內的乾麵與伊麵有點相似，都是彈牙扁身的口感，淋上自家製作的辛辣醬，令人更加開胃，而且味道也非常有特色。此外，海鮮麵疙瘩也是招牌之一，配料十足，非常有人氣。

海鮮麵疙瘩

辛辣乾麵

紅油抄手

地址：大溪鎮民權東路 7 號　**電話**：03-387-0638
營業時間：11:00am-8:30pm（星期四休息）
網址：www.facebook.com/ 乾麵居

INFO

豆味香濃
賴媽媽豆花 17

MAP 18-1 B4

由大溪客運站步行 10 分鐘即達

★★

大溪老街出色的小吃多不勝數，傳統的豆花可以試賴媽媽豆花，據説在大溪不可不吃。一般台灣豆花比較綿，而這裡的豆花不算軟，豆味十分濃厚，和城市吃到的有著天壤之別。豆花配料選擇多，可選花生，紅豆，芋圓等。又可以配上碎冰，夏天吃一流！

地址：桃園縣大溪鎮登龍路 22 號（體育館內）
營業時間：9:00am-6:00pm
電話：03-388-9646

★ INFO

任何口味一律售 NT 40。

鄉間出品的豆花，豆味濃郁。

大溪無人不識
金字塔三角湯圓 18

MAP 18-1 B4

由大溪客運站步行 10 分鐘即達

25年的老店在大溪無人不識，「金字塔三角湯圓」從前在大溪只是推車店的小攤檔，由於太好吃了，遊客人傳十，十傳百，令老闆生意大增，終於老闆決定建立小店，方便食客有個舒服環境品嚐美食。

店內布置得古色古香，十分有品味。招牌「三角湯圓」、「糯米大腸」、「古早味什錦麵」，全台獨家的味道，特別是湯圓內充滿了豬肉、香菇、菜脯、豆干與油蔥，香味撲鼻，一口吃下便停不了口！

口感 QQ 的湯圓，實在很好吃。

地址：桃園縣大溪鎮中央路 181 號　**電話**：03-388-9724
營業時間：11:00 ~ 19:00 (星期三、四公休)

★ INFO

60年老店的味道！
里長嬤碗粿 19

MAP 18-1 B4

由大溪客運站步行 10 分鐘即達

在和平老街上，見到金源牌樓，進內便可見到里長嬤碗粿。老店在這條街上已有60年歷史，熱熱的米漿，加上古法配料，放在蒸籠蒸熟，火候要控制得宜，才可以製作這麼一碗的碗粿。據説味道和60年前可謂一模一樣，而每個碗也是一件古董，也聞説是60年來沿用至今，當你聽到：「碗~~粿呦！」的時候，便可聞到香味了。

地址：大溪鎮和平路 79 號　**營業時間**：11:30am-5:30pm
電話：03-388-2258

★ INFO

座位不算多，有心吃要等等喔。

九份
平溪
烏來
鶯歌
淡水
基隆
桃園

百年茶香

大溪老茶廠 20

台鐵中壢站轉乘的士約 50 分鐘車程；或轉乘桃園客運 5090、5091 號至水流東站下車步行數分鐘；或轉乘中壢客運 5301 號至三民站下車步行數分鐘

起源於1899年日本三井合名會社來台開拓茶園，廠內設有多個區域，例如茶葉販售區、製茶過程介紹以及茶葉資料展覽。廠內售賣的茶葉包裝設計精美現代化，用色也鮮豔奪目，適合作手信送禮。另外，館內還設有電影放映室，介紹著各種關於大溪茶葉的故事，讓大家更易了解過去的茶鄉趣事。再有茶書屋，提供舒適的休憩空間，讓大家靜心下來感受百年茶香。

老茶廠裝潢一點也不老舊，空間及視野寬廣。

現場有供應冷泡茶。

廠內販售的茶葉包裝設計精美。

地址：大溪區新峰里 1 鄰復興路二段 732 巷 80 號
電話：03-382-5089
營業時間：10:00am-5:00pm；星期六及日至 5:30pm
費用：NT150 元，可折抵 NT100 當日消費購物
網址：www.daxitea.com

Outlet巨無霸 21

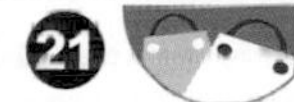

MITSUI OUTLET PARK 林口

桃園機場捷運到 A9 林口站下車，再步行約 10 分鐘

MITSUI OUTLET PARK 林口由日本三井不動產集團經營，佔地約6.6公頃，共有220個品牌進駐。它的品牌涵蓋了各種風格和需求，從平價到高級，從服飾到生活用品，包括了Nike、Adidas、Timberland、Levi's、Gap、Mango等運動和休閒品牌；Michael Kors、Kate Spade、Furla、Marc Jacobs等輕奢品牌。場內的美食廣場提供各種中西日式料理和甜點飲料，如炸牛元村、nana's green tea、星巴克等。它也有一個威秀影城及兒童遊戲區，提供各種遊樂設施和玩具，讓一家大小可以盡情玩樂。

地址：新北市林口區文化三路一段 356 號 **電話**：02-26068666
時間：11:00am-9:30pm，星期五六日至 10:00pm
網址：https://www.mop.com.tw/linkou/tw/index.html

INFO

全台首家清酒釀製廠 22
桃園酒廠

MAP 18-1 C1

桃捷長庚醫院站下車，步行約 10 分鐘

★★

桃園酒廠最早是「芳釀株式會社」，原址在現在的華山1914藝文特區，後遷至林口。玉泉二字的由來是因為在釀製過程中，酒糟會產生白如「玉」的泡沫，其酒色澤如清澈的高山「泉」水。玉泉是全台首家現代化的清酒釀製廠，因當時把整套的清酒製造器及冷凍設備從國外進口，不再受氣候所限，變成四季皆可的產物，也成為桃園名物之一。

地址：桃園市龜山區文化一路 55 號　**電話**：03-3283001
營業時間：9:00am-5:00pm　**費用**：NT150（可抵消費）
網址：https://event.ttl.com.tw/lk/index.aspx

★INFO

台灣本地服裝品牌 CACO。

知名的飲食品牌店老蔡水煎包也有分店在此。

MiffyX2% 主題餐廳。

MAP 18-1 C1

最後衝刺買手信
23 環球購物中心

桃捷長庚醫院站下車，1 號出口即達

旅程的最後一天，酒店退房後又距離上機還有段時間的話，不妨在林口A8站的環球購物中心逛一逛，可以在離台前最後衝刺去買手信。這裡從二樓至地下一樓都是著名的生活雜貨店，例如daiso、ABC MART、CACO等，美食方面有獨家的特色主題餐廳、異國風味小飯館等，算很完善的休憩及購物點。

地址：桃園市龜山區復興一路 8 號　**營業時間**：11:00am-10:00pm
電話：03-3287599　**網址**：www.twglobalmall.com

★INFO

GLORIA OUTLETS 24
華泰名店城

MAP 18-1 B1

桃捷高鐵桃園站下車，2 號出口即達

早前在高鐵桃園站開設的華泰名店城，除了匯聚了逾百家國際及在地的時尚品牌外，就連進駐的食肆數量及品牌也非常獨特，其中更有全台獨家的拉麵、桃園獨家的ROOTS LODGE CAFÉ、麵家三士、Paul Frank café及牛角等，就連food court也是齊集多國菜式，從購物乃至美食的選擇上都令人眼花繚亂，有些商店專櫃還會提供名店城限定的商品及折扣優惠。

名店城內設有 food court，價格由 NT180 起。

Paul Frank café

地址：桃園市中壢區春德路189號　**電話**：03-273-8666
營業時間：10:00am-9:00pm、星期五、六及假日前夕10:00am-10:00pm
網址：www.gloriaoutlets.com/chi

★INFO

昔日繁榮巷弄聚落 25

中平路故事館 MAP 18-1 B2

桃捷環北站轉乘 135 號公車至桃園客運總站下車步行約 2 分鐘；或搭台鐵至中壢車站下車步行約 6 至 8 分鐘

中平路故事館原是家雅致悠然的日式雙拼宿舍，現在老房子已改建成展覽館，記載著60年前的中壢小街巷弄，當地人在後院水井打水、在仲夏之夜一起分享冰涼西瓜的昔日畫面，都在這裡一一重現。這曾經是中平街的巷弄聚落，如今在繁華商圈裡變成了保存舊日意象的溫暖平台。

地址：中壢區復興路 99 號　**電話**：03-4255008
營業時間：10:00am-6:00pm（星期一、二公休）
網址：https://www.zhongpingstory.com/

INFO

LOMO Café & Deli

樂牧・樂食所 26 MAP 18-1 B2

桃捷環北站轉乘 5087、5089 號公車至桃園客運中壢總站下車，步行約 4 分鐘；或搭台鐵至中壢車站下車再步行約 8 分鐘

場內設有飛鏢機可供客人玩樂。

美式漢堡包有 11 款口味可選，而且配搭非常客製化，可讓客人隨意選擇配菜。

位於中壢車站鬧區的LOMO Café & Deli，是一間結合歐陸Café、美式漢堡和意式Deli美食的樂活新聚點，很受當地的年輕人及家庭客歡迎。店內的裝潢以粗獷前衛的歐陸工業風為主題，店內的漢堡包口味選擇更多達11種，配搭種類繁多。除了簡餐輕食之外，下午茶的鬆餅及布丁吐司系列也大受歡迎，而且場內還有飛鏢可供食客玩樂之用，服務貼心。

地址：桃園市中壢區復興路 102 號　**營業時間**：10:00am-8:00pm
電話：03-4262226　**網址**：www.facebook.com/lomocafe

INFO

人氣三色拉麵 27

拉麵吧 MAP 18-1 B2

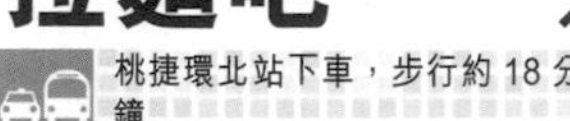

桃捷環北站下車，步行約 18 分鐘

拉麵吧Ramanbar自2013年開幕至今，仍然是中壢區的熱門排隊店。店內售賣日式拉麵，口味主要有豚骨、地獄與醬油三種，可分別選擇招牌叉燒、鮮蝦、日式豬扒或雞腿肉串燒作主菜，就連分量也有標準與大碗兩種選擇。每種湯底各有特色及支持者，初次到訪的人建議選擇傳統的豚骨湯底，味道清甜鮮嫩，較適合大眾口味。

地址：桃園市中壢區大同路 84 號　**電話**：03-4220111
營業時間：11:00am-2:00pm、5:00pm-9:30pm、
星期日 11:00am-5:00pm
網址：www.facebook.com/ramanbar

INFO

桃園

萬人到訪人氣夜市 MAP 18-1 B2
中壢觀光夜市 28

桃捷環北站下車，步行約 15 分鐘

★★

中壢最受歡迎的觀光夜市，坐機場捷運就能到達。整個夜市全長700公尺，有齊服飾攤檔、小食攤、雜貨攤等，假日更有多達一萬人次到訪，是全市最大的觀光夜市。夜市內攤販雲集，較受歡迎的傳統小食有簡師傅麻辣臭豆腐、溫記手工豆花、日春木瓜牛奶、瑞記排骨酥、好鮮屋米粉湯、二師傅麻油雞等，新款口味如混蛋爆蝦也是眾多blogger 推薦之列，美食選擇算很多元化，是逛街後覓食醫肚的好地方！

地址：桃園市中壢區中央西路與民權路間的新明路
營業時間：5:00pm-12:00mn

INFO

混蛋爆蝦

烤翻天各式串燒 NT10

MAP 18-1 B2 29 北歐鄉村風
好貳咖啡 x 熊空茶作

台鐵中壢車站步行 10 分鐘

好貳咖啡 x 熊空茶作是中壢區受歡迎的早午餐店，主打北歐鄉村風的裝潢和美味的手工料理。店內提供各式吐司、蛋餅、麵食、飲料和甜點，特色菜色有招牌手打奶酥厚吐司，不但吐司酥脆、奶味香濃，包裝亦見心思，非常IGable。其他食品如維力炸醬拌麵蛋餅及極品鴨血麻辣麵等，都是受到顧客好評的美食。不過食肆營業時間只到下午三點，遲一點便可能撲個空了。

地址：中壢區元化路 155 號
電話：03-422-3288
時間：8:00am-3:00pm
網頁：https://www.facebook.com/goodx2/

INFO

人氣美式早午餐及甜點

THE PLUTO 布魯特餐廳

30

桃捷環北站下車，步行約 12 分鐘

Pluto在中文中是指冥王星，這個店名取自一套古老的電影《冥王星早餐》，店主希望來用餐的食客，都能像戲中的男主角一樣對人生能夠充滿希望並堅持自己的信念。店內主打早午餐、意大利麵、漢堡包及手工甜品，口味款式繁多，當中以口感厚實惹味的肉丸麵及起司薯條最受歡迎，分量也飽肚充足。

彩虹蛋糕

藍莓芝士餅

地址：桃園市中壢區九和二街 42 號
電話：03-4269077
營業時間：10:30am-7:30pm（星期一公休）；
星期六日 10:00am-7:30pm
網址：www.facebook.com/theplutocafe

INFO

圖片來源：THE PLUTO 布魯特餐廳的 FB 專頁

MAP 18-1 C2

超厚的幸福

Nuage クラウド雲朵鬆餅

台鐵桃園車站步行 5 分鐘

日式鬆餅永遠是治癒系美食的首選，鬆軟又厚甸甸的鬆餅，配上一抹鮮忌廉，令人幸福得如置身天國之中。雲朵鬆餅不單賣相超萌，用料也是一絲不苟，採用只有21天保存期限的九州純生鮮奶；而奶油(忌廉)也是由九州空運來台的歐牧鮮奶油，口感濃厚卻清爽。鬆餅分為經典原味、小山圓抹茶及法國歐貝拉(L' Opera)朱古力三款，每款各有特色。但因為製作需時，要多一點耐性等候。

經典原味舒芙蕾熱鬆餅，原料只有三樣：九州歐牧純生鮮奶油、鮮奶及三井製糖，簡簡單單味道卻令人感動。

小山圓抹茶舒芙蕾熱鬆餅，抹茶控必食。

地址：桃園區民生路 55 巷 8 號一樓
電話：03-339-1669
時間：11:00am-7:00pm（星期二公休）
FB：Nuage クラウド雲朵鬆餅

INFO

桃園

桃園美食旗艦店 MAP 18-1 C2

ATT 筷食尚 32

台鐵桃園火車站下車，沿中正路行 2 分鐘

★★

ATT 筷食尚集合了50家知名品牌和主題餐廳，提供各式各樣的美食和茶點，是桃園區最熱鬧的精華商圈之一。商場純黑色的外觀呈現出一種時尚和動感的感覺，館內共分6層，地下規劃為TO GO外帶店，有許多快速精緻的美食和茶點，適合趕時間的消費者。其餘樓層有多樣化的品牌餐廳，包括中式、西式、日式、韓式、泰式等不同風味的料理，適合聚會或想要細細品嘗的客人。

地址：桃園市桃園區中正路 47 號
電話：03-2752168
營業時間：11:00am-10:00pm
網址：www.atteatout.com.tw

INFO

認識傳統藝術 MAP 18-1 C2

33 土地公文化館

台鐵桃園火車站下車，沿中正路右轉入中山東路至盡頭，步行約 10 分鐘

桃園市是全台擁有土地公廟密度最高的縣市，在桃園建立土地公館也不足為奇。2017年2月底才開幕的土地公文化館，從大門外就可以看見寺廟規格的建築，但香爐只是參觀用，不設插香拜祭。館內裝修如博物館般明亮現代化，絕不是香火鼎盛的那種傳統風格，二、三、四樓為展區，每一層樓都各有特色與主題，除了提供一些土地公資訊，還有許多創意文藝作品，也有Q版的土地公和神獸公仔。

地址：桃園市桃園區三民路一段 **電話**：886-3-3366-860
營業時間：9:00am-5:00pm（星期一休館）
網址：https://www.taoyuantudigong.org.tw/main/

INFO

日本以外保存最完整的神社

MAP 18-1 C1

桃園神社

34

台鐵桃園火車站乘 220 環狀紅線公車至桃園忠烈祠暨神社文化園區站下車

桃園神社建於1938年，該神社創建時無社格（日本神社的等級），後於1945年4月12日升格為縣社。該神社鄰近虎頭山，在第二次世界大戰後，已作為桃園忠烈祠使用。桃園神社的建築為日本以外之神社建築中，迄今保留最為完整者。登上神社參道後，兩旁有一整排的石燈籠，參道佇立著高聳的石鳥居，其肅穆、祥和、親切之感，是台灣現有廟宇建築中極其罕見的。

地址：桃園市桃園區成功路三段 200 號
電話：03-3368877 **營業時間**：9:00am-6:00pm，星期一休息

INFO

MAP 18-1 C2

飯糰・輕食

35 まいにち・日和

台鐵桃園火車站下車，轉的士車程約 5 分鐘

隱藏在住宅區小巷弄裡，日式飯糰早午餐店，招牌飯糰及三文治全日供應，如提早售罄即提早打烊。店內裝潢一點也不花巧，簡約的日式陳設，木質素色系列裝修，吧枱後方的大黑板上手寫著菜單，飯糰套餐一份NT200，有滿滿一盆的沙津菜，上面附有2件飯糰，整體感覺很清爽不油膩，很家常的健康口感。早餐吃不慣飯糰的，可以叫一份熱騰騰足料的三文治。

地址：桃園市桃園區民富三街 1 號
電話：03-3319453
營業時間：10:00am-6:00pm（星期二三公休）
網址：https://www.facebook.com/hiyori090/

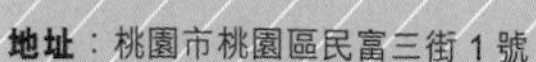

INFO

鋼鐵擂台 36 MAP 18-1 C2
祥儀機器人夢工廠

桃捷環北站下車轉的士約 15 分鐘

★★

2016年改裝增建成近3萬呎的空間，一樓是記念品店，有各式精細零件及玩具機器人，數量相當多且市面上不易買到。四樓的「未來館」是參觀的重點項目，展示多款會轉動和跟人握手的機器人，導覽機器人也會出現在館內，帶領大家參觀。「明日世界」展區可以體驗未來的智能家居，如台製「大同電鍋」會自動煮出各種料理。館內最受歡迎的一區莫過於「終極格鬥區」大小朋友都可以選一台遙控器，嘗試操控機器人踢足球或與其他人玩格鬥，看看你能否秒殺KO對方吧！

導覽機器人在館內迎賓。

商品區展示多款機器公仔，造型獨特市面不易見到。

「終極格鬥區」可以操控機器人玩格鬥。

地址：桃園市桃園區桃鶯路 461 號 ★INFO
電話：886-3-362-3452
營業時間：9:00am-5:00pm（假日延長至 5:30；星期一休館）
網址：http://robot.shayangye.com/

反璞歸真 MAP 18-1 C1
坑口彩繪村 37

桃捷 A11 坑口站下車，步行 10 分鐘

坑口彩繪村約可分為四區，包括誠聖宮（坑菓路661巷）、彩繪二巷（海山路一段2巷）、永純化工區及海山路一帶。由誠聖宮旁邊的小巷弄竄入，就會見到各式趣味彩繪，而且很有主題性，畫的是坑口村民昔日農村生活，如農田、牛車、農村廚房等風景，令恬靜的小村添加幾分童趣與色彩。加上閣下的想像力與表演天分，一定可以令這些平面圖畫，拍出立體效果，例如在「水牛耕田彩繪」旁拉起牆上連結的繩子，扮演拉牛犁田的一幕，吸引一眾朋友為你按讚！

地址：桃園市蘆竹區坑口 ★INFO

九份 平溪 烏來 鶯歌 淡水 基隆 桃園

走進山谷森林
東眼山國家森林遊樂區

由桃園後站、中壢後站搭乘桃園客運往林班口（巴陵）方向之班車至霞雲坪站下車，再步行約 3 小時的路程即可到達東眼山國家森林遊樂區。建議包的士前往或自駕前往

東眼山國家森林遊樂區是當地人假日郊遊之地，擁有巨大的杉木群，300多公頃的針葉林，是秋天好去處，海拔達1,212公尺，人煙稀少，區內可享受森林的「安多芬」外，還可以觀看野生動物，如台灣獼猴，野豬，長鬃山羊及台灣野兔等。區內更是蝴蝶常出沒的地方，少見的台灣紋白蝶、大紋鳳蝶等，喜歡拍照或遠足的朋友，建議每年10月底至11月初前往，秋季的落葉更令山區顯得迷人，加上了一份浪漫。

登上海拔 1,212 公尺的東眼山，眼前除了藍天白雲之外，便是一片綠悠悠景觀

地址：桃園縣復興鄉霞雲村 30 號
收費：平日 NT80，假日 NT100
開放時間：8:00am-5:00pm

INFO

達觀山林道全線 禁行甲乙類大客車

台北最好空氣的地方 39
達觀山自然保護區

台鐵桃園或中壢站轉搭桃園客運（往林班口）至巴陵站下

被譽為全北台灣最有清新空氣的地方，達觀山自然保護區是都市人難得一見的樂土。也不得不讚台灣在保護大自然方面的努力，在保護區內最著名的便是檜木群、闊葉混合林及天然林，其中紅檜巨木林是珍貴的地方，這片保護區的樹木，一般最少已有500年歷史，最大一棵，莫過於以編號5的巨木，接近3000年歷史，達觀山又名拉拉山，整個保護區面積約6,400公頃，十分難得。

地址：桃園縣復興鄉東南的華陵村
電話：03-391-2761(拉拉山遊客中心)

INFO

一步一驚心 MAP 18-1 C3

小烏來天空步道 40

於大溪客運站乘轉搭桃園客運（往小烏來）至小烏來站下車

★★

小烏來與新北市的烏來溫泉沒有關連，它位於桃園縣復興鄉，以瀑布聞名於北台灣。這區瀑布景觀奇多，如小烏來瀑布、風動石、龍鳳瀑布，是拍風景照的必到之地。近年市政府更耗資800萬台幣，打造一條透明的天空步道。天空步道全長雖只有11公尺，離谷底卻有70公尺，在強化玻璃的底部向下望，難免會膽戰心驚。假如嫌天空步道不夠喉，在附近有一條長70公尺的天空繩橋。踏著搖晃不定的橋面跨越大利敢溪兩岸，絕對是膽識的挑戰。

天空步道

地址：桃園縣復興鄉義盛村興溪道路　收費：每次 NT50
營業時間：天空步道和天空繩橋開放時間：每日 8:00am-5:00pm
網址：（預約）https://skywalk.tycg.gov.tw/index.aspx?openExternalBrowser=1
註：遊客必先於網站預約才可登橋

★ INFO

天空繩橋

蔣先生的行館 MAP 18-1 C3

角板山行館風景區 41

於大溪搭乘桃園客運 5104、5106 線，於角板山公園站下車

角板山可謂蔣介石生前最愛的休憩公園之一，也是蔣公當年渡假的地方。這裡設有蔣介石的行館，今天已完全對外開放，園內種滿了蔣公喜愛的花卉，梅、柏、松等林蔭綠樹點綴園內，沿公園的步道走可到達大漢溪畔，風景美麗。

行館內佔地六公頃，展出內容包括蔣公生前文物、舊照片、紀錄片，較注目的是於1949年至1956年，蔣公在辭去總統一職後，在這裡的數年間的生活點滴照，園內多了十二件來自各國的雕塑品，使園內增添了不少藝術氣息，是一處值得一遊的景點。

地址：桃園縣復興鄉澤仁村中正路 133-1 號
電話：03-382 1678　**收費**：免費
營業時間：9:00am-5:00pm

★ INFO

行館往左下階梯走下園內，可見戰備隧道，充滿了神秘感

九份　平溪　烏來　鶯歌　淡水　基隆　桃園

150個蔣公 42  MAP 18-1 C3

慈湖雕塑紀念公園

在桃園中壢後車站搭往大溪的桃園客運，在慈湖站下車；或在大溪搭往復興或阿姆坪的國光、桃園客運，在慈湖站下車；或乘台灣好行慈湖線至慈湖下車

這座慈湖紀念雕塑公園擁有約150多座銅像，就像一個大型的雕塑展館，整個公園約4公頃大，而銅像大多為蔣公銅像，另也有國父孫中山先生的銅像供人欣賞拍照，每個銅像都刻畫了不同時代的背景，配合公園的小橋流水，湖景山水，藝術氣息滿分！

地址：桃園縣大溪鎮復興路一段 1097 號
營業時間：24 小時
收費：免費

INFO

每個銅像的服裝，形態都按不同的歷史時代而塑造

山明水秀的慈湖

念蔣母而建 慈湖陵寢

MAP 18-1 C3

43

在桃園中壢後車站搭往大溪的桃園客運，在慈湖站下車；或在大溪搭往復興或阿姆坪的國光、桃園客運，在慈湖站下車；或乘台灣好行慈湖線至慈湖下車

★★

周日有數場三軍儀仗隊禮兵執勤，分別由 9:00am-4:45pm 每小時一場，禮兵交接換班時更會表演花式操槍

慈湖陵寢是台灣前總統蔣公之陵寢，此地名為「慈湖」，用以表達蔣公對去世母親的思念。這座陵寢以四合院模樣興建，慈湖旁邊便是「銅像公園」，不遠處亦有大溪陵寢，故通常遊客會一拼到此欣賞景色。

慈湖陵寢內可以買到各式各樣的蔣公精品，十分地道齊全。每逢周日，更有儀仗隊的換班儀式，是不少旅客必看的節目之一。

地址：桃園縣大溪鎮福安里 4 鄰埤尾 3 號　**營業時間**：9:00am-5:00pm　**收費**：免費　INFO

蔣經國之墓 大溪陵寢

MAP 18-1 C3

44

在桃園中壢後車站搭往大溪的桃園客運，在慈湖站下車；或在大溪搭往復興或阿姆坪的國光、桃園客運，在慈湖站下車；或乘台灣好行慈湖線至大溪陵寢下車

位於慈湖陵寢旁側，便是大溪陵寢，一般遊客走慈湖陵寢後便會到此。1988年蔣經國先生過世後，他的遺體安放於此，希望一直守候在父親蔣介石身邊。今天，蔣公行館、角板山行館、慈湖陵寢、大溪陵寢、與慈湖雕塑紀念公園已結合成為「兩蔣文化園區」，令人更了解蔣家在台灣的歷史。

地址：桃園縣大溪鎮復興路一段 1268 號
營業時間：8:00am-5:00pm
收費：免費
INFO

通往「大溪陵寢」與「慈湖陵寢」有一條名為謁陵步道的觀光步道，兩者相距約 1 公里，沿途風景十分秀麗

小人國主題樂園

45

由中壢火車站、台北塔城街前搭乘新竹客運即可到達小人國；或搭乘台北捷運至景安站再搭台聯客運即可到達小人國

走到累了，有小火車代步

小人國還包括世界其他的著名建築

在桃園市的龍潭鄉，小人國是當地最受民眾歡迎的主題公園之一。擁有4個不同主題樂園，除了可看show之外，最著名莫過於「迷你世界」，世界各國的著名景點，就像縮影版般呈現於遊人眼前，十分有趣。

園內有不少精品售賣，而機動遊戲一般為小朋友而設，雖然刺激感欠奉，不過最啱一家齊齊玩！

★ INFO

地址：桃園市龍潭區高原里7鄰高原路
電話：03-4717211
營業時間：9:00am-5:00pm
收費：成人票 NT7950、12 歲以上學生票 NT850、6 歲 -12 歲幼童票 NT750
網址：https://www.wow.com.tw/

台灣由南至北的各地名勝，都一一縮細給大家欣賞

桃園 九份 平溪 烏來 鶯歌 淡水 基隆 桃園

親親大自然 味全埔心牧場 46

MAP 18-1 B2

由中壢火車站乘中壢客運（新竹－埔心）至埔心站下車即達

★★

親子活動可以有甚麼？除了玩足一整天主題樂園以外，更可以到牧場參觀，近距離接觸大自然。在桃源的楊梅鎮，台灣政府特意為此打造了一個大型的遊園牧場。在牧場區，遊客除了看到各種可愛動物外，更可一嘗親手餵牛吃牧草取牛奶等。而園區亦因應遊客而悉心打造，設有歐陸花園，風車花園，湖水山景，區內更種滿了各種美麗的花草，很有童話式的詩意！

牧場內的風車花園，是仿照荷蘭風車而建，很受遊客歡迎

地址：桃園市楊梅區高榮里幼獅路一段 439 號
營業時間：9:00am-5:00pm
電話：03-4644132　**收費**：NT 300
FB：https://www.facebook.com/pushinranch/
網頁：https://www.pushin-ranch.com/
INFO

親手去餵飼食物給可愛的馬仔和小牛，無論成人或小孩都十分開心

台劇熱門景點 花海農場 47

MAP 18-1 C3

在桃園中壢後車站搭往大溪的桃園客運，在慈湖站下車；或在大溪搭往復興或阿姆坪的國光、桃園客運，在慈湖站下車；或乘台灣好行慈湖線至慈湖站下車，步行 5 分鐘即達

花海農場佔地95公頃，最初是種植綠茶之用。大溪花海農場佔用了原址17公頃的面積，建立花園及餐廳，成為區內有名的消閒農場。

農場分為不同的區域，「紫色夢幻區」種滿薰衣草、鼠尾草等紫色香草花卉。「彩虹花田」裡則種著像彩虹一樣鮮艷美麗的各色花卉，而且四季都會更換。「風情萬種區」裡種的是多年生的灌木植物。「天國之丘」會看到一顆樹座落在大片的花田裡，那就是偶像劇《天國的嫁衣》片頭前三秒出現的那一棵樹！

由於花海農場環境浪漫，多年來有無數台灣劇集在這裡取景，如《我的秘密花園2》、《天國的嫁衣》、《霹靂MIT》等，是與另一半共度甜蜜時光的好地方。

地址：桃園縣大溪鎮復興路一段 1093 巷 27 號
營業時間：10:00am-5:00pm（星期二三休息）
電話：03-388 0801　**收費**：NT150
網址：www.tasheeblmn.com.tw
INFO

MAP 18-1 B1 48

美麗的漁港**竹圍漁港**

由桃園復興路、南崁或台茂購物中心搭乘桃園客運往竹圍方向之班車至竹圍站即達

想吃新鮮海鮮，除了可以到基隆港外，還可以到桃園市的大園鄉竹圍漁港。這裡是著名食海鮮的好地方，由於近海，海產量十分豐富，新鮮烏魚，鰹魚等數不勝數。竹圍漁港是北台灣的三大漁獲供銷地之一，供應市內海鮮的貨源點，售價低廉，很有日本築地的味道。

地址：桃園縣大園鄉沙崙村

INFO

MAP 18-1 B2 49

全台首個河川主題博物館**老街溪河川教育中心**

桃捷環北站轉乘 135 號公車至桃園客運總站下車步行約 9 分鐘；或搭台鐵至中壢車站下車再步行約 10 分鐘

在中壢平鎮交界處的老街溪河川教育中心，是全台首個以「河川」為題的教育中心。中心改建自兩幢客家的三合院，位置也毗鄰老街溪畔，一直見證著這條河川的整治過程與古老磚厝的歷史進程。在河川教育中心內分別設有故事館、生態館、時空隧道、老水井等。戶外的解說區也設有縮小比例的老街溪模型，以實際的地貌呈現整個改造老街溪的生態手法及歷程。

地址：桃園市中壢區中原路 58 號　**電話**：03-4221469
營業時間：9:00am-5:00pm（星期一公休）
網址：https://ljrec.cyberbiz.co/

INFO

桃園

美景盡收眼底

貓禾景觀咖啡 50

MAP 18-1 B3

大溪老街乘的士車程約 40 分鐘

★★

貓禾景觀咖啡位於桃園龍潭乳姑山上，餐廳有多種座位區可供選擇，包括室內無敵景觀座位、戶外玻璃泡泡屋、圓弧型座位等。店內還有三隻親人的店貓，可以和牠們互動、拍照，非常療癒。食肆的視野絕佳，可以眺望桃園市區的百萬夜景，甚至在天氣好時還能看到101大樓。食物方面，從火鍋、意粉、炸物、定食、燉飯等主食，到梳乎厘、烤餅、甜點等點心，再到咖啡、果汁、花茶、冰沙等飲品，應有盡有。無論景致與食物質素，都是無可挑剔。

地址：桃園市龍潭區楊銅路二段 956 號
電話：0985-376-948　**FB**：貓禾咖啡
營業時間：12:00nn-2:00am

INFO

水上活動大本營 51

龍潭大池水岸休憩廣場

MAP 18-1 B3

大溪老街乘的士車程約 35 分鐘

龍潭大池是台灣最古老的人工湖，始建於清朝乾隆年間，曾被嚴重污染，經過多年的治理和改造，才恢復了清澈的湖水。龍潭大池水岸休憩廣場佔地約8公頃，由貨櫃屋和玻璃屋組成，內有服務中心、咖啡廳、餐酒館等設施，外有浮動碼頭、吊橋、步道、親子遊樂區等景觀，可以欣賞到龍潭大池的美麗風光。廣場又提供多種活動供遊客參與，例如踩船遊湖、釣魚、觀賞水上表演、參加假日市集等。無論好動好靜，都可以找到合適的空間。

地址：桃園市龍潭區中豐路上林段 115 巷 11 號　**電話**：03-499-3129　**營業時間**：10:00am-9:00pm，星期六日由 9:00am 開始
網頁：https://m.facebook.com/LONGTANWATERFRONTRESTPLAZA/

INFO

台北

台北市交通

機場至市區交通

桃園機場是台北的國際機場，整個機場有兩座航空大樓；國泰、中華航空和澳門航空停泊於第一航廈；港龍及長榮則停泊於第二航廈。

無論在第一航廈或第二航廈，兩者都有機場巴士接送旅客到台北市中心。旅客可在入境層的機場巴士候車室購票。由於台北有數間機場巴士公司，路線多且繁，故旅客最直接獲得車務資訊就是在候車室向當值人員詢問。

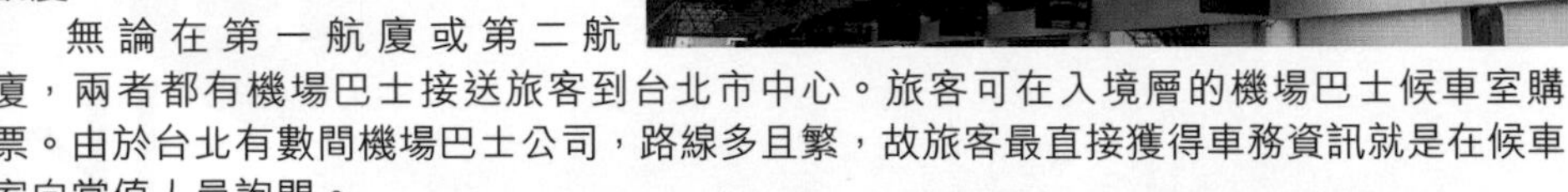

機場巴士資料

目的地	路線	客運業者	班次	單程全票(NT)	主要停靠站
台北火車站	1819	國光客運	10-20分鐘	140	啟聰學校、庫倫街口(圓山捷運站)、台泥大樓、國賓飯店
市府轉運站	1960	大有巴士	30分鐘	145	市府轉運站、忠孝復興捷運站、福華飯店、遠東飯店、君悅飯店
台北市	5201	長榮客運	15-20分鐘	125	興安華城(西華飯店)、南京東路站、忠孝復興站、長榮桂冠
松山機場	5502	建明客運(飛狗)	15-20分鐘	140	松山機場、中泰賓館、南京敦化路口(小巨蛋)、忠孝復興站、松江新村(行天宮)

機場捷運

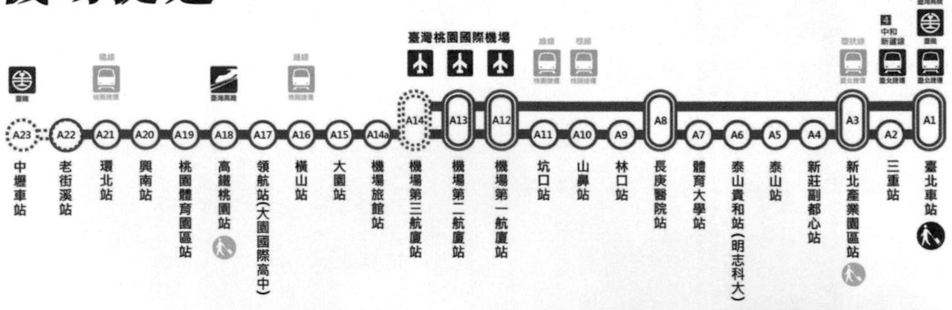

現在由機場進出台北市區又多個新選擇，機場捷運於2017年3月正式通車，相比坐機場巴士更快捷，不怕塞車延誤，由市區直達機場只需38分鐘。普通車(藍色列車)及直達車(紫色列車)，普通車與台北捷運列車相似，至於直達車之車廂內有四組對坐式座椅，提供iphone、android兩款手機的轉換無線充電插頭。機捷票價NT150，可使用悠遊卡或於閘門旁的售票機購買單程票。

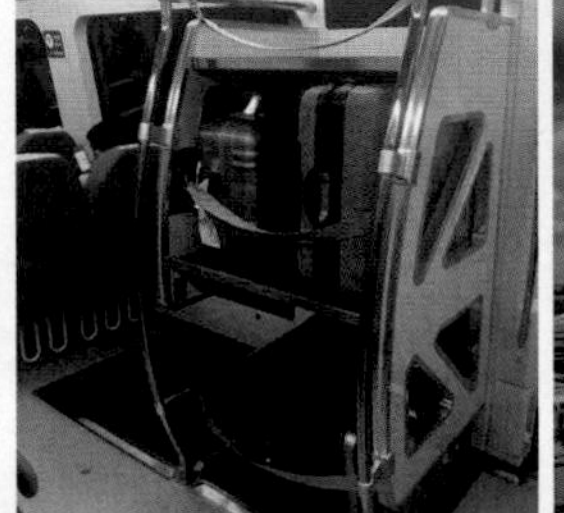

車廂內的行李架設計比較尷尬，把行李箱搬上搬落比較麻煩。

市內交通

捷運

相等於香港的港鐵，以行走地下隧道為主（木柵線為架空線），購票和乘搭的模式跟港鐵非常相似。捷運服務時間為每日6:00am 至12:00mn。（北投至新北投支線服務時間為每日6:00am 至12:10mn）網站：https://www.metro.taipei/

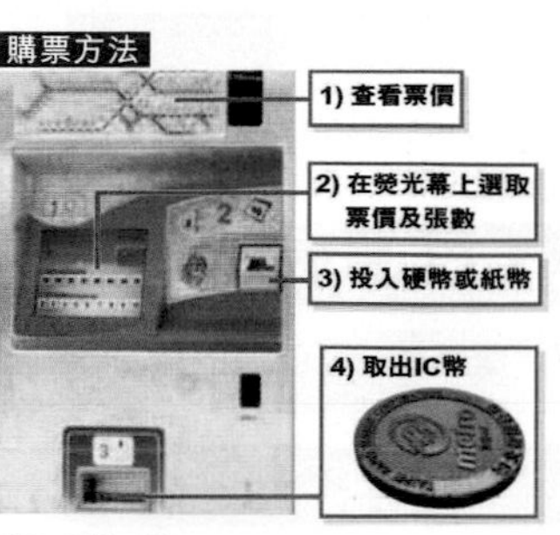

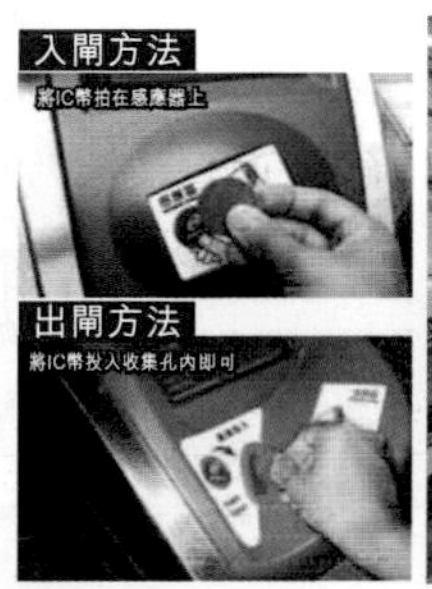

1) 查看票價
2) 在熒光幕上選取票價及張數
3) 投入硬幣或紙幣
4) 取出IC幣

入閘方法
將IC幣拍在感應器上
出閘方法
將IC幣投入收集孔內即可

悠遊卡

購卡

類似香港的八達通，除了可以用於捷運外，更可以用於公車、貓空纜車及木柵動物園的門票。過往押金制的悠遊卡已於2016年 8月1日起停售，遊客現可購買無記名悠遊卡，不含押金及不設退卡，憑卡搭乘捷運可享車費8折優惠，悠遊卡票價NT100。

充值

旅客可於站內的自動充值機充值，每次充值金額為NT100的倍數；若於站內票務處或貼有悠遊卡標誌的便利店充值，每次充值金額則為NT500的倍數。

的士

的士在台灣稱為「計程車」，在台北行走的計程車車身統一為黃色。起錶首1.25公里收費NT85，以後每200米NT5。行李箱如存放行李，則額外收取NT10的附加費，但不限件數。另外，台北的計程車收費日、夜不同。11:00pm-翌晨6:00am會加NT20夜行附加費；如下車時咪錶顯示NT100，夜行時段總車費就等於NT120 ！

巴士

巴士在台灣稱為「公車」，清一色為單層公車，並由多間公司營運。台北的公車採取按段劃一收費，短途車（台北市內）收取「一段票」車資，長途車收取「兩段票」車資，每段票車資為NT15。

網站：bus.tpc.gov.tw

台北捷運圖

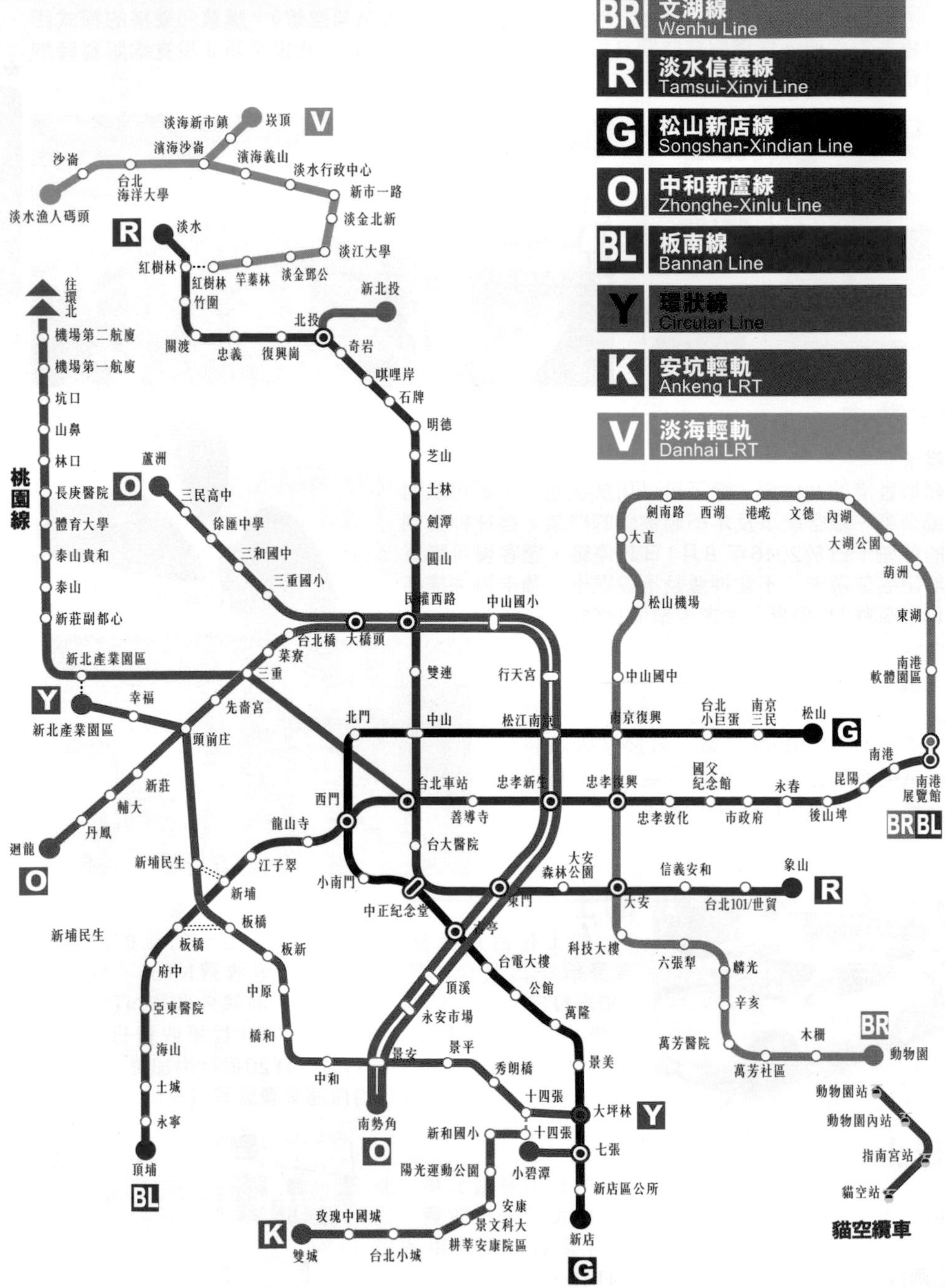

BR 文湖線 Wenhu Line
R 淡水信義線 Tamsui-Xinyi Line
G 松山新店線 Songshan-Xindian Line
O 中和新蘆線 Zhonghe-Xinlu Line
BL 板南線 Bannan Line
Y 環狀線 Circular Line
K 安坑輕軌 Ankeng LRT
V 淡海輕軌 Danhai LRT
V
崁頂
淡海新市鎮
淡海沙崙
沙崙
台北海洋大學
淡水漁人碼頭
淡海義山
淡水行政中心
新市一路
淡金北新
淡江大學
淡金鄧公
竿蓁林
紅樹林
R
淡水
紅樹林
竹圍
關渡
忠義
復興崗
北投
新北投
奇岩
唭哩岸
石牌
明德
芝山
士林
劍潭
圓山
民權西路
雙連
中山
台北車站
台大醫院
中正紀念堂
東門
大安森林公園
大安
信義安和
台北101/世貿
象山
R
往環北
機場第二航廈
機場第一航廈
坑口
山鼻
林口
長庚醫院
體育大學
泰山貴和
泰山
新莊副都心
新北產業園區
桃園線
O
蘆洲
三民高中
徐匯中學
三和國中
三重國小
大橋頭
台北橋
菜寮
三重
先嗇宮
頭前庄
新莊
輔大
丹鳳
迴龍
O
中山國小
行天宮
松江南京
忠孝新生
古亭
頂溪
永安市場
景安
南勢角
O
Y
新北產業園區
幸福
新埔民生
板橋
府中
亞東醫院
海山
土城
永寧
頂埔
BL
西門
龍山寺
江子翠
新埔
板橋
新埔民生
板新
中原
橋和
中和
景平
秀朗橋
十四張
大坪林
Y
北門
小南門
善導寺
忠孝復興
忠孝敦化
國父紀念館
市政府
永春
後山埤
昆陽
南港
南港展覽館
BR BL
南京復興
台北小巨蛋
南京三民
松山
G
台電大樓
公館
萬隆
景美
七張
新店區公所
新店
G
新和國小
十四張
陽光運動公園
小碧潭
安康
景文科大
耕莘安康院區
K
雙城
玫瑰中國城
台北小城
劍南路
西湖
港墘
文德
內湖
大湖公園
葫洲
東湖
南港軟體園區
大直
松山機場
中山國中
科技大樓
六張犁
麟光
辛亥
萬芳醫院
萬芳社區
木柵
BR
動物園
動物園站
動物園內站
指南宮站
貓空站
貓空纜車

龍形
北投區
平等頭
頂寮
關渡
立農
天母
Google Map 下載
雅蘭
士林夜市
19-6
士林區
社子
蘆洲區
台北市
台北交流道
圓山交流道
堤頂交流道
二重交流道
內湖區
大同區
中山區
三重區
寧夏夜市
19-9
大稻埕
饒河街夜市
19-8
新莊副都心
遼寧夜市
19-10
松山區
二重埔
輔大夜市
19-7
西門町
台北市
新莊區
南機場夜市
19-7
江子翠
中正區
臨江街夜市
19-9
西園
大安區
板橋
師大夜市
19-7
東園
保安路下匝道
台北端
保生路下匝道
公館夜市
19-8
新北市
歡仔園
永和區
中和交流道
浮洲
中和區
秀朗村
新店端
景美夜市
19-10
文山區
清水
新店交流道
北
安坑交流道
新店區
安坑

Map 19-5

食盡台北9大夜市

士林夜市

捷運淡水線劍潭站 1 號出口，馬路對面步行 5 分鐘至室內觀光市場，或右轉往文林路方向到戶外夜市攤檔

士林夜市是台北夜市中發展最繁榮，也最具規模的一個，從中午開始到凌晨，都有各式各樣的攤販滿足你的口腹之慾。夜市可分兩大部分：一是 捷運站對面的士林市場；一是以陽明戲院為中心，包含安平街、大東、文林路圍成的區域，規模與範圍之大，確實是台北首屈一指。

地址：士林區文林路與基河路三角地帶
營業時間：一般在 3:00pm- 翌晨 2:00am

INFO

必吃美食

豪大大雞排

經常性大排長龍的檔攤，只因這裡售賣的雞排比別家大兩倍，選用新鮮雞肉，外皮脆內裡鮮嫩多汁，味道鹹香。

地址：士林市場 B1

吉利生炒花枝魷魚羹

彈性十足的花枝配以荀筍乾，爆香的洋蔥大蒜，以大火快炒，加上獨特的芡汁，成為當地人最愛的夜市首選。

地址：士林市場 B1

日上鐵板燒

台灣人因受日本文化影響深遠，鐵板燒深受當地人歡迎。單點一個肉一個菜價錢只需NT200。若想再吃好些則可點海陸空套餐，不用HK$100已可捧著肚子走了。

地址：士林市場 B1

忠誠號蚵仔煎

忠誠號以蚵仔煎打出名堂，至今已超四十年歷史，無論蝦仁、綜合煎、雞蛋煎等都美味可口，用上等食材，延續傳統的味道，生意好到不得了！

地址：士林市場 B1

檸檬愛玉

所謂愛玉，是一種桑科榕屬植物，愛玉子製成的膠質食品愛玉凍。將愛玉凍加入碎冰跟檸檬汁可製成愛玉冰，含豐富的維生素C，夏天飲特別清涼解渴。

地址：士林市場 B1

辛發亭冰店

這家冰店已有40年歷史了，這裡最好吃的是雪花冰，因為它的冰是以牛奶作調味，削出來每一碗猶如雪花，入口前是絲絲片片，入口即溶又綿又軟。

地址：安平街 1 號

南機場夜市

MAP 19-5

捷運龍山寺站轉乘的士約 5 分鐘

當松山機場未啟用時，南機場就是台北市飛機起降之地。上世紀80年代這裡開始轉型為夜市，顧客以台灣本土人為主。雖名為夜市，但早下晚上皆有不同的攤販，甚至連米芝蓮也加以推介。

地址：中正區中華路二段 307 巷 20 號旁
營業時間：11:00am~ 售完為止

INFO

臭老闆 - 現蒸臭豆腐

米芝蓮推介！強調使用非基改豆腐，僅使用醋、醬油、香菇調味，不含雞蛋及奶，適合素食人士食用。臭豆腐以現蒸方式保留最新鮮口感強！

阿男麻油雞

南機場夜市名店，除了雞肉，豬五花、豬心及豬肝，不過大熱首推雞腿，腿肉煮得軟腍，加上麻油湯芳香撲鼻，所以常常未到晚上7時就售罄。

山內雞肉

飯糰本身只是充飢之用，很難造得特別和好吃，但把飯糰炸過後，便變得香香脆脆，口感獨特，用來佐酒簡直一流。

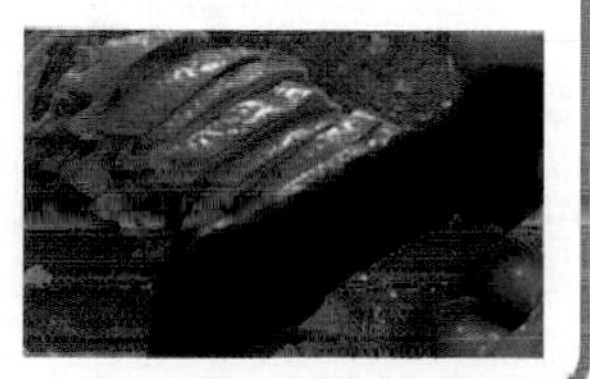

師大夜市

MAP 19-5

捷運新店線台電大樓站 3 號出口往師大路行約 5 分鐘

師大夜市位於師大路與泰順街組成的一個小型街區，顧客多以學生為主，使這裡的夜市攤位發展成平價而實在的產品，食品略欠多樣性，但卻有不少精品及衣飾店可逛。

地址：師大路與龍泉街周邊
營業時間：4:00pm-2:00am

INFO

必吃美食

師大鹽酥雞

這家香酥雞油炸的工夫和獨家的配方都是很講究的，而且選擇非常多，如香酥雞，魷魚酥、甜不辣、四季豆、薯塊等。

許記生煎包

採用傳統上海製作方式，外皮Q軟，內含脆甜高麗菜，口感特殊介於湯包及水煎包之間，外皮灑上黑白芝麻，令人齒夾頰留香。

阿諾可麗餅

口味共90種，當中以聖代最受歡迎，加上特製醬汁的鹹味薄餅也超高人氣，起碼要等 15 分鐘先有得食。

公館夜市 MAP 19-5

捷運公館站1或4號出口即達

公館夜市位於師大夜市附近，二者只相隔一個捷運站(台電大樓→公館)。由於鄰近台大、台科大、師大、政大、世新等大學，所以夜市食買玩都較年輕化。而由區內東南亞戲院衍生出的東南亞街，亦令夜市充滿異國風情。

地址：羅斯福路至汀州路一帶
營業時間：3:00pm-12:00mn

INFO

陳三鼎

陳三鼎是公館夜市的飲品代表，黑糖青蛙下蛋始創店。所謂青蛙下蛋，是指口感QQ的粉圓，這家店的青蛙撞奶、青蛙愛玉，幾乎無人不識！

劉家水煎包

一個個外脆金黃的水煎包，不油不膩。另外店家主打的蒸包，皮薄餡靚，一口咬下去，肉汁在口中徘徊，不少食客吃完一碟又一碟！

藍家割包

在公館夜市，藍家割包可說是夜市包包的代表。割包是台灣傳統古老食品，中間包著梅菜，豬肉等餡料，十分惹味！

饒河街夜市 MAP 19-5

捷運松山站出站步行5分鐘

饒河街夜市是台北市第二座觀光夜市，全長約為600公尺。就逛夜市的規模而言，饒河夜市堪稱袖珍合宜，攤位極為密集，只要你找到喜愛的攤位，坐下來大快朵頤。

地址：饒河街慈祐宮與八德路四段附近
營業時間：6:00pm-2:00am

INFO

必吃美食

福州胡椒餅

餡內的肉都要先醃上12小時，再加上10多種配料及得宜烘烤火候，使胡椒餅烤得剛剛好，不軟不硬。

甘泉豆花

已有近20年歷史，因老闆為桃園觀音鄉甘泉人，故將豆花取名為「甘泉豆花」。入口即化的豆花是其特色，搭配粉圓與花生成為一道美味的台灣傳統甜品。

連家豬腳麵線

用了4~5種中藥材熬煉，及至少燉上一個半鐘頭的豬腳，澆上老闆特調的醬料，吃起來有彈性、軟硬適中。

臨江街夜市 MAP 19-5

捷運木柵線至六張犁站，往臨江街方向步行即達

臨江街夜市和其他夜市最不同之處，就是把客家文化帶入夜市中，客家的食物特別多，古早味的乾拌麵加肉羹湯、香滑順口的蚵仔麵線、灑了滿滿花生粉的豬血糕等等都是令人垂涎的小吃，接近200個攤檔的美食，必到！

地址：大安區臨江街
營業時間：6:00pm-12:00mn
INFO

必吃美食

上海生煎包

位於臨江街跟基隆路口的路口，生煎包皮薄餡多湯汁，肉質鮮美成為臨江夜市的人氣美食。

吳記排骨酥

臨江夜市的吳記排骨酥，堅持當場現炸，即炸即吃，吃到的是最新鮮，最多肉汁的排骨酥！

御品元冰火湯圓

純手工制的花生芝麻湯圓鋪在刨冰上，再淋上桂花蜜和檸檬汁，熱湯丸與冰會慢慢變硬，要盡快吃呀！

寧夏夜市 MAP 19-5

捷運中山站1號出口往南京東路，再右轉寧夏路即達

寧夏夜市最早緣於日治時代，以集合各種懷舊小吃作重點，不只是北部的懷舊小吃，連中部，南部的台灣著名小吃也可品嚐，更是北部少有的人車分隔夜市，終於可以在夜市閒逛，而不用分神穿梭來回的摩托車了！

地址：大同區寧夏路
營業時間：6:00pm-2:00am
INFO

必吃美食

甲上仙草冰

仙草冰是店家得意之作，其仙草是店主自家製，消暑清熱，對燥熱為主的台灣食品來說，吃得多來一杯仙草冰可謂最好不過！

古早味碳烤香腸

用生米灌成的傳統糯米腸，吃起來特別香口，店主用上了真正腸衣，灌入西螺生米，放入北港花生、或皇帝豆的傳統兩種糯米腸，煮熟後再用炭火微烤，遠遠已聞到香味！

邱記10元碳烤

邱記是南部著名的夜市攤檔，其知名度有如香港的十蚊店，以NT10一串碳烤作招徠，贏得人氣王美稱，主打雞翅和雞腿，受到網絡各大食客讚好。

景美夜市 MAP 19-5

捷運淡水線至景美站往 2 號出口出站即達

位於文山區的景美街，名氣稍遜於士林、師大等夜市，但在景美夜市，卻可真正感受到台式夜市那種情懷。當然，琳瑯滿目的道地美食小吃也是其特色，難怪近年吸引多家電視台專程前往探訪。

地址：文山區景美街
營業時間：6:00pm-12:30mn

INFO

必吃美食

甘梅薯條

用上台灣本土的紅心蜜薯，把薯條以高温油炸7分鐘，不油膩且極度脆口，把店家精髓的梅子粉灑上，有點像shake shake薯條的感覺。

阿明炒麵飯

其炒飯功夫可謂大師級，沒有一般炒飯的肥膩感，飯炒得乾身，粒粒皆清楚，配上簡單配料已經十分好吃，特別推介牛肉炒麵，沒有油分且牛肉軟硬合適。

阿昌麵線

無論麵線、大腸及湯頭都不比阿宗麵線遜色，每碗加送一粒滷蛋，吃得更飽肚，更盡興。

遼寧夜市 MAP 19-5

捷運南京東路出口往復興北路朱崙方街向步行 10 分鐘

遼寧街夜市是一條只有幾百公尺長的夜市，地方細細卻以小吃為主，種類不比大型夜市為少，特別一提，遼寧街夜市是台北少數由中午一直經營至晚上的夜市，打破了夜市只是晚上才熱鬧的傳統。

地址：松山區遼寧街　**營業時間**：中午至凌晨

INFO

必吃美食

魷魠魚羹

這種魚又名「提督魚」，其實即是大型鯖魚的一種，魚肉鮮味肥美，加入已炒好的香蒜，調味所做的魚羹湯，每一口都鮮甜無比。

勝利號蚵仔煎

勝利號蚵仔煎已超過30年歷史，蚵仔煎無論火喉的控制，落鑊等功夫都有著非一般的經驗，雞蛋包著滿滿的蚵仔，配上店家自製的招牌甜辣醬，令人無法抗拒。

筒仔米糕

把生米、高湯放入筒中，加入肉燥後一起蒸，一個接一個去做，蒸出來的米糕，滲入了竹筒的清香。

敦南金融大樓
Google Map
下載
忠孝敦化
01.Mamak 20-2
02.雨田先生 20-2
03.果然匯 20-2
04.問鼎 20-3
05.東區粉圓 20-3
06.佃權 20-3
07.台韓民國 20-3
08.橋頭 20-4
09.咖啡弄 20-4
10.花彘醺 20-4
11.胡同燒肉夜食 20-4
12.PS TAPAS 20-5
13.Starbucks龍門店 20-5
14.糖村 20-5
15.廖嬌米粉湯 20-5
Map 20-1
北
敦化南路一段
市民大道四段
忠孝東路四段223巷
延吉街
忠孝敦化站
微風忠孝館
明曜百貨
敦化南路一段161巷
延吉街62巷
敦化南路一段177巷
敦化南路一段187巷
忠孝東路四段181巷7弄
忠孝東路四段147巷
忠孝東路四段101巷
延吉街97巷
延吉街70巷
延吉街70巷5弄
忠孝東路四段170巷6弄
敦化南路一段233巷
延吉街126巷
忠孝東路四段146巷
仁愛路四段151巷
安和路一段
出1
出2
出3
出4
出5
出6
出7
出8
A
B
C
D
1
2
3

秒飛東南亞 MAP 20-1 C2

Mamak檔星馬料理 01

捷運忠孝敦化站2號出口步行約2分鐘

★★ Mamak融合馬來西亞、印度、印尼、婆羅洲民族和華人的美食文化，菜單餐點超選擇，例如有檳城蝦麵、肉骨茶、加央吐司、海南雞飯等招牌菜。Roti Tisu香酥塔餅更是鎮店之寶，每枱食客必點之選，圓錐高塔造型的薄餅長達50cm，餅皮掃上糖漿再烘烤，吃起來輕薄酥脆又帶點甜度，別具風味的組合。

地址：大安區敦化南路一段187巷72號1樓
電話：02-2731-6086　**網頁**：mamak.com.tw
營業時間：星期日至四11:30am-10:00pm，星期五及六至11:00pm

★INFO

MAP 20-1 C1 02

柴犬萌主茶飲 雨田先生

捷運忠孝敦化站2號出口步行約7分鐘

這裡的抹茶是現場手刷的，店長堅持即點即沖，所有材料都經過秤重，連溫度和甜度比例都被嚴格控制。抹茶是以京都宇治丸久小山園等級沖調，茶味香濃有回甘，一點也不苦澀。再配上一顆柴犬部長棉花糖，有灰色和赤色選擇，拿到手的一刻真的超級興奮。

地址：忠孝東路4段223巷69號
營業時間：星期二至六12:00nn-9:00p（星期日至一營業到7:00pm）
網頁：www.facebook.com/MrRdrinks

★INFO

蔬食吃到飽 果然匯 03

捷運忠孝敦化站3號出口即達明曜百貨　MAP 20-1 C2

超精彩的蔬食自助餐，結合台灣優質農產及在地食材，炮製超過百款的異國料理，例如墨西哥 tortilla、北非小米沙律、素食佛跳牆等等，每一貫握壽司都能吃出原材料的風味，亦不使用素料加工品，還打造蔬食者也能享用的Gelato，打破一般素食的單調形象。

地址：大安區忠孝東路四段200號12樓　**電話**：02-2771-8832
營業時間：星期二至六12:00nn-9:00p（星期日至一營業到7:00pm）
網頁：www.facebook.com/MrRdrinks

★INFO

MAP 20-1 C2

食火鍋送按摩？04 問鼎麻辣鴛鴦鍋

捷運忠孝敦化站 3 號出口走約 1 分鐘

問鼎會在食客等待時提供免費的點心，又附送美甲和肩頸背按摩服務，用餐時更有變臉表演，就連火鍋店必備的雪糕區都是Haagen Dazs，貼心度激增。火鍋湯底以鴛鴦的川府麻辣與酸菜白肉最受歡迎，配料方面更有澳洲M9+黑毛和牛、美國牛五花、丹麥松阪豬、澳洲小羊肩、北海道鱈場蟹等新鮮食材可選，種類繁多，一班friends 來吃就可以試多幾款。

地址：忠孝東路四段 210 號 2 樓 **電話**：02-2731-2107 **營業時間**：11:30am-12:00mn
網址：facebook.com/ wentinghotpot/

INFO

MAP 20-1 C3

05 屢獲好評 東區粉圓

捷運忠孝敦化站步行約 10 分鐘

東區粉圓開業20年，保持好口碑，連蘇施黃都在節目中大讚。此店的食材由老闆嚴選，並依循傳統方法以人手搓成，因此粉圓特別Q 軟有嚼勁。

地址：忠孝東路 4 段 216 巷 38 號
電話：02-2777-2057 **網頁**：www.efy.com.tw
營業時間：11:00am-11:00pm

INFO

MAP 20-1 D3

關東煮配清酒 佃權 06

捷運忠孝敦化站 3 號出口徒步行約 13 分鐘

只有不足十個座位的日式大排檔，以吃關東煮為主，材料有蘿蔔、起司燒、福袋、香菇、蒟蒻等四十多種，湯底用北海道昆布熬成，更可以免費添加。

地址：延吉街 136 號 **電話**：02-8771-8272
營業時間：7:00pm-1:30am

INFO

別出心裁 台韓民國 07

捷運忠孝敦化站 5 號出口出站即達

MAP 20-1 B2

台韓民國供應的五花腩以厚馳名，無論是五花或是梅花腩肉，都差不多有10mm 的厚度，就像豬排一般。不過最令台韓民國聲名大噪的，竟是冷麵和燒酒。店家的冷麵，以冰盤盛載，真正令食客透心涼；而西瓜燒酒也是以西瓜原盅奉上，非常有視覺效果，成為鎮店之寶。

地址：忠孝東路四段 170 巷 6 弄 7 號 **電話**：02-2711-5007
營業時間：12:00nn-11:00pm
網頁：https://www.facebook.com/TaiwanKorea2016/

INFO

最健康溫醇藥膳麻辣鍋 橋頭

MAP 20-1 A1 08

捷運忠孝敦化站 8 號出口向市民大道直行約 2 分鐘

橋頭的湯底辣得溫和甘醇，入口順喉，全因老闆深知現代人推崇健康飲食，明白必須在傳統的麻辣火鍋上加以改良才能吸引客人。故其川味麻辣鍋只用植物油和冰糖，又用上甘草、甘蔗頭等藥膳材料，配以新鮮靚料，辣得健康，又滋味無窮。

INFO
地址：敦化南路一段 157 號 2 樓
電話：02-2777-5608 **營業時間**：5:30pm-3:00am

09 High Tea 首選 咖啡弄

MAP 20-1 B2

捷運忠孝敦化站 1 號出口徒步約 6 分鐘

咖啡弄最受歡迎的食品，首推外脆內軟的鬆餅——一顆顆紅艷的鮮草莓，淋上頂級果醬與煉乳，令人難以抗拒誘惑。除了鬆餅，餐廳還推出了不同的輕食套餐，口味清新，加上時尚簡潔的裝潢設計，令人身心都可情盡放鬆。

INFO
地址：敦化南路一段 187 巷 42 號 2 樓 **電話**：02-2711-1910
網頁：www.coffee-alley.com **營業時間**：11:30am-8:00pm; 星期五六至 11:00pm

歐陸日式 fusion 花彘醺 10

捷運忠孝敦化站 5 號出口，步行約 2 分鐘

MAP 20-1 B2

花彘醺的裝潢有一種歐洲小酒館的感覺，前衛得來又帶著幾分慵懶的氣氛。生牛肉是店內的必點招牌菜，將無骨牛小排切片並堆成小山，肉質滑嫩又帶有嚼勁，店內更有40至50種日本清酒供應。而且主廚慎選食材，每天清晨親自到市場入貨，保證新鮮有水準。

INFO
地址：忠孝東路四段 170 巷 6 弄 16 號
電話：02-2777-1488 **營業時間**：12:00nn-11:00pm
網頁：https://www.facebook.com/Hwatzexunbistro

MAP 20-1 B1

11 頂級安格斯牛 胡同燒肉夜食

捷運忠孝敦化站 7 號出口徒步約 5 分鐘

吃日式燒肉，最重要是食材的新鮮度及控制火候，這裡以服務取勝的炭火燒肉，小小的店內只有一排燒肉吧枱及兩張大枱，每枱客人都有專人代為細心燒烤，確保客人吃到的都是火候剛好、味道最鮮的食物。

INFO
地址：敦化南路一段 161 巷 17 號 **電話**：02-2776-1575
網頁：https://zh-hk.facebook.com/hutongyakiniku01/
營業時間：6:00pm-12:30am；星期六日 12:00nn-2:30pm，5:30pm-12:30am

台產西班牙小吃 MAP 20-1 B3

PS TAPAS ⑫

捷運忠孝敦化站步行約 5 分鐘

PS TAPAS 把西班牙人的慵懶和歡樂的生活態度融入台灣人之中。PS TAPAS 的小吃口味不太正宗，味道卻毫不遜色。最重要的是這裡氣氛輕鬆，裝潢有型有款，吸引了不少年輕人前來開派對和小聚。

地址：安和路一段 21 巷 19 號
電話：02-2740-9090
營業時間：12:00nn-10:00pm；星期五六至 12:00am
INFO

咖啡店劈酒 MAP 20-1 A2 ⑬

Starbucks 龍門概念店

捷運忠孝敦化站 10 號出口步行 1 分鐘

地址：大安區忠孝東路四段 134 號
電話：02-2740-6782
營業時間：7:00am-11:00pm
網頁：www.starbucks.com.tw
INFO

此店除了提供一般大路的飲品食品，必試只此一家的氮氣冷萃咖啡，將氮氣注入低溫慢速萃取的冷萃咖啡中，創造出綿密的泡沫。而另一款典藏冰搖濃粹咖啡，加入香草籽糖漿所調製的甜奶油，帶出咖啡的焦糖香甜感與圓潤。更破格的，是在下午4時開始的 Starbucks Evenings，竟有葡萄酒、白酒及氣泡酒，由咖啡店變身為酒吧，成為東區另一夜蒲好去處。

健康甜入心 MAP 20-1 A1

糖村 ⑭

捷運忠孝敦化站 8 號出口徒步約 8 分鐘

分店開遍台中的糖村，近年才正式進駐台北，於敦化南路開設首間專門店。老闆 Grace 出品的蛋糕、手工餅乾、朱古力及果醬等，一直堅持用新鮮材料且注重健康。店內更設有雅致座位，讓你即買即試。零食都包裝精美，絕對適合作手信新選擇。

地址：敦化南路一段 158 號
電話：02-2752-2188
營業時間：9:00am-10:00pm
網頁：www.sugar.com.tw
INFO

十元八塊好滋味 MAP 20-1 D2 ⑮

廖嬌米粉湯

捷運忠孝敦化站 2 號出口沿忠孝東路四段向延吉街方向步行約 6 分鐘

廖嬌米粉湯開業多年，延吉街的分店營業至清晨，更因為接近錄音室和排舞室，經常吸引台灣明星來宵夜。店中的招牌米粉湯只售 NT55，用上足料豬大骨熬成，以湯頭新鮮和真材實料吸引食客。

地址：延吉街 72 之 12 號
電話：02-2740-3714
營業時間：11:30am-4:30am
INFO

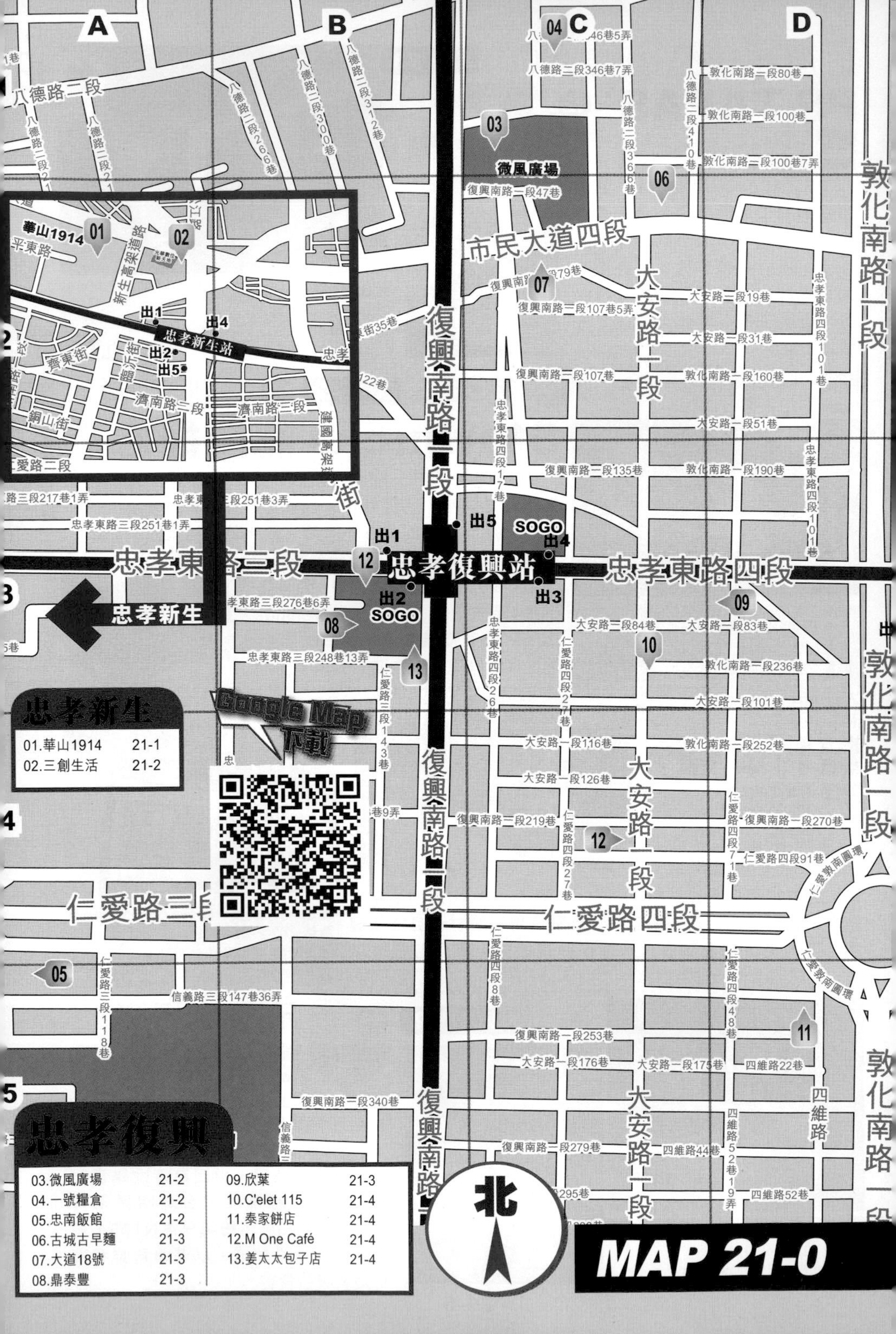

MAP 21-0
忠孝新生
01.華山1914 21-1
02.三創生活 21-2
忠孝復興
03.微風廣場 21-2
04.一號糧倉 21-2
05.忠南飯館 21-2
06.古城古早麵 21-3
07.大道18號 21-3
08.鼎泰豐 21-3
09.欣葉 21-3
10.C'elet 115 21-4
11.泰家餅店 21-4
12.M One Café 21-4
13.姜太太包子店 21-4
Google Map下載
北
忠孝復興站
忠孝新生站
忠孝東路三段
忠孝東路四段
復興南路一段
敦化南路一段
大安路一段
仁愛路三段
仁愛路四段
市民大道四段
八德路二段
微風廣場
SOGO
華山1914

百年酒廠大變身 MAP 21-0 A2
華山1914 01

捷運忠孝新生站 1 號出口步行約 3 分鐘，或善導寺站 6 號出口步行約 5 分鐘

華山創意文化園區前身為創建於1914年的日本「芳釀社」，是當時台灣最大的製酒工廠之一，至1987年才停產，2005年底變身為華山1914創意文化園區重新開園。園區包含戶外藝文空間及室內展演空間兩部分，是台北市舉辦藝文展演活動的熱點。

地址：中正區八德路一段 1 號
電話：02-2358-1914
營業時間：9:30am-9:00pm
網頁：www.huashan1914.com

INFO

特色商店

東1B館

【小日子商号】

由獨立雜誌《小日子》跨出平面紙本經營的實體店，簡約裝潢的店內出售各式生活品味小物。

中二館

【未來市】

這個佔地80坪的小型市集，以選物店型式展示，一座座白色帳篷猶如展覽般串連多達三十多個品牌，橫跨設計工藝、織品布藝、香氛、家品與餐飲食品等選物品牌。

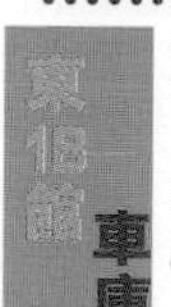

【FabCafe】

中3館1樓 清酒工房

透過咖啡館＋3D 列印與雷射切割服務，提供創意人聚集連結的交流平台。

東1B館 車庫工坊

【Alleycat's】

師父手工現點現桿，餅皮薄脆帶Q，搭配店裡特製熬煮的新鮮蕃茄醬鮮做鮮賣。

台北 今天見未來 MAP 21-0 A2

三創生活 02

捷運忠孝新生站 1 號出口步行約 5 分鐘

坐落於光華數位新天地旁的三創生活園區，被譽為台北市新十大建設之一，更視作台北的秋葉原。包括影音娛樂、親子家庭，甚至是藝術展覽和演出，集購物、娛樂、學習和分享於一體，地庫設美食專區，是台北的新地標。

地址：中正區市民大道三段 2 號
電話：08-0909-3300
營業時間：11:00am-9:30pm；星期五六至 10:00pm
網址：www.syntrend.com.tw

INFO

生活園區不只有3C產品，衣食住行貨品全部有齊，男女老幼都啱行。

地址：復興南路一段 39 號
電話：0809-008888
營業時間：11:00am-9:30pm、星期五及六營業至 10:00pm
網頁：www.breezecenter.com.tw

INFO

MAP 21-0 C1 03 哈日大型廣場

微風廣場

捷運忠孝復興站 5 號出口徒步約 10 分鐘

在台北，要一次過找到無印良品、Tokyu Hands、Sony Plaza、紀伊屋書屋等日本最 Hit 的商戶，恐怕只有在這裡找到。除此以外，場內更有大量名店如 Prada、Burberry 等助陣。走到累了嗎？地庫有食廣場和日式超市，讓你的五臟廟充充電再掃貨。

米芝蓮推介

一號糧倉 04

MAP 21-0 C1

捷運忠孝復興站 5 號出口步行約 10 分鐘

一號糧倉前身為台北市第一座糧倉，建於1944年，經修復後改造成複合式商店，外觀幾乎與日治時代無異。全新的一號糧倉一樓販售台灣獲獎食材與優質商品，包括茶葉、冠軍米、手釀醬油等產品，不定期舉行主題展覽、藝文講座，另闢出一角作為書室；二樓是以Farm to Table為理念的食肆，曾連續2年獲米芝蓮推薦，演繹出中西合璧的台式料理。

地址：松山區八德路二段 346 巷 3 弄 2 號 **電話**：02-2775-1689
營業時間：11:30am-2:30pm、6:00pm-10:00pm；星期一休息
網址：https://www.facebook.com/No.1FoodTheater/

INFO

地址：仁愛路三段 88 號
電話：02-2706-1256
營業時間：11:00am-2:00pm、5:00pm-8:30pm

INFO

MAP 21-0 A5 05 失傳江浙菜

忠南飯館

忠孝復興站 2 號出口沿復興南路一段，見仁愛路三段沿路直行，步程約 10 分鐘

忠南飯館都是眷村菜的代表，至今已有50多年歷史。飯館堅持賣那不變的地道江浙菜，失傳的菜式都保留下來，如蹄花黃豆。豬腳紅燒6分熟，再與煮過的黃豆燉到爛熟，據説是當年眷村小孩長高長大的營養補品呢。

物超所值 古城古早麵 06

MAP 21-0 C2

忠孝復興站 5 號出口沿復興南路直行，到市民大道後轉右，步程約 5 分鐘

古早麵沒有配料，麵條較脸身，湯底清甜不油膩，用細火把老母雞加上雞大骨熬足6小時，讓客人可用物超所值的價錢享用傳統美味。另外，店內的剝骨鵝肉也堪稱一絕，選用鵝髀內側的油脂鵝肉，肥美但不會太韌，蘸上自家獨門醬汁，吃下去令人念念不忘，而且一碟才NT100，足夠2人一同分享。

INFO
地址：市民大道四段 55 號
電話：02-2781-0203
營業時間：11:30am-2:30pm，5:00pm-9:00pm; 星期六日 11:00am-9:00pm

隱藏版好川味 大道18號精緻熱炒 07

MAP 21-0 C2

捷運忠孝復興站 5 號出口步行約 5 分鐘

地址：市民大道四段 20 號
營業時間：5:00pm- 凌晨 1:00am
電話：02-2711-0985
INFO

大道18號位於東區微風廣場側邊的市民大道上，是區內的人龍名店。食肆提供的熱炒料理，台、中、日都有，但多多少少都融入了台灣的飲食文化。不過食肆有隱藏版Menu，既限量又要預約，好像其中一味魚泡泡，用魚的肉和內臟做出帶點膠質的微韌、Q脆和像是魚卵的微爆，口感非常豐富。

世界名牌小籠包 08 鼎泰豐

MAP 21-0 B3

捷運忠孝復興站 2 號出口徒步約 5 分鐘

鼎泰豐全程使用電腦系統監控，受過專業訓練的師傅遵循嚴格標準，將一小塊的麵糰擀成麵皮，每塊直徑要達到6.5公分的標準尺寸，將餡料放入麵皮中，總重量要準確達至21公克，過多或太少都得修正，再將麵皮仔細摺成18摺以上的小籠包，放入蒸籠後蒸4分鐘，熱騰騰的小籠包就上桌了。

地址：忠孝東路三段 300 號 B2(SOGO 復興館)
電話：02-87720528
營業時間：10:00am-8:30pm；星期五、六及例假日前夕 10:00am-9:00pm
網頁：www.dintaifung.com.tw
INFO

高級台菜料理 欣葉 09

MAP 21-0 D3

忠孝復興站 3 號出口往右邊方向，沿忠孝東路直行 3 分鐘

地址：忠孝東路四段 112 號 2 樓（漢宮大廈內）
電話：02-2752-9299
營業時間：11:00am-9:00pm
網頁：www.shinyeh.com.tw
INFO

在眾多台菜餐館中，以欣葉最著名，每晚店內必定人山人海。餐館標榜高級台菜料理，用料上乘加上服務一流，一頓飯平均每人港幣百多元，價錢也算合理。

法式隱世酒吧 C'elet 115 ⑩

MAP 21-0 C3

捷運忠孝復興站 3 號出口步行 2 分鐘

隱藏在東區老宅中，從門外已感受到一股慵懶輕鬆感，每個時段都有不同的食物與餐酒搭配的菜式，包括香檳下午茶、Aperitivo 佐餐小食、晚上的香檳配鹹食小點等，或點上一杯茶悠閒地消磨時光。至於室內播放的音樂是由知名音樂人 Blueman選曲，午後是BossaNova新派爵士樂，晚上變為開心奔放的樂曲，注入低調奢華的演繹。

地址：大安區大安路一段 92 號　**電話**：02-8773-0115
營業時間：11:30am-10:00pm；星期四至六營業至 12:00mn

INFO

⑪ 敬請預訂 秦家餅店

MAP 21-0 D5

捷運忠孝敦化站 6 號出口，往仁愛路方向走 15 分鐘，從仁愛圓環旁入

地址：四維路 6 巷 12 號
電話：02-2705-7255
營業時間：12:00am-7:00pm（星期日休息）
收費：蔥油餅 NT75，韭菜盒 NT 60
網頁：https://www.facebook.com/27057255.com.tw

INFO

小店只賣葱油餅、韮菜盒和豆腐卷。每日限量生產，一定要預訂才可買到。乾烙葱油餅由人手搋成，撒上宜蘭葱花再發酵15分鐘，再反覆擀至一定厚度，才乾烘成形，做餅時不會沾油不能吹風，很考功夫。

小 S 至愛的 Brunch M ONE Café ⑫

捷運忠孝復興站 3 號出口步行約 10 分鐘

MAP 21-0 C4

餐廳以低調沉穩的黑色作裝潢主調，因為價位親民和舒適環境深得藝人和街坊愛戴，據説主持人小 S 也是常客。店內最受歡迎的早午餐便是牛小排，包括鮮嫩的牛小排、薯餅、水果、炒蛋、法式多士、果汁和咖啡，分量超豐富。其中，咖啡或紅茶都是可以續杯的，而且若不喜歡法式多士的朋友，還可以改吃貝果、牛角包或烤多士。

地址：仁愛路四段 27 巷 6-1 號
電話：02-8773-2136　**營業時間**：7:30am-10:00pm
網頁：https://www.facebook.com/MOneCafe/

INFO

長龍中式包店 ⑬ 姜太太包子店

MAP 21-0 B3

忠孝復興站 3 號出口沿忠孝東路四段右轉至大安路，步程約 5 分鐘

姜太太包子店最初是位於角落的小攤檔，因食物美味而積累了不少捧場客，門外總有人龍排隊賣包，晚一點更往往只剩下一、兩款包。姜太太是山東人，對做包子素有研究，出品的包子全是手搋而成，因此包子較柔軟富彈性，餡料也鮮嫩多汁。

地址：復興南路一段 180 號
電話：02-2781-6606
營業時間：
6:00am-7:00pm（星期一至五）
6:00am-6:00pm（星期六）；
星期日休息

INFO

西門
01.西門紅樓 22-2
02.16工房 22-2
03.王記府城肉粽 22-2
04.日藥本舖博物館 22-2
05.玉林雞腿大王 22-3
06.金花碳烤吐司 22-3
07.阿財虱目魚 22-3
08.鴨肉扁 22-3
09.阿宗麵線 22-4
10.美觀園 22-4
11.南蠻堂 22-4
12.老天祿 22-4
13.何家排骨酥 22-5
14.高麗商行 22-5
15.八拾捌茶輪番所 22-5
16.西本願寺 22-5
Google Map 下載
開封街二段
中華路一段76巷
武昌街二段
漢中街
漢口街二段34巷
武昌街二段50巷
中華路一段114巷
西寧南路
峨眉街
康定路30巷
成都路27巷
峨眉街6巷
成都路
西寧南路82巷
紅樓
內江街
隆昌街
昆明街
長沙街二段
貴陽街二段29巷
西本願寺
西門站
出1
出2
出3
出4
出5
出6
北
長沙街
Map 22-1

百年文化 01 西門紅樓

MAP 22-1 B4

捷運西門站 1 號出口步行約 1 分鐘

西門紅樓由日本建築師近藤十郎所設計，早已被評為三級古蹟。古典優美的外表，與四周的現代化建築相映成趣。紅樓雖然已有百年歷史，但內裡仍然會舉辦不同的文藝活動。館內設有Cafe及精品店，外圍逢周六日舉行跳蚤市場。

地址：成都路 10 號
電話：02-2311-9380 **收費**：免費
營業時間：11:00am-8:00pm，星期五、日至 9:00pm，星期六至 10:00pm（星期一休館）

INFO

凝聚台灣本土創意 02 16工房

MAP 22-1 B4

地址：西門紅樓一樓
營業時間：11:00am-8:00pm，星期五、日至 9:00pm，星期六至 10:00pm（星期一休館）

INFO

「16 工房」內分開一間間小店，每間店都是當地創意設計師發揮的好地方。

西門紅樓著重培育活力創意，其中「16工房」可謂紅樓內最有代表性的地方。該處凝聚台灣文化創意設計師的能量，把自家台灣本土的設計打造成各種商品，包括飾品、服飾、包包、配件、文具等，商品可謂全台僅有，獨一無二。

一百分肉粽 王記府城肉粽 03

MAP 22-1 B4

捷運西門站 6 號出口沿成都路轉左入西寧南路，步程約 3 分鐘

蘇施黃曾在節目中說，台灣肉粽徹底勝過香港的粽子，更盛讚王記府城肉粽值100分。王記的肉粽餡料豐富，包括香而不膩的五花肉，還有軟脸的花生和大大塊的香菇。糯米軟綿而不黏牙，難怪大受當地人歡迎。

地址：西寧南路 84 號
電話：02-2389-3233
營業時間：11:00am-2:00am
收費：NT70

INFO

04 日藥總匯 日藥本舖博物館

捷運西門站 6 號出口步行 5 分鐘

MAP 22-1 C1

地址：萬華區西寧南路 83 號 **電話**：02-2311-0928
營業時間：藥店 10:30am-10:00pm；博物館 2:00pm-9:00pm
網頁：http://www.jpmed.com.tw/

INFO

日藥本舖是全台最大日本直輸藥妝販售專門店，由熱銷藥妝、生活用品、食品等，商品90%日本製造，並有專業藥師駐場提供服務。而西門的旗艦店，更設有博物館，重現上世紀的日本街頭，介紹日本及台灣藥業的歷史，購物之餘又可增進見識，非常值得參觀。

七十年炸雞專家 05

MAP 22-1 C3

玉林雞腿大王

捷運西門站 6 號出口步行 5 分鐘

經營了七十多年，精選肉質幼嫩的雞腿以20-30種香料調味，令食客一口咬下，便被那油滋滋的口感和香味所觸動，令人忍不住口。

雞腿飯NT150。肉質軟嫩不嚡口，能嚐到內外相交的油質。

地址：萬華區中華路一段 114 巷 9 號
電話：02-2371-4920
營業時間：11:00am-9:00pm

INFO

熔岩厚多士

MAP 22-1 B4

金花碳烤吐司 06

捷運西門站 1 號出口步行 2 分鐘

多士以炭火烤製，餡料大手加入蛋漿和芝士，吃時如火山爆發般，非常壯觀，建議戴上手套才吃。多士有鹹（豬及雞肉）與甜（紅豆及朱古力），也有傳統的蛋餅供選擇。飲品推薦相思病牛乳，鮮奶加上紅豆，配搭極佳。

金花大丈夫 NT85，餡料採用現宰溫體黑毛豬，非常講究。

宇治金時吐司 NT65。

地址：萬華區內江街 21 號（紅樓廣場旁）
電話：905-663-001
營業時間：8:30am-3:00pm（星期一公休）
網址：https://www.facebook.com/goldenflowertoast

INFO

馳名宵夜

MAP 22-1 A4

阿財虱目魚 07

捷運西門站 1 號出口沿漢中街入內江街，步行約 3 分鐘

阿財只在宵夜時段營業，以炮製台南名產虱目魚（塘虱）而聞名。老闆每朝清晨到台南入貨，因此食材保證新鮮。夥計會將魚頭、魚身處理好，熬製招牌魚肚湯。除魚肚湯外，其煎魚肚、魚肚粥也是招牌美食。

地址：內江街 53 號 電話：02-2370-3378
營業時間：10:00am-05:00am（星期日公休）
收費：魯虱目魚肚 NT280

INFO

MAP 22-1 D2

肥美鵝肉稱霸60年

08 鴨肉扁

捷運西門站 6 號出口步行約 2 分鐘，位於武昌街及中華路交界

地址：中華路一段 98-2 號
電話：02-2371-3918
營業時間：12:00nn-8:00pm
收費：NT300

INFO

早於1950創業，最初兩年賣鴨肉卻滯銷，改賣土鵝（獅頭鵝）生意好轉，但連名字也懶得改，賣鵝肉卻叫「鴨肉扁」。菜式只有鵝肉、米粉和切仔麵，鵝肉以台式方法炮製，用鹽水煮後再蒸煮，鵝肉新鮮有彈性。

三十年獨沽一味 09
阿宗麵線

MAP 22-1 C3

捷運西門站 6 號出口沿峨眉街 6 巷左轉至峨眉街，步程約 2 分鐘

★★

阿宗麵線原來已經有30多年歷史，近年港台也有「翻版阿宗」，但依然不減正宗阿宗麵線的吸引力。阿宗麵線由小攤檔起家，麵線細滑入味，柴魚湯底香濃鮮甜，吸引一眾老饕，及後於西門開設第一間門市店，成為西門地標之一。

★ INFO
地址：峨眉街 8-1 號
電話：02-2388-8808
營業時間：8:30am-10:30pm，星期五、六日至 11:00pm

屹立半世紀 10
美觀園

MAP 22-1 B3

捷運西門站 6 號出口沿漢中街轉入峨眉街步行約 2 分鐘

店舖於1946年創業，創辦人張氏兄弟曾於日治時期擔任日式食店主廚，同時了解台灣人的飲食口味，把傳統的日菜加以改良。即使有大量日式料理店打入台灣市場，仍人氣不減。

★ INFO
地址：峨眉街 47 號
電話：02-2331-0377
營業時間：11:00am-9:00pm
網頁：http://www.oldshop.com.tw/

愈潮濕愈甜蜜
南蠻堂 11

MAP 22-1 C1

捷運西門站步行 10 分鐘

南蠻堂店發售的蜂蜜蛋糕堅持不添加香料。蛋糕做好要放上一天，讓它吸收空氣中的水分才夠好味。所以帶回香港，老闆會建議離台那天才買，更不要乾放冷氣房中，才可吃到最甜美的蜂蜜蛋糕。

地址：開封街二段 48 號 **電話**：02-2381-4858
營業時間：平日 9:00am-7:30pm，星期三及日 9:00am-6:00pm
網頁：https://www.nanmantang.com/
★ INFO

MAP 22-1 C2

遊台必買手信
12 老天祿

捷運西門站 6 號出口徒步約 6 分鐘

老天祿主要經營滷味食品，最有名的有鴨翅膀、雞鴨腳、鴨舌頭、雞鴨的肫、肝、心等。據說，鴨舌頭是最受歡迎的，尤其受到演藝明星的格外鍾愛。據說當年香港四大天王到台北演出時，是一定會到店裡品嘗的。

地址：武昌街二段 55 號 **電話**：02-2361-5588
營業時間：9:30am-10:00pm
網頁：http://www.lautianlu.com.tw
★ INFO

MAP 22-1 A4

香濃不加味精 ⑬
何家排骨酥

捷運西門站 6 號出口沿漢中街向福星國小方向步行約 5 分鐘

老闆有30多年製作排骨酥的經驗，製作方法傳統，高湯每天熬足4-5小時，排骨則每日早上新鮮購入，不用加味精，但味道卻非常濃郁。

INFO
地址：昆明街 180 號 **電話**：02-2311-6199
營業時間：11:00am-2:30pm、5:00pm-8:30pm，星期日 11:00am-3:00pm（星期一休息）

MAP 22-1 A4

韓國美食
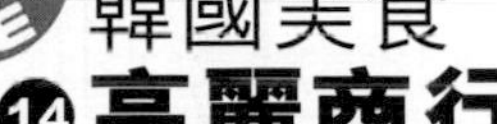
⑭ 高麗商行

捷運西門站 1 號出口沿漢中街入內江街步行約 4 分鐘

小店由韓國華僑家庭經營，之前只賣韓國食材，卻發現在台灣找不到合口味的韓式料理，便自己做好了，後來卻愈做愈受歡迎。雖然食物種類不算多，但價錢便宜，特別推介的是拉麵年糕和泡菜煎餅，滿有水準的。

INFO
地址：內江街 54 號 1 樓
電話：02-2331-5190 **收費**：NT150
營業時間：10:00am-8:00pm（星期日公休）

鬧市的心靈綠州 ⑮
MAP 22-1 B5
八拾捌茶輪番所

捷運西門站 1 號出口，步行 5 分鐘

西本願寺廣場為日治時期建造的寺廟，只要行經中華路一段時，總會看見其古雅的鐘樓。前陣子西本願寺與以茶與菓子聞名的八拾捌茶合作，把原來寺廟住持的宿舍改建為茶室，成為台北市內又一古蹟活化的新景點。

INFO
地址：中華路一段 174 號
電話：02 2312 0845
營業時間：11:00pm-6:00pm
網頁：www.rinbansyo.com

MAP 22-1 B5 ⑯

古剎重生
西本願寺

捷運西門站 1 號出口，步行 5 分鐘

西本願寺是台灣日治時期建於的淨土真宗寺院，它曾是台灣配置最完善的日式寺廟，可惜後來因大火燒毀。其後市政府在原址重建了鐘樓、輪番所及樹心會館，其中樹心會館更是弘揚佛法之場所，組成了這片寧靜幽雅的西本願寺廣場。

INFO
地址：中華路一段 174 號
收費：免費

台北車站
MAP 23-0
Q Square/台北轉運站
台北車站
台大醫院站
二二八紀念公園
總統府
Google Map下載
北
市民大道
忠孝西路一段
北平西路
重慶北路一段
重慶南路一段
開封街一段
漢口街一段
武昌街一段
襄陽路
衡陽路
寶慶路
凱達格蘭大道
貴陽街一段
許昌街
信陽街
青島西路
青島東路
中山南路
中山北路
徐州路
仁愛
懷寧街
館前路
南陽街
公園路
延平南路
博愛路
01.台北微風車站 23-1
02.車站手信街 23-1
03.福州世祖胡椒餅 23-1
04.明星咖啡館 23-1
05.京站時尚廣場 23-2
06.228公園 23-2
07.228紀念館 23-2
08.台灣博物館 23-2
09.金子半之助 23-3
10.安利美特台北店 23-3
11.銀座杏子日式豬排 23-3
12.台北總統府 23-3
13.點水樓 23-4
14.開丼 23-4
15.鄭記豬腳飯 23-4
16.頤宮中餐廳 23-4

最大美食廣場 01 MAP 23-0 C1

台北微風車站

捷運台北車站沿地下街出站即達

台北車站是市內的交通樞紐，美食廣場位於車站2樓，裝潢簡潔光猛，設計創新獨特。廣場內雲集60多家食店，分為4區，分別是牛肉麵競技館、台灣夜市、咖喱皇宮和美食共和國，食物種類包羅萬有。

地址：北平西路 3 號（台北火車站 2 樓）
電話：02-6632-8999
營業時間：10:00am-10:00pm
網頁：www.breezecenter.com
INFO

MAP 23-0 C1 一站網羅全台灣手信

02

微風車站手信街

台北車店二樓的微風廣場，除了是美食的天堂，更是手信的天堂。你講得出的手信名牌都有，如阿默蛋糕、米哥烘焙坊等過百家中外手信店。

御華興酥餅

大黑松小倆口牛軋糖

地址：台北火車站 B1/F、1/F 及 2/F
營業時間：10:00am-10:00pm
網頁：www.breezecenter.com
INFO

排隊胡椒餅 03 MAP 23-0 B2

福州世祖胡椒餅

捷運台北車站 6 號出口徒步約 5 分鐘

餅餡用上五花肉和瘦肉，用胡椒及特製香料醃12小時，再將餡包進麵糰內，放進爐內用木炭烘烤。剛出爐的胡椒餅，外皮酥脆、肉餡鮮嫩多汁，呈兩種不同的口感，喜歡吃肉包的一定要試試。

地址：重慶南路一段 13 號地下
電話：02-2311-5098
營業時間：11:00am-9:00pm
收費：每個 NT55
INFO

MAP 23-0 B3 風華再現

04

明星咖啡館

捷運台北車站 6 號出口經重慶南路轉入武昌街，徒步約 7 分鐘

咖啡館於1949年營業，曾一度結業，幸於2004年重開。此店的餐飲以俄國西餐為主，環境幽暗充滿情調，曾經是白先勇、陳若曦、林懷民等許多文學作家的「蒲點」。這裡有台北獨家俄羅斯軟糕，其鳳梨酥更被台北市頒發原味金賞獎，同樣不容錯過。

地址：武昌街一段 5 號 2 樓　電話：02-2381-5589
營業時間：11:30am-8:30pm，星期五六至 9:00pm
網頁：http://www.astoria.com.tw/
INFO

台北

台北的 Time Square 05 MAP 23-0 C1

京站時尚廣場

捷運台北車站沿地下街往台北轉運站方向步行 10 分鐘即達

★★

台北車站以往給人的感覺就只是一個交通中樞，自從2009年京站時尚廣場，改變了台北車站一貫給人古舊的印象，全新裝飾的時尚廣場，其玻璃透亮設計給人一種現代和時尚感，從「食」「裝」「趣」「遊」為四大主題而規劃，引進的全是年青人喜愛的品牌。

★ INFO

地址：承德路一段 1 號
電話：02-2182-8888
營業時間：11:00am-9:30pm，星期五六至 10:00pm
網頁：www.qsquare.com.tw

MAP 23-0 B3

捷運淡水線台大醫院站出站即達

絕美公園

228公園 06

228紀念公園位於台北市政治的中心地帶，佔地7萬平方公尺，橫跨公園路，凱達格蘭大道，是台北市一個歷史悠久的公園之一。整個公園打造得美輪美奂，中國式的小橋流水，亭台樓閣，是市區拍照的好勝地。

地址：凱達格蘭大道 3 號

★ INFO

打倒專制獨裁 07 MAP 23-0 C4

228紀念館

228 公園公園內

所謂228事件發生於1945年2月28日，當時台灣剛脱離日本管治，接任的行政長官陳儀施政失當引發示威，最後以血腥鎮壓告終。紀念館原址為台灣廣播公司，它記錄了這段黑暗歷史，亦展示了日治時代台灣人民的生活。

★ INFO

地址：凱格蘭大道 3 號
休館至 2025 年 2 月，將於 2025 年 228 紀念日重新開館。

MAP 23-0 B3

捷運淡水線台大醫院站出站即達

國定古蹟

台灣博物館 08

博物館建於1908年，單看外表有點像羅馬古代建築，從前名為「台灣總督府紀念館」，今天展出了十分豐富的文物，如碑林、巨石文化遺物、民間石具等。這座建築本身極之精美，有豐富的欣賞價值，所以於1988年被評為「國定古蹟」。

★ INFO

地址：襄陽路 2 號 **電話**：02-23822566 **收費**：NT 30
營業時間：9:30am-5:00pm（星期一休館）網頁：https://www.ntm.gov.tw/

日本第一天丼 MAP 23-0 C2
金子半之助 09

捷運台北車站沿地下街往台鐵台北車站方向步行 3 分鐘

來自東京的天丼專門店，食物以大件及高性價見稱。店內只提供江戶前天丼、天丼及上天丼，分別只在配料的種類和多寡。每款丼均有大蝦、乾貝及魷魚，而穴子魚只是江戶前天丼獨有。

江戶前天丼套餐 (右)，多了一條超長的穴子魚。天丼套餐 (左)，包含鳳尾蝦、小乾貝、魷魚、青龍、炸半熟玉子及炸海苔片。

INFO
地址：中正區北平西路 3 號 2F (微風台北車站)
電話：02-2314-0298
營業時間：10:00am-10:00pm
網址：https://www.tendon.kingoshou.com/

捷運台北車站 Z10 出口步行 10 分鐘 MAP 23-0 A2

10 動漫迷基地
安利美特台北店

安利美特Animate是日本規模最大的動漫畫商品連鎖店，而在台北車站附近的台北店則是集團在海外設立的第一家分店。在店內可以購買到各種動漫周邊產品，包括漫畫、小說、CD、DVD、手辦及T恤等，更會不定時舉辦漫畫手稿展覽，是喜愛日漫粉絲不能錯過的基地。

INFO
地址：中正區中華路 1 段 39 號 B1
電話：02-2389-3420 **營業時間**：10:00am-10:00pm
網址：https://www.facebook.com/tw.animate01/

專業管控黑豚肉 11 MAP 23-0 C1
銀座杏子日式豬排

微風車站內

嚴選黑豚肉，肉質甘甜，油花分佈均勻；豬排只用里肌肉與腰內肉，每塊豬肉經由專業管控「熟成」，確保豬排口感滑嫩。豬排以低溫烹炸，讓包裹麵包粉的豚肉，鎖住肉汁。

黑肌肉豬排套餐 NT290 (小)、NT320 (大)

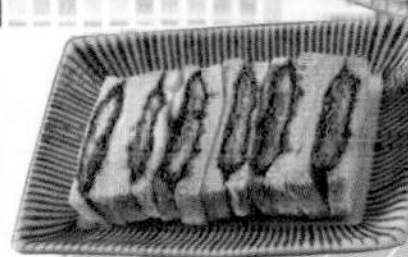
蔥花蘿蔔泥里肌豬排 (右) 套餐 NT320。
炸豬排三明治 (左)NT140。

地址：北平西路 3 號 2 樓 (台北微風車站)
電話：02-2375-5866
營業時間：10:00am-10:00pm
網址：http://www.ikingza.com/
INFO

MAP 23-0 A4
台灣最高官邸
12 台北總統府

台北總統府位於中正區，為台灣最高權力的核心所在。總統府於1919年建成，為日本人為當時總督府的廳舍而所建，光復後台灣便任作總統府，外型有著雄偉的氣派。

地址：重慶南路一段 122 號 **電話**：02-23120760
營業時間：平日 9:00am-12:00nn，假日 8:00am-4:00pm
收費：免費
INFO

台北

鼎泰豐勁敵 點水樓 13

MAP 23-0 B3

捷運台北車站出站步行約 10 分鐘

★★

聲勢和裝潢愈來愈拍得住鼎泰豐的點水樓，承傳江南美食風格，湯鮮味美、皮薄肉細緻，更率先帶起「小籠包體驗團」的風氣！

地址：懷寧街 64 號　**電話**：02-2312 3100
營業時間：11:00am-2:00pm， 5:30pm-9:00pm
網頁：http://www.dianshuilou.com.tw

★ INFO

地表最強燒肉丼 14 開丼

MAP 23-0 C2

捷運台北車站 M6 出口

號稱「地表最強」的燒肉丼專門店開丼，雖然名堂有點霸氣，不過食物質素絕對有水準，所以幾年間已在全台灣廣開分店。開丼採用的肉品，包括美國 Choice 等級的雪花牛及澳洲天然草飼肥牛，確保肉質美味。醬汁方面，選用了日本醬油、天然味醂及獨家秘方，務求與燒肉 prefect match，令食客齒頰留香。連米飯也精選雲林西螺鎮出產的清健米，飯香濃郁口感 Q 軟，令食味極致提升。

地址：中正區忠孝西路一段 36 號 B1(北車站)
電話：886-2-2312-1606
營業時間：11:00am-9:30pm
網址：www.kaidonno1.com

★ INFO

半世紀馳名小店 鄭記豬腳肉飯館 15

MAP 23-0 A2

捷運台北車站地下街 1 號出口沿忠孝西路轉入延平南路，步程約 5 分鐘

鄭記開業五十多年，店面簡樸，可是連馬英九也曾前往光顧，一望而知這間非尋常小店。這裡供應的美食不多，主要是豬腳飯、東坡肉飯和虱目魚肚飯，還有一些麵食和湯品，其豬腳飯滷得入味出色，油亮有光澤而不肥膩，滷蛋也十分美味。

地址：延平南路 22 號
電話：02-2371-1366
營業時間：11:00am-8:00pm（星期日休息）
收費：豬腳飯、東坡肉飯 NT120

★ INFO

16 米芝蓮之選 頤宮中餐廳

MAP 23-0 C1

捷運台北車站京站時尚廣場出口

《米其林指南臺北》當中連續五年獲最高殊榮的三星食肆，由台北車站君品酒店的中菜餐廳「頤宮」奪得。頤宮以高級粵菜馳名，由來自香港的名廚陳偉強主理，招牌菜火焰片皮鴨不但食物美味，賣相亦相當奪目。

地址：大同區承德路一段 3 號京站時尚廣場 17 樓
電話：02-2181-9950#3261　**營業時間**：11:30am-2:30pm，5:30pm-9:30pm
網頁：http://www.palaisdechinehotel.com/

★ INFO

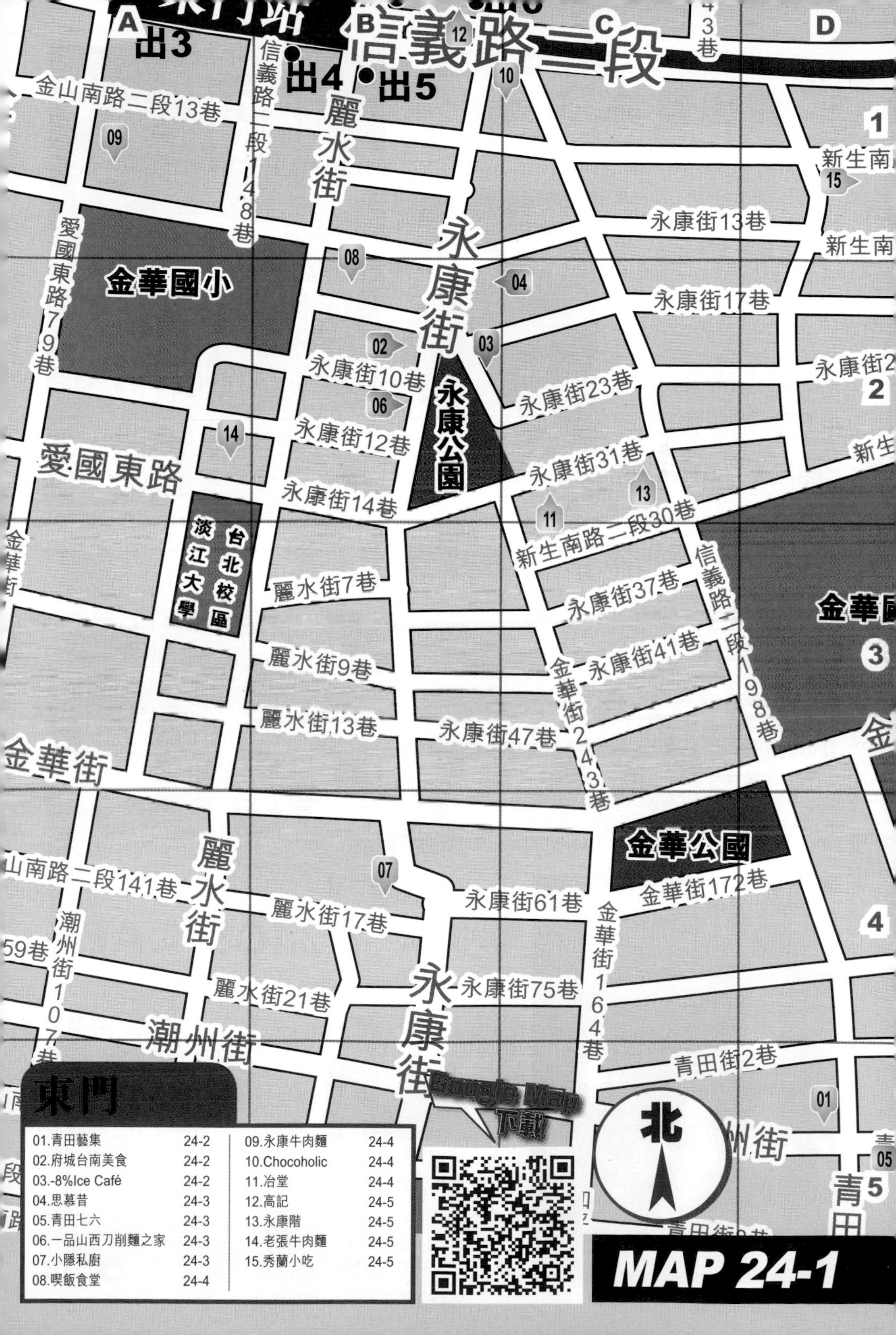

A
B
C
D
1
2
3
4
5
出3
出4
出5
信義路二段
金山南路二段13巷
信義路二段148巷
麗水街
永康街
新生南
永康街13巷
金華國小
愛國東路79巷
永康街17巷
永康街10巷
永康街23巷
永康公園
永康街12巷
愛國東路
永康街31巷
永康街14巷
新生南路二段30巷
台北校區 淡江大學
麗水街7巷
永康街37巷
信義路二段198巷
金華街
麗水街9巷
永康街41巷
金華街243巷
麗水街13巷
永康街47巷
金華公園
山南路二段141巷
金華街172巷
永康街61巷
麗水街17巷
潮州街107巷
59巷
麗水街21巷
永康街75巷
金華街164巷
潮州街
青田街2巷
北
Google Map 下載
東門
01.青田藝集 24-2
02.府城台南美食 24-2
03.-8%Ice Café 24-2
04.思慕昔 24-3
05.青田七六 24-3
06.一品山西刀削麵之家 24-3
07.小隱私廚 24-3
08.喫飯食堂 24-4
09.永康牛肉麵 24-4
10.Chocoholic 24-4
11.冶堂 24-4
12.高記 24-5
13.永康階 24-5
14.老張牛肉麵 24-5
15.秀蘭小吃 24-5
MAP 24-1

五感體驗 MAP 24-1 D5

青田藝集 01

捷運東門站 5 號出口，步行約 10 分鐘

青田藝集隱藏在青田街的小平房內，是一家結合藝文空間與書店的複合式食肆，經常舉辦不同主題展覽活動。餐廳主打的法式料理融入東、西方特色，配合台灣地道食材烹調出獨特風味的菜式，結合日式枯山水禪意美學，呈現色香味的感官體驗。

地址：大安區青田街 4-1 號 **電話**：02-2391-1268 INFO
營業時間：11:30am-9:30pm，星期日營業至 9:00pm
網址：https://www.facebook.com/GreenfieldArtForum/

夫婦同心 MAP 24-1 B2

府城台南美食 02

捷運東門站步行 5 分鐘即達

台南美食老闆是台南一對夫婦，20多年前跑到台北白手興家，由路邊檔經營至今，把南部的味道帶到北部，連同南部特有的人情味和熱情，都帶給每一位食客！

地址：永康街 8 之 1 號 **電話**：02-251-9785 **收費**：NT 50 起
營業時間：11:00am-9:30pm，星期五六至 10:00pm
網頁：https://www. facebook.com/FuchengTainanfood INFO

MAP 24-1 B2 招牌冰滴咖啡

03 -8%ICE CAFÉ

捷運東門站 5 號出口步行 5 分鐘

如果是咖啡粉絲，對熱飲或冷飲咖啡一定有偏好，不過到-8%ICE CAFE，一定要品嘗冰滴咖啡。冰滴咖啡採用自家烘焙的「日光旅行」咖啡豆研磨，再倒入冰水以1至2秒一滴的流速，約3-4小時才完成，之後放入冰箱兩天後販賣，非常講究。

地址：大安區永康街 23 巷 6 號 **電話**：02-2394-5566
營業時間：11:00am-9:30pm，星期五六至 10:00pm
網頁：https://www.facebook.com/8.percent.ice/ INFO

馳名雪花冰 MAP 24-1 B2

思慕昔 04

捷運東門站步行 5 分鐘即達

永康街知名的芒果雪花冰，不只賣相吸引，連口味亦得到各方認同，用上了台灣當地的新鮮水果，加入新鮮芒果醬與綿密口感煉奶秘方，結合的「黃金比例」的芒果雪花冰！榮獲2010年美食代表之一，一試便知和香港的大有分別。

地址：永康街 15 號　**電話**：0908-059-121
營業時間：11:00am-9:00pm
網頁：www.smoothiehouse.com/

INFO

MAP 24-1 D5 台大古蹟餐廳

青田七六 05

捷運東門站 5 號出口走約 15 分鐘

位於青田街的青田七六，已有逾八十多年的歷史，前身是已故台大教授馬延亭的日式宿舍，經過活化後老房子蛻變成古蹟餐廳，讓那淡淡的日本風情仍保留在青田街上。店子分設三個供餐時段：午市定食、下午茶與晚市定食，選擇頗多。當中，筆者便愛上了它的朱古力經典下午茶餐，濃厚味醇的冰咖啡與微甜濕潤的生朱古力配合得剛剛好，濃而不膩。

地址：青田街 7 巷 6 號
電話：886-2-23916676
營業時間：9:30am-9:00pm，每月第一個星期一休息
網址：www.qingtian76.tw

INFO

山西傳統麵食 06 MAP 24-1 B2

一品山西刀削麵之家

捷運東門站步行 5 分鐘即達

小店打破了傳統較油的食材，用上更健康的材料，如一系列以蕃茄製作的料理，蕃茄牛肉麵更是店家主打。想吃古早口味的食物，可選擇炸醬麵、皮薄餡多的餡餅、香酥滑嫩的抓餅等等，必有一款滿意！

地址：永康街 10-6 號
電話：02-2393-1339
營業時間：11:00am-10:00pm
收費：NT 90 起

INFO

MAP 24-1 B4 07 網絡人氣食店

小隱私廚

捷運東門站步行 10 分鐘即達

地址：永康街 42-5 號
電話：02-2358-2393　**收費**：NT400
營業時間：5:30pm-12:00mn(逢星期一休息)
註：另於轉角處開設分店大隱酒食，菜單大致相同

INFO

小隱私廚在永康街街尾，因位置隱蔽而命名。小店只有6張餐枱，其後獲食客在評網站和部落格熱烈推介，變成現在每晚都要排長龍等位的人氣食店。小店賣家鄉菜，如陳皮鴨掌、苦茶酒麵等，深得老饕歡心。店子裝潢簡約得像人家的廚房，在此用餐別有懷舊風味。

清淡健康台式菜 08
喫飯食堂
MAP 24-1 B2

捷運東門站步行 5 分鐘即達

小店裝修簡樸，但牆上卻掛了不少讓人會心微笑的木牌匾，跟香港著名插畫師阿蟲的思路有點相近。這裡的台式菜較傳統台菜味道清淡，這是因為製作時少油少鹽，相對來說是健康一點。

奇香豆腐NT150

地址：永康街 8 巷 5 號　**電話**：02-2322-2632
營業時間：11:30am-2:00pm；5:00pm-8:45pm
網頁：https://www.facebook.com/chifanshitang/
INFO

MAP 24-1 A1
必吃麵食
09 永康牛肉麵

捷運東門站步行 5 分鐘即達

在永康街不知多少小店也用這個名字，但只要跟著人潮走，就可以吃到最好的。牛肉麵湯底越賣得多越濃，一碗麵其實是千碗精華，肉香滿溢的感覺，總會帶你再回來。

地址：金山南路二段 31 巷 17 號
電話：02-2351-1051
營業時間：11:00am-8:50pm
INFO

朱古力獎門人
MAP 24-1 C1
Chocoholic 10

捷運東門站 5 號出口出站即達

朱古力令人心情愉快已是人所共知，不過如何才食得最有效率，Chocoholic 老闆說配上合適的音樂就最好。不同日子會播放相應輕音樂，加上專人特製多種味道的朱古力特飲，甜到入心。

地址：永康街 7 巷 2 號
電話：02-2321-5820
營業時間：1:00pm-9:30pm；星期六、日提早於 12:00nn 營業
網頁：www.chocoholic.com.tw
INFO

MAP 24-1 C2
免費茗茶
冶堂 11

捷運東門站步行 5 分鐘即達

永康街上有一間專賣靚茶葉和好茶具的隱蔽老房子名為冶堂，就像私人茶藝文物館，每逢客人進來，店主何老師都會奉上靚茶一杯。有心的客人可以慢慢品茶，還有茶點招待，沒有幫襯也不收分文，可見何老師一心只為以茶會友。

地址：永康街 31 巷 20 之 2 號 1 樓　**電話**：02-3393-8988
營業時間：1:00pm-6:00pm（星期一公休）
網頁：https://www.facebook.com/yehtang8988/
INFO

台北市 / 忠孝敦化 / 忠孝復興 / 西門 / 台北車站 / 東門 / 市政府

六十年老店 12
高記 MAP 24-1 B1

捷運東門站 5 號出口出站即達

經營逾六十年，擁有三代歷史的高記，其製作的美食與旁邊的著名食店鼎泰豐長年鬥得難分難解。小籠包是店內必吃，水準極高，從薄薄的小籠包皮及濃濃的湯汁便可知道。而店內的上海點心，既傳統又出色，推介生煎包，皮脆肉鮮真的很好吃喔！

必吃生煎包。

媲美鼎泰豐的小籠包。

地址：大安區永康街 1 號 **電話**：02-2325-7839、02-2325-7639
營業時間：星期一至五 10:00am-9:30pm，
星期六及日提早 8:30am 營業
網址：www.facebook.com/kaochi.family

INFO

地址：金華街 243 巷 27 號
電話：02-2392-3719
營業時間：12:00am-6:30pm，
星期六日至 7:00pm
網頁：https://www.facebook.com/thegreensteps1997/

INFO

後花園休憩小店
永康階 MAP 24-1 C2

13 捷運東門站步行 5 分鐘即達

路人很容易錯過永康階，因為它位於一片綠蔭後面，隱蔽得猶如世外桃源。餐廳庭園種滿花草樹木，樓高兩層，但客人多會選擇地下靠近花園的座位，好好於陽光下享受美食，而且餐廳採用油壓式玻璃窗，就算身處室內也彷彿置身於大自然之中。

牛肉麵節冠軍 14 MAP 24-1 A2
老張牛肉麵

捷運東門站步行 5 分鐘即達

老張和永康牛肉麵一樣，都是牛肉麵界的龍頭大哥。自從老張於牛肉麵節先後兩屆奪得第一、二名後，人氣更勝歷史悠久的永康牛肉麵。辣味牛肉麵是必食之選，微辣湯頭香濃溫醇，牛肉半筋半肉，入味軟身，令人回味無窮。

INFO

地址：愛國東路 105 號
電話：02-2396-0927 **FB**：川味老張牛肉麵
營業時間：11:00am-8:00pm

蔥烤鯽魚，魚肉燜烤火候剛好，魚肉鮮甜也沒有流失。

地址：大安區信義路二段 198 巷 5-5 號
電話：02-2394-3905 **FB**：永康街秀蘭小館
營業時間：11:30am-2:00pm，5:30pm-9:00pm

INFO

紅蔥烤肋排 NT650，賣相一般，但肋排入口即化，紅蔥及醬油香氣迷人。

MAP 24-1 D1 懷舊江浙菜
15 秀蘭小吃

捷運東門站 5 號出口步行 3 分鐘

以江浙菜聞名，食肆出品以傳統菜式為主。雖然菜單上的菜式都是上海館子的例牌菜，但師傅炮製得正宗且到位，所以備受城中名人推介，連著名食家舒國治也讚賞，絕對值得捧場。

MAP 25-0
市政府
北
市民大道
誠品生活
松山文化創意園
09
07
光復南路
忠孝東路四段
市政府站
出1
出2
出3
出4
出5
06
統一
信義微風
興雅路
03
三越
A4
Bellavita
信義誠品
松高路
04
基隆路地下道
松隆路
逸仙路
逸仙路32巷
10
08
台北市政府
A8
微風松高
寒舍
A9
07
遠東百貨
13
松仁路
松智路
市府路
仁愛路四段
基隆路一段
光復南路巷415巷
光復南路巷417巷
光復南路巷419巷
光復南路巷421巷
松壽路
05
ATT
威秀影城
A19
君悅酒店
世貿3館
基隆路一段364巷
Google Map 下載
世貿1館
台北101
01
02
台北101/世貿站
信義路五段
松廉路
11,12
松勤路
四四南村
松平路
01.101大樓 25-1
02.微風南山 25-1
03.信義新光三越 25-1
04.小青苑 25-1
05.ATT 4 FUN 25-2
06.統一時代百貨 25-2
07.福里安花神 25-2
08.俺之漢堡排山本 25-2
09.松山文化創意園區 25-3
10.Lady M 25-4
11.信義公民會館 25-4
12.好丘 Good Cho's 25-4
13.遠東百貨 25-4

台北標誌 MAP 25-0 C4
101大樓 01

捷運 101/ 世貿站出站即達

信義101可說都是台北最具代表性的地標，101總高度達508公尺，是一座商業辦公兩用的摩天大樓，集結世界各地的著名品牌時裝及食店，位於89樓層更設有觀景台，能夠從高空一覽台北市的夜景。

INFO
地址：信義區信義路五段 7 號
營業時間：
購物中心 11:00am-9:30pm，
星期五六 11:00am-10:00pm
觀景台 11:00am-9:00pm
電話：02-8101-8800
收費：觀景台門票 NT600
網址：www.taipei-101.com,tw

MAP 25-0 D4 台北激新地標
02 微風南山

捷運台北 101 站 4 號出口步行約 3 分鐘

信義區全新地標，是結合精品、服飾、雜貨、美食等元素的大型複合商場；位於台北101對面、46-48樓為酒吧與天際餐廳。商場2-4樓更引進atrē 日式百貨，共有16間首度登陸台灣的品牌，包括La vie bonbon、藍瓶咖啡、JAPAN RAIL CAFE 等，突顯日本Lifestyle 風格！

地址：台北市松智路 17 號
電話：02-6638-9999
營業時間：
網址：www.breezecenter.com
星期日至三 11:00 am-9:30pm、
星期四至六及例假日前夕 11:00 am-10:00pm（商場）
星期一至五 10:00am-10:00pm
（星期六至日 9:00am 開始營業，超市）
INFO

日資百貨巨無霸 03 MAP 25-0 D2
信義新光三越

捷運市政府站 3 號出口徒步至各館約 4-8 分鐘

香港已沒有三越百貨，但台灣的新光三越卻越做越大，在信義區的新光三越，是區內大型百貨的代表，整個建築群共四棟分館，分別為A4（女裝為主）、A8（大眾百貨）、A9（飲食及流行百貨）和A11（年輕潮流服飾）。

地址：信義區松高路 19 號
電話：02-8789-5599
營業時間：11:00am-9:30pm
網頁：www.skm.com.tw
INFO

隱世低調 MAP 25-0 D1
小青苑Cyan Café 04

捷運市政府站 4 號出口，步行約 2 分鐘

咖啡店隱藏在巷弄內，有一種與世隔絕的氛圍，店門被花草植物所包圍，很容易就錯過。推開木門發現別有洞天，各類盆栽、懷舊擺設、怪獸公仔擺放在不同角落，有一種置身叢林餐廳的感覺。店內供應手沖咖啡、有機花草茶、私房甜品、千層麵等餐點，適合喜歡安靜低調的人來享受咖啡時光。

INFO
地址：信義區基隆路一段 147 巷 29 號
電話：02-2762-3618
營業時間：1:00pm-7:00pm；星期日休息
網頁：https://www.facebook.com/cyancafetw

MAP 25-0 D3 05

運動主題商場 ATT 4 FUN

捷運 101/ 世貿站步行約 5 分鐘即達

整幢建物以美式創新設計，由著名設計師姚仁喜操刀，融合了不同元素，成為一個集合百貨、運動、展覽會議的多用途中心。7-8樓的文創立方（ATT Show Box）佔地約一千坪，有兩千多位觀眾席，可舉行大型展覽或演唱會。

地址：松壽路 12 號 **電話**：800-065-888
營業時間：11:00am-10:00pm，
星期五、六及假日前至 11:00pm
網頁：http://www.att4fun.com.tw/
INFO

MAP 25-0 C2

06 美人百貨 統一時代百貨

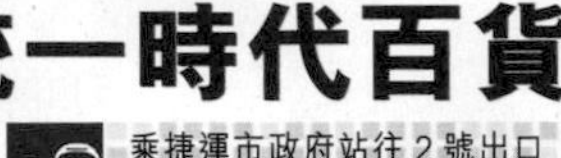

乘捷運市政府站往 2 號出口即可抵達

以打造時尚OL 的美人百貨為定位，把經營對象聚焦在25歲~35歲 的OL，所以無論是店內外的裝潢、進駐的品牌，以至定期推出的活動，都以時尚華麗為主題。

地址：忠孝東路五段 8 號
電話：02-2729-9699
營業時間：11:00am-9:30pm，
星期五、六及假日前至 10:00pm
網頁：www.uni-ustyle.com.tw
INFO

歐洲最古老的咖啡廳 福里安花神 07

MAP 25-0 D3

捷運台北 101/ 世貿站下車，沿信義路左轉入松智路直行至松壽路

曾被票選為「全球最美咖啡館」的Caffē Florian，其本店於1720年創立，在意大利一向不乏藝術家、名人等捧場客。屬全球第六間分店的台北分店，餐廳所用的器皿皆由意大利直送，菜單內容也與本店同步，「薩赫蛋糕」是必試人氣商品，桌上的餐具皆印有經典的藍色徽章，最有看頭的還有侍應生們單手舉起銀托盤的風姿。

地址：大信義區松壽路 9 號
（新光三越 A9 2 樓）
電話：02-2345-1720
營業時間：11:00am - 9:30pm
網頁：www.facebook.com/Florian.taiwan
INFO

MAP 25-0 A2

08 人龍名店 俺之漢堡排山本

捷運國父紀念館站 2 號出口步行約 3 分鐘

俺之漢堡排山本是東京涉谷的名店，漢堡排分為7款，每款都有不同醬汁不同口味，不吃牛的也可選擇以豬肉，伴餐的白飯更採用北海道著名的七星米。店裡亦附設兒童遊戲室，雖然面積不大卻令大人可以安心用膳，安排細心體貼。

地址：大安區光復南路 260 巷 1 號
電話：02-2711-3816
營業時間：11:30 am-2:30pm，
5:30pm-10:00pm，星期六日不設午休
網頁：https://www.facebook.com/orehan.taiwan/
INFO

製煙廠從良 09 MAP 25-0 B1

松山文化創意園區

捷運市政府站 1 號出口，步行 10 分鐘；或國父紀念館站 5 號出口步行 8 分鐘

松山文化創意園區前身曾是亞洲最大的製煙廠，1998年停止生產，2010年轉型為創意園區。園區結合了藝文、文創、設計等展演活動，亦招來了不少創意與藝術兼具的單位進駐，不過最矚目的，當然是誠品商場及全球首間誠品酒店——誠品行旅。

INFO

地址：光復南路 133 號　**電話**：02-2765-1388

營業時間：園區內 - 室內區域：8:00am-10:00pm；
園區內 - 戶外區域：8:00am-10:00pm；
園區外（包含生態景觀池與鍋爐房周邊範圍）：24 小時開放

網頁：www.songshanculturalpark.org

特色商店

誠品行旅

全球首間誠品直接經營的酒店，酒店承繼集團的作風——簡約、低調而充滿人文風格。

台灣設計館

為全球華人第一座以設計為展示主軸之專業展覽館，藉由展示與互動平台，推廣台灣設計發展之成果。

小山堂餐廳

琉璃工房創辦人楊惠姍設立的餐廳，把美食與藝術互相配合，卻又不會高不可攀，與創意園的定位可謂絕配。

誠品生活松菸店

佔地7,200坪，外觀是由日本建築大師伊東豊雄設計，貫徹了誠品一向主張的綠色和簡約概念。

千層蛋糕OL 新貴 MAP 25-0 A2
Lady M 台灣旗艦店 ⑩

捷運國父紀念館站 2 號出口

★★ 來自紐約的Lady M於國父紀念館站設旗艦店，一走到光復南路巷子內，即看見歐陸風純白色的外牆，拉開巨型雲石大門，像走進名店或博物館的感覺。粉眾們都想來一試經典的法式千層蛋糕，其口感綿密帶點奶香，焦糖味香濃，但口味偏甜，如果怕膩的吃草莓海棉蛋糕比較適合。

★INFO
地址：大安區光復南路 240 巷 26 號 1 樓
電話：02-7730-8660 **營業時間**：11:00am-9:00pm
網頁：www.facebook.com/Ladymtaiwan

MAP 25-0 B5 ⑪ 漫遊台北第一眷村
信義公民會館（四四南村）

捷運 101/ 世貿站 2 號出口步行 6 分鐘即達

在松勤街上的信義公民會館，前身是台北市內第一個眷村——四四南村，現僅保留了其中四棟對稱的建築物。會館中加入了特展館、展示館、展演館、社區館、四四廣場及文化公園，一方面介紹四四南村的文化歷史，另方面定期舉行藝術文創活動及市集，活化這棟滿載悠久歷史的文物古蹟。

地址：信義區松勤街 50 號
電話：02-2723-7937 **費用**：免費參觀
營業時間：9:00am-5:00pm；逢星期一休息
★INFO

老眷村簡約生活 ⑫ MAP 25-0 B5
好丘 Good Cho's

捷運 101/ 世貿站 2 號出口步行 3 分鐘即達

台北2010年曾舉行一個名為「生活節」的活動，結束後大獲好評，主辦單位Simple Life 於老眷村展場建立了「好丘Good Cho's」，繼續推廣本土簡約生活。小店分設手信區和輕食區，前者主要售賣台灣手作、飾物與傳統美食；後者則主打輕食，並與內湖區的法式麵包店Le Gout 合作，供應17款不同口味的招牌Bagel。

★INFO
地址：松勤街 54 號（四四南村內）
電話：02-2758-2609
營業時間：11:00am-6:00pm
網頁：https://www.goodchos.com.tw/

MAP 25-0 D3 大稻埕老街景
⑬ 遠東百貨信義A13店

捷運市政府站 3 號出口，步行約 7 分鐘

商場最大特色是四樓的「懷舊食光埕」，有別於一般百貨公司的美食廣場，將台灣老街情景搬進百貨公司，重現「大稻埕」復古風華。進駐的食肆包括「度小月」、「思鄉病牛肉麵」、「朱記」等具台灣特色的店家。無論是店舖招牌、店內空間或用餐區也盡顯台灣古早味。

地址：信義區松仁路 58 號
電話：02-7750-0888
營業時間：星期日至四 11:00am-9:30pm、星期五及六至 10:00pm
網頁：https://www.feds.com.tw/
★INFO

旅遊須知

簽證　a) 持特區護照或BNO之港澳出生人士/於1983年以後曾赴台之港澳居民

入台證申請

符合a)項資格的港澳居民，可登入台灣入境署的網站免費申辦入台證。只要填妥資料，入台證可以即時批核。抵台後，只要攜同列印之入台證及有效護照，便可順利過境。入台證自簽發日起3個月內，遊客可入出境1次，每次停留30天。

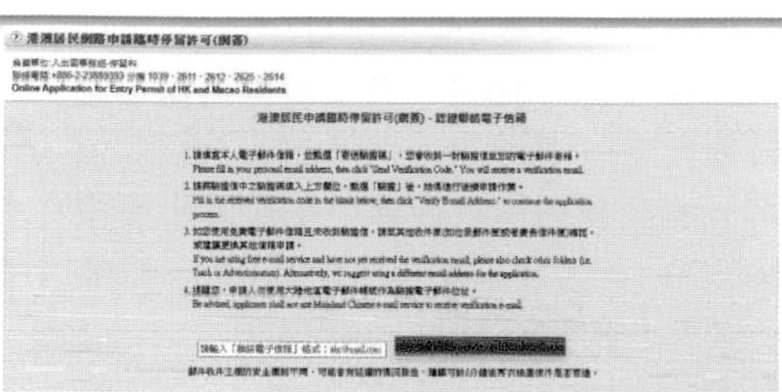

這方法雖然非常方便，省錢省時間，不過網站不會核實申請者資料，即使資料有誤仍能成功列印入台證，但抵台後隨時會被拒入境。

另外切忌縮印或以環保紙列印，否則會視作無效。

	港澳居民網路申請臨時停留許可（網簽）	入台證雲端線上申請
申請資格	1. 港澳居民曾經以港澳居民身分赴台或在港澳出生者，且持效期三個月以上護照者 2. 香港居民持有 BNO 護照及澳門居民持有 1999 年前取得之葡萄牙護照	1. 持有香港永久居留資格，且未持有英國 BNO 或香港以外護照 2. 有澳門永久居留資格，且未持有澳門護照以外之旅行證照或澳門居民持有 1999 年前取得之葡萄牙護照 3. 只持有香港居民身份證、中國護照及港澳通行證，或香港簽證身分書（DI）
有效期限	自許可日起 3 個月內可入出境 1 次，每次停留 30 天	1. 單次：自許可日起 6 個月內可入出境 1 次，每次可停留 3 個月，可申請延期一次 2. 一年 / 三年多次：有效期內入出境（不限次數），每次可停留 3 個月，可申請延期一次
費用	免費	1. 單次入出境證：NT600 2. 一年多次入出境證：NT1,000 3. 三年多次入出境證：NT2,000
申請網址	https://tinu.be/Z4PFXujb4 * 即日取得	https://tinu.be/EISjIIA22 * 需時五個工作天

b) 非香港澳門出生首次申請者，或在台灣地區停留超過30天

所有非港澳出生首次申請者，或打算在台灣停留超過30天，都可透過網上系統申辦入台證，上載照片及應備文件，若資料齊全只要5個工作日(不包含星期六、日、10月10日、及台灣香港兩地之公眾假期)，經核准後就可自行上網以信用卡繳費及列印入台證；單次入出境證NT600、一年多次入出境NT1,000、三年多次入出境證NT2,000。

網址：https://coa.immigration.gov.tw/coa-frontend/overseas-honk-macao

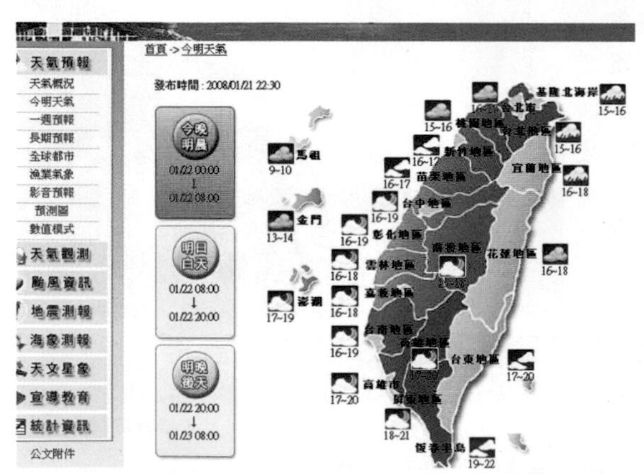

天氣及時差

台灣天氣跟香港非常相似，若要知道當地的天氣，可參考當地氣象局的網頁。另外，台灣跟香港是沒有時差的。

台灣氣象局網頁：
www.cwb.gov.tw

遊客服務中心

在機場的入境大堂設有遊客服務中心，旅客可在服務中心詢問有關旅遊資料，及索取台北旅遊地圖。

電壓及電話通訊

台灣電壓為110V，插蘇位為兩腳扁平頭。電話通訊方面，台灣的國家區碼為886，而台北的城市區碼為02。各種致電方式表列如下（暫以永康牛肉麵電話：2322-2632為例）：

香港至台北IDD（IDD服務商的冠碼，如0060）	(886)-(2)-(2322-2632)
台北漫遊手機至台北固網	02-2322-2632
台北固網電話至台北固網	2322-2632
台北固網/ 手機至台北手機	09-xxxx-5467

貨幣兌換

台灣流通的貨幣為新台幣(NT)，截至2023年10月，HK$1約兌NT4.12。

第一航廈外幣兌換櫃位

港幣兌台幣

台北機場內（出海關前）有外幣兌換櫃位，其兌換率比香港的還要好。不論金額多少，每次港幣兌換台幣均扣取NT30的手續費。

帶備提款卡

只要提款卡上有「銀聯」標誌，出發前透過E-banking或提款機開啓「海外提款功能」，就可以輕鬆在台灣提取現金。台北市區的7-11或全家便利店、捷運站都設有提款機，每日提款上限為NT20,000，每次手續費約HK$15-$20。

免費上網攻略

雖然依家外遊上網收費愈來愈平，不過如果想節省開支，大可以使用由台灣官方提供的Taipei Free免費上網服務。網絡覆蓋全台灣逾 3千個無線上網熱點，但主要是市政府大樓、12個區行政中心（區公所）、市立圖書館、醫院、捷運站及捷運地下街等範圍，不包括私營機構。

查詢：https://wifi.taipei/

Taipei Free登入步驟：

1. 開啟無線網路/WIFI連線
2. 開啟「Wi-Fi 設定」
3. 選用「TPE-Free」連線
4. 開啟任一網站，會自動導入登入頁面
5. 點選同意使用條款後即可連接Wifi

電話卡

一張10天有6G的4G數據＋通話Sim卡，售價約HK$50。

要旅程無間斷地上網，出發前不妨預先訂購台灣4G上網卡，飛機一落地即可連線。但如果你需要的功能是上網連同台灣的電話號碼，選購電話卡時記得留意是否包含通話服務。

出發前如果忘記買電話卡，也可在桃園機場內各大電訊公司櫃台購買Sim卡，台灣的電訊公司有中華電信、台灣大哥大、台灣之星和遠傳等公司。以遠傳為例，4G無限上網Sim卡由3日至90日的Plan都有，價錢由NT280至NT2,000不等。不同的電訊公司價錢略有差異，但服務質素分別卻不大。因為可用Whatsapp或Line致電朋友，所以通話費有多少已不重要，最緊要計啱使用日期。

機場內有大量電訊公司設櫃台購買Sim卡。

《宜蘭台北近郊》

出版經理：馮家偉
執行編輯：Gary、Winnie
美術設計：Polly
出版：雋佳出版有限公司
電話：5116-9640
傳真：3020-9564
電子郵件：iglobe.book@gmail.com
網站：www.iglobe.hk

港澳發行：一代匯集
電話：852-2783 8102
網站：gcbookshop@biznetvigator.com

台灣地區發行: 大風文創股份有限公司
電話：886-2-221-0701

國際書號：978-988-76676-9-8
初版日期：2023年10月
定價：港幣108元　台幣429元

Guides PUBLISHING LTD.
Rm25,8/F,Blk A, Hoi Luen Industrial Ctr.,55 Hoi Yuen Rd, Kwun Tong , KLN

PUBLISHED&PRINTED IN HONG KONG